本书得到中国青年政治学院出版基金资助

本书为教育部人文社会科学研究一般项目"网络媒介泛性化对青少年性价值观影响实证研究"的研究成果（批准号：13YJAZH048）

中/青/文/库

单向度视野下媒介对青少年影响的实证研究

李永健◎著

中国社会科学出版社

图书在版编目（CIP）数据

单向度视野下媒介对青少年影响的实证研究/李永健著.—北京：中国社会
科学出版社，2017.9

ISBN 978 - 7 - 5203 - 0609 - 6

Ⅰ.①单…　Ⅱ.①李…　Ⅲ.①计算机网络—影响—青少年—研究—中国
Ⅳ.①D669.5②TP393

中国版本图书馆 CIP 数据核字（2017）第 138167 号

出 版 人	赵剑英
责任编辑	刘　芳
特约编辑	刘利召
责任校对	王佳玉
责任印制	李寡寡

出　　　版	中国社会科学出版社
社　　　址	北京鼓楼西大街甲 158 号
邮　　　编	100720
网　　　址	http://www.csspw.cn
发 行 部	010 - 84083685
门 市 部	010 - 84029450
经　　　销	新华书店及其他书店

印　　　刷	北京明恒达印务有限公司
装　　　订	廊坊市广阳区广增装订厂
版　　　次	2017 年 9 月第 1 版
印　　　次	2017 年 9 月第 1 次印刷

开　　　本	710×1000　1/16
印　　　张	18.5
插　　　页	2
字　　　数	318 千字
定　　　价	79.00 元

《中青文库》编辑说明

《中青文库》，是由中国青年政治学院着力打造的学术著作出版品牌。

中国青年政治学院的前身是 1948 年 9 月成立的中国共产主义青年团中央团校（简称中央团校）。为加速团干部队伍革命化、年轻化、知识化、专业化建设，提高青少年工作水平，为党培养更多的后备干部和思想政治工作专门人才，在党中央的关怀和支持下，1985 年 9 月，国家批准成立中国青年政治学院，同时继续保留中央团校的校名，承担普通高等教育与共青团干部教育培训的双重职能。学校自成立以来，坚持"实事求是，朝气蓬勃"的优良传统和作风，坚持"质量立校、特色兴校"的办学思想，不断开拓创新，教育质量和办学水平不断提高，为国家经济、社会发展和共青团事业培养了大批高素质人才。目前，学校是由教育部和共青团中央共建的高等学校，也是共青团中央直属的唯一一所普通高等学校。学校还是教育部批准的国家大学生文化素质教育基地、全国高校创业教育实践基地，是首批"青年马克思主义者培养工程"全国研究培训基地、首批全国注册志愿者培训示范基地，是中华全国青年联合会和国际劳工组织命名的大学生 KAB 创业教育基地，是民政部批准的首批社会工作人才培训基地，与中央编译局共建青年政治人才培养研究基地，与国家图书馆共建国家图书馆团中央分馆，与北京市共建社会工作人才发展研究院和青少年生命教育基地。2006 年接受教育部本科教学工作水平评估，评估结论为"优秀"。2012 年获批为首批卓越法律人才教育培养基地。2015 年中宣部批准的共青团中央中国特色社会主义理论体系研究中心落户学校。学校已建立起包括本科教育、研究生教育、留学生教育、继续教育和团干部培训等在内的多形式、多层次的教育格局。设有中国马克思主义学院、青少年工作系、社会工作学院、法学院、经济管理学院、新闻传播学院、公共管理系、中国语言文学系、外国语言文学系9个教学院系,文化基础部、外语教学研究中心、计算机教学与应用中心、体育教学中心4个教学中心(部),中央团校教育培训学院、继续教育学院、国际教育交流学院3个教育培训机构。

学校现有专业以人文社会科学为主,涵盖哲学、经济学、法学、文学、管理学、教育学6个学科门类,拥有哲学、应用经济学、法学、社会学、马克思主义理论、新闻传播学6个一级学科硕士学位授权点、1个二级学科授权点和3个类别的专业型硕士学位授权点。设有马克思主义哲学、马克思主义基本原理、外国哲学、思想政治教育、青年与国际政治、少年儿童与思想意识教育、刑法学、经济法学、诉讼法学、民商法学、国际法学、社会学、世界经济、金融学、数量经济学、新闻学、传播学、文化哲学、社会管理19个学术型硕士学位专业,法律(法学)、法律(非法学)、教育管理、学科教学(思政)、社会工作5个专业型硕士学位专业。设有思想政治教育、法学、社会工作、劳动与社会保障、社会学、经济学、财务管理、国际经济与贸易、新闻学、广播电视学、政治学与行政学、行政管理、汉语言文学和英语14个学士学位专业,其中思想政治教育、法学、社会工作、政治学与行政学为教育部特色专业;同时设有中国马克思主义研究中心、青少年研究院、共青团工作理论研究院、新农村发展研究院、中国志愿服务信息资料研究中心、青少年研究信息资料中心等科研机构。

在学校的跨越式发展中,科研工作一直作为体现学校质量和特色的重要内容而被高度重视。2002年,学校制定了教师学术著作出版基金资助条例,旨在鼓励教师的个性化研究与著述,更期之以兼具人文精神与思想智慧的精品的涌现。出版基金创设之初,有学术丛书和学术译丛两个系列,意在开掘本校资源与移译域外菁华。随着年轻教师的增加和学校科研支持力度的加大,2007年又增设了博士学位论文文库系列,用以鼓励新人,成就学术。三个系列共同构成了对教师学术研究成果的多层次支持体系。

十几年来,学校共资助教师出版学术著作百余部,内容涉及哲学、政治学、法学、社会学、经济学、文学艺术、历史学、管理学、新闻与传播等学科。学校资助出版的初具规模，激励了教师的科研热情，活跃了校内的学术气氛，也获得了很好的社会影响。在特色化办学愈益成为当下各高校发展之路的共识下，2010 年，校学术委员会将遴选出的一批学术著作，辑为《中青文库》，予以资助出版。《中青文库》第一批（15 本）、第二批（6 本）、第三批（6 本）、第四批（10 本）、第五批（13 本）陆续出版后，有效展示了学校的科研水平和实力，在学术界和社会上产生了很好的反响。本辑作为第六批共推出 9 本著作，并希冀通过这项工作的陆续展开而更加突出学校特色，形成自身的学术风格与学术品牌。

在《中青文库》的编辑、审校过程中，中国社会科学出版社的编辑人员认真负责，用力颇勤，在此一并予以感谢！

前　言

　　本书是在教育部社科基金项目《网络媒介泛性化对青少年性价值观影响实证研究》（项目批准文号：13YJAZH048）基础上，综合我们以前的研究成果形成的。马尔库塞认为造成当代发达工业社会"单向度"的原因是技术力量的操纵和控制，以及由此形成的新型的极权社会。他认为，在发达工业社会，科学技术已取得合法的地位，并且"科学的—技术的合理性和操纵一起被焊接成一种新型的控制形式"。"在绝对优势的效率和日益增长的生活水准这双重的基础上，依靠技术，而不是依靠恐怖来征服离心的社会力量。"随着我国经济水平的不断发展，人们的生活水平在不断提高，尤其是由于我国具体的计划生育政策使得青少年一代大都是独生子女，他们享有比他们的父辈更好的生活水准，因此对新媒体的使用就更加普遍。通过调查分析，我们认为他们的单向度特征主要表现在两个方面。

　　一是对新媒体的追逐非常踊跃，一旦有新的媒体技术涌现，他们是第一批也是最积极的一批拥护者和使用者，每次苹果公司新产品的畅销就说明了这一点，所以青少年的批判性及否定性原则大大减弱或者丧失，失去了自己的个性，失去了自主力，失去了对外部控制与操纵的内在反抗性、否定性，丧失了对社会的鉴别和批判的能力。这样成了技术的奴隶，成为屈从于某种需要而自感幸福的"单向度的人"。

　　二是从表面上看由于有了这些新媒体，青少年有了更多的机会了解和获取各方面的信息、接受全方位的教育和影响，但实际上由于新媒体的特点及人的社会属性决定使青少年很早就陷入某个虚拟群体中，他们更多的是接受来自自己所属群体的影响，而外在因素的影响在减弱，也就是说青少年认识、理解世界的面会越来越窄，他们成了满足于自己小群体交往环境的"单向度的人"。本书的主要研究内容是青少年在新媒体使用的大环境下其社会生活各个方面发生的变化，以网络媒介泛性化与青少年性价值观研究为核心，具体包括四部分内容。

第一章：单向度视野下媒介对青少年影响研究概论

我们利用问卷及访谈相结合的方式针对青少年新媒体的使用情况进行调查分析，通过使用主体分析、媒介分析、信息内容分析、群体差异分析，我们发现新媒体对青少年的影响具体体现在以下五个方面：一是追逐新媒体技术运用改变了青少年信息获取及意见表达方式，也使得青少年的"单向度"特征越来越明显；二是新媒体使青少年成为网络舆论的重要参与者，也使得网络群体极性化有了展现的平台；三是新媒体让青少年的生长环境更加复杂，也使得媒介环境监控、拟态环境教育变得更加迫切；四是新媒体是青少年自我实现的平台（自我认知发展），是青少年完善自我意识、加速实现社会化的一个虚拟途径；五是新媒体不良信息的影响体现出第三人效果，使得我们要正确认知新媒体、拒绝污名化。

第二章：单向度视野下网络媒介性内容影响研究

在众多影响因素中，不可忽视媒体环境中的性内容对青少年性态度的影响。特别是那些始终无法根除的色情信息，令家长感到不安。从媒介的角度来看，每个时代都有不同的承载性内容的媒介。媒介不同，承载的信息量大小和良莠程度也不同，从而对接收者产生不同的影响。古代主要了解性内容的媒介有：诗歌、雕塑（压箱底、性崇拜雕塑）、音乐、舞蹈、绘画（春宫图）以及性文学等。在内容上，古代的性内容侧重于性生理知识的介绍，尤其是直接的男女性交，较少涉及性心理、性伦理、性道德、性审美等内容，性行为的目的是生育和传宗接代。这与现在媒体环境中的性内容的表达方式截然不同。

性内容在媒体中的传播，是随着媒体的发展而深化和渗透的。起初，杂志、报纸开始开辟婚恋版块，讨论性话题，这在改革开放起始阶段，还是足以令女性读者面红心跳的事情。随后电视媒体出现，也不再对性话题遮遮掩掩。如今，一家老小聚在一起看电视，突然出现"床戏"引来全场尴尬的事情也时有发生。而平面媒体和电视媒体对性话题的开放程度，与网络相比还望尘莫及。互联网拥有海量信息，借助信息搜索，任何"触网"人群都可以随时搜索到各种形式的性话题。但是互联网信息又良莠不齐，青少年女性接触不良信息可能会受到其影响，这引起社会对未成年人易遭受网络信息侵害的深深担忧。

第三章：单向度视野下网络媒介泛性化特征及影响研究

该部分内容是以青少年使用率最高的百度搜索引擎为切入点进行性内容的分析，目的是对青少年暴露最多的搜索引擎"百度"的泛性化状况进行描述，目的在于以下三个方面。

1．通过对性内容的比例和频率及其表现方式的描述及分析，以管窥中国青少年网络媒介泛性化的现状。

2．本研究还希望能在格伯纳的暴力指数启示下，能够拟合一个泛性化指数以测量网络信息环境的质量。

3．媒介内容分析是为检验网络性内容与青少年性价值观之间的关系做前期准备，以验证此项研究的一些基本假设。

研究性与媒介关系的落脚点在于大众媒介上的性内容对受众产生的影响，其中尤其受关注的是对青少年群体的影响。正如上述所说，网络媒介泛性化的现象较之传统媒体更加严重，而网络又是年轻一代最经常接触的媒介。从实际情况来看，近年来青少年在性早熟和性越轨方面的问题确实经常见诸报端，那么这些问题和现象是否和网络环境有关，网络环境的泛性化对青少年性价值观会产生何种影响。

随着互联网的普及，青少年可以方便地通过这一开放式的平台获取与性相关的信息，讨论与性有关的话题。一些商业网站为了迎合大众的口味，推荐性感图片、视频，捕捉社会新闻中的两性奇闻，构造了泛性化的网络环境。更有不法分子，散布色情信息，甚至利用网络色情牟利，比如"网上性爱""网络色情游戏"等。在目前的互联网生态环境下，只要上网，无论是有意或是无意，青少年都很有可能遇到与性相关的各类推荐信息，这对处于青春期对性充满好奇的他们来说具有极大的诱惑性。

因此，我们以格伯纳的培养理论为依据，认为网络媒体对青少年具有影响效果，促使他们将网络现实理解为社会现实，网络性内容对他们的性态度产生较大影响。

第四章：单向度视野下媒介娱乐化与青少年

在对媒介娱乐化的社会影响的讨论中，多数人强调其负面影响，认为娱乐化价值取向造成媒介的同质化竞争，使一些媒体为求得生存和发展，放弃了新闻业应恪守的真实、公正原则，使媒体应有的公信力受到损害。更多人认为当前的媒介娱乐化风潮是大众传媒功能的走偏，媒介娱乐化暗含的消费主义、享乐主义特性会使人们远离崇高的理性追求，麻醉人的神经，使之处于虚幻的满足状态，弱智化的娱乐使人成为物欲膨胀的精神侏儒。甚至有人借用尼尔·波兹曼的一句惊呼告诫国人："我们的政治、宗教、新闻、体育和商业都心甘情愿地成为娱乐的附庸，毫无怨言，甚至无声无息，其结果使我们成了一个娱乐至死的物种。"这种说法影响甚为广大，以至于整个社会都在担忧这种趋势会对我们的下一代，对青少年带来巨大的负面影响，有人担心处于这一时代的青少年将来会以游戏、娱乐来对待人生。然而也有人认为目前对于媒介娱乐化的抨击过于笼统和偏激，认为应当将承担娱乐功能的传播内容分开来讨论；并且认为出于催化受众认知的目的，在严肃内容中添加娱乐性因素是合理的而且应当予以鼓励的，甚至有人针锋相对地反问："娱乐至死又何妨？"麦克唐纳曾说过："大众文化的花招很简单——就是尽一切办法让大伙儿高兴。"对大众文化的生产者来说，逗乐是一个基本目标。而对普通大众来说，找乐则是文化消费行为的基本模式。在大众媒介发展的过程中，这种娱乐功能是时弱时强的。但进入消费社会以来，传媒就逐渐步入了一个其娱乐功能中心化的时代。这种娱乐功能被中心化与消费社会的背景息息相关：在消费社会，大众不仅消费物质产品，而且文化也成为消费品，大众对于文化消费的欲望有时甚至超过了物质消费的欲望，这种文化消费在整体上呈现出一种以个体性的欲望为内在基础，以吃喝玩、健康、旅游为外在表现形态的娱乐化倾向。在这种文化消费的潮流中，娱乐文化应运而生，而大众传播的娱乐功能之所以能被中心化，也是适应了消费社会里人们对于娱乐消费的需要。于是，20世纪90年代我国传媒出现了一股娱乐化浪潮。伴随着这股浪潮，媒介娱乐化功能越来越凸显出来，媒介娱乐化与大众文化的关系也越来越密切。媒介对娱乐化的追求就是为了满足受众的需求，而代表着大众文化的那些学者由于大众传媒也成为明星，成为人们追求的目标。

本书的核心成果是由我和我的研究生们共同完成的，自从2013年网络媒介泛性化研究项目得到教育部的立项以来，我带过的所有研究生都为此做出了贡献，我们一起讨论内容分析的类目建构，从下午讨论到晚饭，晚饭后继续讨论到深夜，假期大家也没有休息，继续做内容分析统计，但是最终的结果就体现在林玲、张潇予的论文中，在原来的署名

方案中，我是把她们俩列进去的，但根据出版的统一要求，只能委屈她
们了。还有很多人的工作都没有署名，像张弛、杨秋霞、王志强、荣文
雅等，在这里我还要特别感谢我最早的一位研究生夏金莹，她为我们这
项研究做了很多基础性工作，这本书马上要出版了，我要感谢那些所有
帮助支持过我们的老师、同学。

李永健

2016 年 5 月 6 日于中国青年政治学院

目　录

第一章　单向度视野下媒介对青少年影响研究概论 ……………… （1）

第一节　青少年的"单向度"特征 ………………………… （1）

一　青少年——单向度人的具体表现 ……………… （1）

二　网络舆论和网络群体极性化 …………………… （4）

三　青少年媒介素养教育 …………………………… （8）

四　青少年社会化的虚拟途径 ……………………… （12）

五　从第三者效果角度拒绝污名化 ………………… （14）

六　结论 ……………………………………………… （15）

第二节　农村青少年的媒介接触调查 ………………… （15）

一　山东枣庄农村青少年媒介接触调查 …………… （15）

二　山东岩马村和贵州白碧村农村儿童

影视剧影响调查 ………………………………… （23）

第三节　网络媒介对青少年影响的研究设计 ………… （28）

一　网络行为、使用动机、网络环境对青少年社会主义

核心价值观影响的实证研究 …………………… （28）

二　北京市学生网络媒介环境及生活影响的实证研究 …… （33）

第四节　信息类型、社会属性与青少年的心理影响 … （36）

一　研究背景 ………………………………………… （36）

二　实验研究设计 …………………………………… （37）

三　资料分析 ………………………………………… （40）

四　结论及进一步的讨论 …………………………… （44）

第二章　单向度视野下网络媒介性内容影响研究 ……………… （46）

第一节　网络性内容对青少年女性性态度影响力研究 ……… （46）

一　绪论 ……………………………………………… （46）

　　二　研究方法 ……………………………………………（57）

　　三　网络性内容与青少年女性性态度分析结果 …………（65）

　　四　结论和策略建议 ………………………………………（96）

第二节　社会距离与第三者效果——中学生网络色情

　　　　传播效果分析 ………………………………………（103）

　　一　研究背景 ………………………………………………（103）

　　二　研究方法与研究设计 …………………………………（105）

　　三　数据分析——关于第三者效果的假设检验 …………（106）

　　四　结论及启示 ……………………………………………（109）

第三章　单向度视野下网络媒介泛性化特征及影响研究 ………（112）

第一节　网络媒介泛性化概论 ………………………………（112）

　　一　主要概念梳理 …………………………………………（113）

　　二　媒介性内容研究历史及现状 …………………………（121）

　　三　媒介性内容研究的趋势 ………………………………（128）

第二节　网络媒介泛性化的表现特征 ………………………（131）

　　一　第一次内容分析 ………………………………………（131）

　　二　第二次内容分析 ………………………………………（187）

第三节　青少年的性价值观及影响 …………………………（199）

　　一　研究概述 ………………………………………………（199）

　　二　问卷设计 ………………………………………………（208）

　　三　问卷数据分析 …………………………………………（217）

　　四　研究发现 ………………………………………………（246）

第四章　单向度视野下媒介娱乐化与青少年 ……………………（265）

第一节　"媒介娱乐化"背后的"娱乐" ……………………（265）

　　一　研究背景 ………………………………………………（265）

　　二　"媒介娱乐化"实践和认识中的两种误区 …………（266）

　　三　对"媒介娱乐化"背后"娱乐"本质的辨析 ………（269）

　　四　结语 ……………………………………………………（271）

第二节　媒介娱乐化与大众文化 ……………………………（272）

　　一　研究背景 ………………………………………………（272）

二　媒介娱乐化的含义 ……………………………………（272）

三　媒介娱乐化与大众文化关系的传播学分析…………（274）

四　媒介娱乐化对大众文化的再构建………………………（277）

五　讨论 ………………………………………………………（278）

参考文献 ………………………………………………………（279）

第一章　单向度视野下媒介对
青少年影响研究概论

第一节　青少年的"单向度"特征

青少年大多数是在校读书的学生，随着手机的普及和计算机的出现，学生成为手机用户的生力军，他们接触新媒介主要是通过手机，媒介信息也主要来源于手机短信、手机音乐、手机游戏、电子书、手机微博、SNS 服务平台等。

在青少年经常使用的媒介中，网络排名第一。网络新媒介成本低，速度快，更改灵活，入门要求低，可提供多维度的信息内容，如手机上网、刷微博等。青少年媒介素养教育尚处于自发状态，不是通过理论学习而是建立在日常接触媒介的经验基础上，因而必然会导致消费目的以及媒介接触的失衡。

在媒介接触旨意上，休闲娱乐的动机指向相当明显。这使得青少年接触和应用媒介很大程度上是为了情绪宣泄、放松心态、愉悦精神。因而轻松、愉快、自由娱乐的博客、游戏、视频等内容受到青少年的喜爱。新媒介对于青少年的功能按重要性排序是"娱乐工具 > 沟通工具 > 信息渠道 > 生活助手"。无论是网瘾群体还是非网瘾群体，他们对网络娱乐功能的使用都超过其他任何一种功能，这说明娱乐性很强的新媒介更容易吸引青少年。

一　青少年——单向度人的具体表现

马尔库塞认为造成当代发达工业社会"单向度"的原因是技术力量的操纵和控制，以及由此形成的新型的极权社会。他认为，在发达工业社会，科学技术已取得合法地位，并且"科学—技术的合理性和操纵一起被焊接成一种新型的控制形式"①。"在绝对优势的效率和日益增长的生活水准这双重的基础上，依靠技术，而不是依靠恐怖来征服离心的社会力量。"② 在我国随着经济水平的不断发展，人们的生活水平在不断提高，尤其是由于我国实施的计划生育政策使得青少年一代大都是独生子女，他们享有比他们父辈更好的生活水准，因此对新媒体的使用就更加普遍。通过我们的调查分析认为，他们的单向度特征主要表现在两个方面。

一是对于新媒体的追逐非常踊跃，一旦有新的媒体技术的涌现，他们是最积极的拥护者和使用者，每次苹果公司新产品的畅销就说明了这一点，所以青少年的批判性及否定性原则大大减弱或者丧失，失去了自己的个性，失去了自主力，失去了对外部控制与操纵的内在反抗性、否定性，丧失了对社会的鉴别和批判的能力。这样成了技术的奴隶，成为屈从于某种需要而自感幸福的"单向度的人"。

二是从表面上看，由于有了这些新媒体，青少年有了更多的机会了解和获取各方面的信息、接受全方位的教育和影响，但实际上由于新媒体的特点及人的社会属性决定了青少年很早就陷入某个虚拟群体中，他们更多的是接受来自自己所属群体的影响，而外在因素的影响在减弱，也就是说青少年认识、理解世界的面会越来越窄，他们成了满足于自己小群体交往环境的"单向度的人"。

北京青少年互联网使用活跃度高，每周平均上网时长为 25.3 小时，超出整体网民平均水平 4.8 小时。从网络应用来看，北京青少年网络应用使用率最高的即时通信，使用率为 89.2%；第二位是搜索引擎，使用率为 82.5%；第三位是网络音乐，使用率为 80.2%。此外，北京青少年网民使用社交网站、微博的比例分别为 59.2% 和 58.8%。（如表 1.1 所示）

---

① ［美］赫伯特·马尔库塞：《单向度的人》，张峰、吕世平译，重庆出版社 1988 年版，第 124 页。

② 同上书，第 2 页。

表 1.1　　　　　　　　北京青少年网民网络应用使用率

网络应用	使用率
即时通信	89.2%
搜索引擎	82.5%
网络音乐	80.2%
网络视频	74.4%
博客/个人空间	72.9%
网络游戏	59.9%
电子邮件	59.7%
社交网站	59.2%
微博	58.8%
网络购物	55.2%
网上支付	50.5%
网上银行	50.0%
网络文学	39.8%
旅行预订	33.4%
论坛和 BBS	32.4%
团购	23.1%
网上炒股	5.4%

数据来源：CNIC 第三十次互联网调查，样本量60000。

以微博、社交网站、即时通信为代表的网络新媒体已经深入到各类青少年人群中，年龄越小对新媒体依赖度越高。调查显示（见表1.1），18—24 岁青少年网民使用各类新媒体比例最高，使用即时通信、微博和社交网站的比例分别为89.2%、58.8% 和59.2%。与此同时，青少年对新媒体表现出较强的依赖性，低龄群体对网络的依赖性更大，这一特点在"90 后"中表现尤其突出。

女性、年轻群体新媒体表达最活跃，男性、高知群体最具舆论影响力。研究发现，虽然女性、年轻群体新媒体表达活跃，但是高知、男性等社会强势群体依然是青少年新媒体使用中最具影响力的人群。从地域上看，超过八成的意见活跃分子来自于北京、广东和上海，形成了一个微博的三角话题圈，其中来自北京的意见活跃分子占一半以上。北京正在成为微博的意见轴心。从职业上看，新闻媒体机构和从业者掌握了微博话语权。从微博活跃群体的地域分布可以发现，与强势媒体联系越紧密，其话语力量越强。从人群阶层看，能够在公共事件中发布有影响力微博的用户，基本都是现实社会精英。

信息关注偏爱时政热点，话语表达更为个人化、情绪化。青少年整体在网络新媒体平台上最关注时政热点、生活评论和文娱信息。其中在职群体更偏爱社会时政，学生更关注文娱信息。在时政热点信息中，青少年最关注社会民生类新闻事件，其次是国内政策发布。由于新媒体平台的开放性以及和手机设备的天然融合性，青少年在新媒体平台上的信息发布和表达更加个人化、情绪化。以微博平台为例，青少年在新媒体平台上最常发布的是生活、学习、工作感受和评论，其次是时事热点，再次是产品、消费评价等信息。访谈也发现，以微博为代表的新媒体往往成为青少年情绪化表达的工具。一些社会弱势群体，比如"蚁族""北漂"、有一定知识水平的农民工等群体在遭受不公正对待又无正常渠道可以申诉解决时，尤其容易通过网络新媒体传播其不满情绪。

手机成为重要应用终端，微博是青少年最活跃的新媒体应用平台。随着手机上网的发展，手机与新媒体特性的融合带动了青少年用户使用手机登录新媒体应用的热潮。除了电脑成为登录网络新媒体平台的必选设备以外，青少年使用手机登录新媒体应用的比例也相对较高。调查显示，青少年新媒体用户使用手机登录微博和即时通信的比例分别为 75.8% 和 60.4%。此外，在众多新媒体应用中，青少年对微博信息的发布、转发和评论热度最高，微博成为青少年新媒体信息传播的最重要平台，社交网站和即时通信更聚焦于生活和朋友圈。但随着微信等新型即时通信的公共平台等功能应用发展，即时通信的媒体属性在逐步增强。

二　网络舆论和网络群体极性化

（一）网络新媒体使青少年成为网络舆论的重要参与者

1. 背景介绍

2012 年 5 月 4 日，《北京日报》《京华时报》《新京报》《北京青年报》四家报纸在同一天就陈光诚事件发表评论，批评美驻华使馆干涉中国内政（见表 1.2）。然而，此次四报评论事件没有产生预期的舆论引导效果，反而引起网民的强烈反驳，甚至有人怀疑是四家报纸背后的管理部门在"作祟"（见表1.3）。而后，5月6日凌晨，《新京报》新浪官方微博道歉并稍后删除微博内容，更加使网民的怀疑加剧。加上外媒的推波助澜，这次四报评论产生了非常严重的负面影响。

表1.2

报纸名称	文章题目	作者
《北京日报》	《从陈光诚看美政客拙劣表演》	甄文
《京华时报》	《陈光诚是美国新找到的工具和棋子》	华岭峰
《新京报》	《美国外交官不能逾越自己的本分》	黄石
《北京青年报》	《骆家辉的作秀无助于维护中美关系》	常良

表1.3

网络受众言论	来源
"通篇的有力批判，这个力道很大，用力很猛，不过一到实际情况，就黄了，陈光诚到底怎么回事，能不能先给大家说明白呢？谣言止于知者。"	搜狐网"老谋深算913215"
"美国人也不是真理的捍卫者，但是如果在内部把这个事情给解决了，陈光诚也就不会跑去美国大使馆。"	天涯论坛"昆仑楼主ABC"
"正是地方官员的'无法无天'，陈光诚事件才酿成了祸端；正是地方官员的粗暴行为，普通的社会事件被政治了。"	多维新闻网"王雅"
"乘飞机坐经济舱、自己背包、拿优惠券买咖啡，这是好事啊，比我国贪官好多了，你怎么反对这样呢，难道赞同腐败？"	网易江苏省网友
……	……

2. 舆论表现

在此次的"陈光诚事件"中，舆论领袖的文章、微博、博客和论坛言论都在很大程度上影响着各种网络群体。舆论领袖在此次事件中的影响不可谓不大，在网络论坛中，特别是微博的传播过程，舆论领袖起了重大作用。不过，不幸的是，此次事件中，舆论领袖们对四报的评论以及对政府的作为多持反对态度。这群人现在多被我们称为"公共知识分子"，如五岳散人、熊培云等。他们大多有"右派"的倾向。有些甚至与陈光诚有过不浅的交情，如艾晓明等人。然而，并不是说他们的态度就直接决定了网民的态度，而是说他们所说的话、他们的做法，在某种程度上引起了网民的共鸣。此次负面效应主要在青年人中产生，39 岁以下居多。这也是舆论领袖所能产生最大影响的人群。

（二）网络群体极性化现象分析

1. 网络群体极化现象

群体极化（Group Polarization）最早是由 James Stoner 于 1961 年发现群体讨论的现象时提出。含义是指在群体进行决策时，人们往往会比个人决策时更倾向于冒险或保守，向某一个极端偏斜，从而背离最佳决策。《网络之声》的作者格雷·舍柯通过研究证明："在以政治和舆论为导向的讨论中，意见会两极分化，并且这一现象在网络中也是大量存在的。"[1] 其原因在很大程度上是由于我们经常在互联网上看到极端主义，但又明显缺乏一个有节制的声音。

拉塞·斯皮司与其同事也通过研究证明：网络中的群体极化现象更加突出，大约是现实生活中面对面时的两倍多。凯斯·桑斯坦同时也提及网络对许多人而言，正是极端主义的"温床"，因为志同道合的人可以在网上轻易而且频繁地沟通，听不到不同的看法，持续暴露于极端的立场中，听取这些人的意见，会让人逐渐相信这个立场。而且互联网网站倾向于搜集同类信息，链接立场相近的其他网站，这将导致信息"窄化"；人们通过互联网以匿名的方式成为团体成员，使团体的观点更容易变得极端。

2. 网络群体极化现象的传播路径

我们以陈光诚事件为例，对网络群体极化现象的传播路径进行分析（见图 1.1）。网络群体极化现象具有过程性和系统性，具有明显的传播特点，因此其传播路径中包含了传播者、受传者、信息、媒介以及信息反馈等基本传播要素。

陈光诚事件，传统媒体是第一层面上的传播者，然而当媒体上的评论被呈现在网络上之后，网络载体成了另一层面上的传播者，将事件推

---

[1] 转引自［美］凯斯·桑斯坦《网络共和国——网络社会中的民主问题》，黄维明译，上海人民出版社 2003 年版，第 132 页。

向了新的热议，引起了更多网民的关注。之后，该事件引起网民的关注之后，网民开始发表对该事件的看法。与此同时，舆论领袖也发表自己的看法，并将自己的观点通过博客、微博、论坛等形式传播出去。而网民情感和观点被意见领袖所感染，其言论在舆论领袖的影响下趋向于统一。与此同时，随着网络热议的升温，网民的反对意见出现膨胀，继而形成群体极化现象。

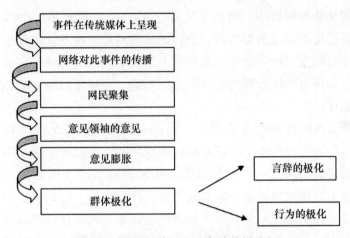

图 1.1　网络群体极化现象的传播路径

　　在分析中，我们发现了在此事件中网络群体极化现象的一些新的特点：（1）直接"讨论"的缺乏。在此次事件的传播路径中，我们没有看到网民的"讨论"过程，他们完全凭借自己的经验、观念或是意见领袖的意见对事件发表看法。（2）网络群体极化现象呈现短期的爆发式效果。随着时间的进展，网络受众对议题的关注度下降，这与网络自身的传播特性是密切相关的。（3）媒体责任重大。媒体在报道中的偏颇是导致受众意见产生群体极化的一个很重要的原因。

　　3. 意见领袖和普通网民

　　（1）意见领袖在网络群体极化中的作用

　　网络意见领袖群体的出现，改变了传统方式上由政府和官方媒体主导新闻宣传和社会舆论的格局，形成了新的社会影响力构成格局。网络意见领袖影响并且引导网络舆论，甚至是现实空间中公共舆论的主题和导向。一方面，他既可以为他人设定议题；另一方面又可以为他人设定讨论的框架，即讨论什么话题和如何讨论该话题。特别是在一些社会热点议题中，网络意见领袖往往能够在网上迅速地发言，抢占舆论的先机。

（2）既是接受者又是传播者的新受众群体

以互联网为代表的新媒介的发展，使得今天"受众"这个概念已经远远超越了传统意义上的"受众"。他们的特点及其心理特征是相关舆论生成的重要原因。目前，在中国，很多网民会主动关注外国媒体的新闻报道，特别是外国媒体对涉及中国事件的关注。通过对相关资料的分析，发现某些外国媒体，例如《纽约时报》《华盛顿邮报》CNN 等媒体对中国的报道很多是负面化的、消极的，甚至是扭曲的妖魔化中国的言论。而外媒的报道内容会在一定程度上影响中国网民对事实和观点的认知判断。如果说网民长期受这种观点的影响，容易导致更大的认知偏差和逆反心理。

与传统新闻媒体的受众相比，网络受众有其明显的群体特征。同时，网络作为一个载体工具，某些社会现象和社会问题出现在网络上之后，会迅速引起网民们的大量聚集，并发表对该事件的意见。与此同时，网络上的舆论领袖也会积极发表对事件的看法，而网民们的思想和观点很容易被舆论领袖所引导，如果这是在某一网络社区中或网络小群体中，由于某些特定网络社区或网络小群体之间的同质性，其意见在舆论领袖的影响下会更加趋向于统一。此时，如果当群体内部意见高度统一，便会走向极化的言论，甚至形成网络群体极化事件，严重影响正常的社会生活和公共秩序，破坏社会的稳定。

三 青少年媒介素养教育

（一）网络环境复杂问题的具体表现

根据 CNNIC 第三十次互联网调查数据，我国青少年使用微博、社交网站与即时通信工具的比例明显高于总体网民，分别达到 86.1%，49.5% 和 54.5%。分别高出总体网民 3.3，2.9 和 3.6 个百分点。

而且，青少年对网络新媒体具有较强的依赖性，如图 1.2 所示，分别有 48.0% 的和 28.2% 的青少年对网络新媒体表示一般依赖和比较依赖，有 10.1% 的青少年表示非常依赖。总体上，有 86.3% 的青少年达到了一般依赖以上程度。

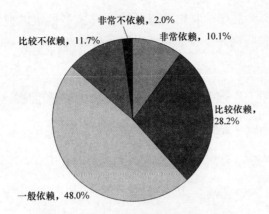

图 1.2　青少年对新媒体使用依赖度

数据来源：专项电话调查样本量 1002。

　　不同年代的人群对网络新媒体的接触条件和使用环境具有差异，我们将青少年群体按照出生年代分为 70 后 80 后和 90 后，数据显示与 70 后 80 后相比，90 后更偏爱网络新媒体。90 后青少年在微博、社交网站等新媒体使用上比例最高。数据显示如图 1.3 所示，18—24 岁青少年使用各类新媒体比例最高，使用微博、社交网站和即时通信的比例分别为 61.2%，67% 和 92.6%，分别高出总体网民 14.1，9.2，9.1 个百分点。

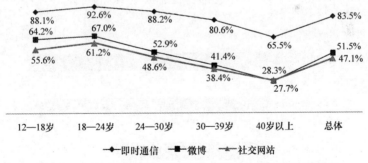

图 1.3　不同年龄段网民微博、社交网站和即时通信渗透率

数据来源：CNNIC 第三十次互联网调查，样本量 30000。

　　青少年在热点信息的获取上往往借助传统网站，在热点信息的传播上偏爱网络新媒体。

　　虽然网络新媒体平台在青少年信息获取中扮演了重要的角色，但对于新闻热点事件，青少年依然偏爱传统网站进行信息查询。数据如图

1.4所示，青少年主动获取热点信息的方式更多是借助搜索引擎、门户网站以及官方新闻网站，分别占63.7%、43.1%和36.4%。

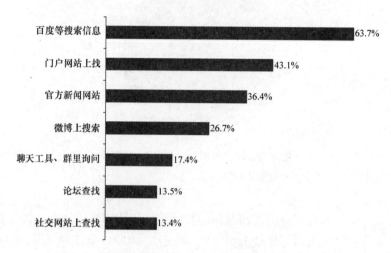

图 1.4　看到热点事件后，一般会去哪里了解更多信息

数据来源：专项电话调查，样本量1002。

　　数据如图1.5，青少年传播热点事件更多会借助新媒体平台，分别有54.3%和53.9%的青少年会选择在聊天工具和微博上传播。

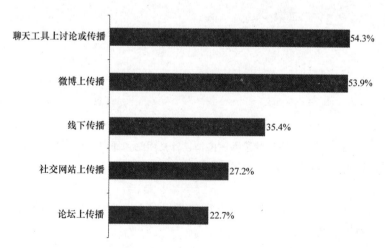

图 1.5　看到热点事件后，一般会通过哪些途径传播

数据来源：专项电话调查，样本量1002。

（二）网络环境监控、拟态环境教育迫在眉睫

1. 媒介环境指数作为网络环境监控的一个综合性指标

新媒体不但是他们学习的工具，而且已经渗透到青少年社会生活的方方面面，是他们日常生活的一个方面了，或者说是他们日常生活环境的一个重要组成部分。随着新媒体技术的发展和普及，他们对青少年的吸引力越来越大。资源的丰富性，不仅拓宽了青少年的求知途径和知识的来源，丰富他们的生活环境，也不可避免地对他们的人生观、价值观、道德观产生新的影响。具体包括两个方面：（1）青少年媒介环境调查，建立科学的青少年媒介环境健康指数体系，为共青团、社会及管理部门提供支持。（2）媒介环境的指标之一"媒介文化"对青少年的影响调查与分析。从大众传播学研究的角度看可以包含两方面的内容：一是媒介及媒介内容调查，也就是说我们要了解青少年感兴趣的媒介以及信息类型，运用内容分析的方法描绘出由各种媒介为他们构造的这个"拟态环境"，为我们进一步分析青少年媒介文化的内涵、基本特征及发展规律奠定基础。二是受众调查，我们要了解由这个"拟态环境"构成的媒介文化对青少年这个特殊群体的影响。比如说，早熟问题、媒体影响下的消费主义、暴力与青少年犯罪、价值判断的多元化、对青少年健康的影响等。

2. 青少年媒介素养教育

20世纪90年代中期以后，媒介素养教育不仅在发达国家进一步规范化发展，而且扩散到了一些发展中国家。在这个时期，我国引入了"媒介素养教育"的概念。尽管关于"媒介素养""媒介素养教育"尚没有统一的定义，但"媒介素养"的内涵基本包括了认识、参与和使用大众传媒三个部分，包含了人们对各种媒介信息的解读和批判能力以及使用媒介信息为个人生活、社会发展所用的能力。近年来的媒介素养教育，重点集中于指导青少年正确理解、建设性地享用大众传播资源，培养他们具有健康的媒介批评能力，使其能够充分利用媒介资源完善自我，参与社会发展，强调他们的主动性的发挥，分析、判断力的发展，综合能力的提高方面，因此如何结合具体的媒介特点以及不同阶段青少年的特点，利用媒介开展媒介素养教育也许是未来我们需要关注的焦点。在关注青少年媒介素养教育的同时也要关注家长的媒介素养教育，主要目的在于为青少年建立健康的媒介使用环境奠定基础。

四　青少年社会化的虚拟途径

（一）网络新媒体促进青少年社会事件参与度

根据调查（见图1.6），近80%的青少年在微博上关注时政、经济或社会热点新闻报告和评论，对各类社会民生类新闻关注度较高。网络新媒体已成为一个公众关注、讨论公共事务和社会事件参与的公共平台，如在2012年7月21日"7·21"北京特大暴雨中，"双闪"行动备受关注和推崇，一名普通北京市民通过微博发布信息，征集志愿者车队到机场接送滞留旅客，该信息通过微博迅速在市民中广泛传播；陕西"房姐"在被曝光的数小时内，网友通过微博等网络新媒体迅速围观，加之媒体的推波助澜，"房姐"迅速"爆红"，成为全民关注的焦点，青少年激烈讨论并积极参与，形成一股强大的推动力。又如2011年5月开始，微博上相继出现了公民个人独立参加人大代表选举的新事，北京、天津、广州、深圳、珠海、武汉等各地涌现出了大学生和高中生身份的独立候选人，通过网络提升社会参与度和社会责任感，推动了青少年的政治社会化，使青少年成为网络舆论的重要参与者，甚至是网络舆论信任危机的直接推动者。

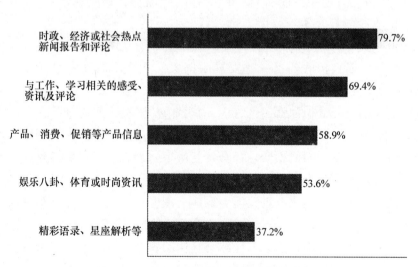

图1.6　青少年在微博上关注的信息类型

数据来源：专项网络调查，样本量12752。

案例：学生微博自荐参选事件

2011 年 5 月开始，微博上相继出现了公民个人独立参加人大代表选举的新事。在五岳散人、李承鹏、梁树新、夏商等微博名人纷纷在各自城市宣布参选之后，北京、天津、广州、深圳、珠海、武汉还涌现出了大学生和高中生身份的独立候选人，他们不约而同地通过微博发声，表示将在所在城市人大换届选举中，参选区级人大代表，引起了社会和政府的高度关注。

2011 年 5 月，华中师范大学政法学院学生蒋凯开通微博，在网上宣布参选基层人大代表。

5 月 30 日，华南师范大学物理与电信工程专业学生黄辉善在自己的微博上宣布参加人大代表选举之后，很快获得了 89 名推荐人的支持。

6 月初，广东商学院大三学生胡文浩在新浪微博上宣布竞选珠海香洲区人大代表，并在网上公布了个人信息以及财产状况等资料，引发网友热议。

6 月底，广东外语外贸大学法学院学生叶瑞立，在微博上宣布以"联合推荐代表候选人"的方式参选广州市白云区人大代表，希望为广大同学争取权利。在 9 月 8 日的投票日，未能成为正式候选人的叶瑞立仍然得到了 805 票。（来源于网络）

（二）网络新媒体可以加快青少年完善自我的社会化进程

1. 完善网络平台，为加快青少年社会化进程传递正能量

所谓的"社会人"，是指通过社会化，个体掌握了该社会的道德和文化，学会了该社会的道德规范和道德行为，形成了独立的人格，产生自我意识，最终成长为社会化的人。一个深深吸引青少年并能使他们迅速卷入的大众媒介，加上媒介中大量存在的与主流社会不同的价值观念，已经足以使人们对电影，或者说与电影相类似的非传统的大众传播媒介在儿童的社会化进程中的影响产生畏惧和忧虑。美国社会学家 I. 罗伯逊曾经这样描述大众传播工具对人的社会化的影响："从新闻、舆论到时髦风尚和时髦货，传播工具及时报道社会事件和社会变化。它们提供了人们绝对不能用其他方法看到的角色模式和生活方式掠影。通过传播，儿童知道了审判室中的律师、西部的牛仔、警方的侦探，以致像蝙蝠人和达思·瓦德尔这样的虚构人物（其实这些形象中有许多都不真实，但这未必能削弱它们的影响）。年轻人还从传播工具的广告中知道

了他们将来作为消费者在市场上的角色以及社会对青春、成功、美丽和功利主义的高度重视。不断变化的社会规范和价值标准在传播工具中迅速得到反映，并且可以被那些不靠传播工具就无从了解这些规范和价值标准的人欣然采纳。"①

　　具体的策略可以采取：设置话题议程，有意识引导；设置模范典型人物，言传身教。

　　2. 关注部落化发展趋势，防止极端民族主义及其他极端化现象的出现

　　社会发展不断地使地球由分散走向集中。而网络媒体却恰恰实施着反"都市化"，重新回归部落化。

　　人总是害怕处于孤立位置，当自己的意见处于少数派时就不会将它表达出来。而孤独的威慑力量的发挥有个很重要的前提：生存空间狭小。而在网络传播的条件下，人们的交往空间得以极大扩展，这便削弱了孤独的威慑力量。如果一个网民在某个社区里得不到承认，他采取的往往不是消极的从众行为以保护自己，而很可能是转向另一个社区，去积极争取获得其他交往对象的认同。另外，在网络中，受众之间不仅可以相互交流，而且可以在公共平台上公开表达，网民的匿名性使受众得以不必承担言论风险。所以捍卫自己的立场、发表言论的勇气大大提高，这也大大加快了社会化的进程。

　　网络使人类社会的传播回归人际性，实现了更高层次上的"重新部落化"。

五　从第三者效果角度拒绝污名化

　　美国学者塔威森在 1983 年最初对第三者效果做出定义，他是这样说的，个体感觉到的媒介信息会产生巨大的效果，这个效果不是对我、你，而是对他们而言的，新闻中的审查制度就是这一效应的具体体现。他认为这些媒介效果的偏见能够影响共同的行为和信念。他特别指出这种效果最有可能发生在对有害的媒介信息所产生的效果上。通过一些研究案例，我们发现第三者效果影响显著，这是一种特殊的社会认知偏差。我们从第三者效果来解释对网络色情的批判，分析网络污名化，并不是要掩盖问题，

---

① ［美］I. 罗伯逊：《社会学》（上），黄育馥译，商务印书馆 1990 年版，第 161—162 页。

而是要给大家一个新的角度来认识现阶段我们对网络色情的批判，我们要认识到人的社会认知是有缺陷的，而且这种认知偏差不但受社会交往的地域、亲近、疏远等因素影响，还会由于人的各种社会属性所导致的社会垂直距离而放大，从而影响了人们对网络新媒体的认知。

六　结论

随着网络技术的发展，青少年"触网"越来越便利。学生除了用计算机上网外，还习惯用手机上网。根据中国互联网中心2013年第31次《中国互联网络发展状况统计报告》，中国网民规模达到5.64亿人，互联网普及率达42.1%。同时随着智能手机等终端设备的普及，无线网络升级等因素，手机网民数量快速提升，截至2012年12月底，手机网民规模为4.2亿人。10—19岁网民占总网民规模的24%，占总上网人口的近1/4。

青少年正处于思想活跃而且极容易受到外界影响的成长阶段，"触网"为他们提供了海量的信息和新奇缤纷的内容，因而对他们有很强的吸引力，也因此易对他们的思想观念造成影响。因此，共青团作为青少年的一级组织应该了解他们，同他们成为朋友，不但是线下的朋友，更应该成为线上的朋友，通过新媒介实现团青融合。

第二节　农村青少年的媒介接触调查

一　山东枣庄农村青少年媒介接触调查

随着我国社会的发展，农村得到了很大的进步。农民生活也得到了很大提高，随着国家实施电视户户通工程，电视在农村得到了普及，因此了解农村青少年媒介的使用情况以及他们对于影视的观赏经验，搞清楚媒介在青少年心理发展过程中的作用有着非常重要的意义。通过调查了解农村青少年影视观赏的基本情况，分析农村青少年媒介的接触和使用，提出存在的问题及改进建议，探讨在农村青少年中开展并实施媒介素养教育的内容和途径。

（一）研究背景及方法

随着社会的发展、人民生活水平的提高，各种传播媒介如电视、录音机、报纸等陆续在中国各农村得到了普及。电视已经成为最具影响力的媒介形式。电视媒介承载的信息量大，与相对贫瘠的农村环境构成巨大的反差和冲击，而青少年具有可塑性强的生理和心理特点，思想观念和行为都容易受外部环境的影响。这令我们不得不关注农村青少年的媒介接触和使用情况，研究如何在特殊的农村环境引导青少年正确使用传播媒介，提高媒介素养，利用传播媒介为自己服务。

研究方法：本次研究采用统一问卷，入户面访的方式，对山东枣庄农村社区的常住农村未成年人进行随机抽样调查。样本中在读初中的54人、在读高中15人、小学14人、辍学1人，分别占被调查人数的64.3%、17.9%、16.7%和1.2%。媒介的接触和使用：所涉及的信息渠道包括广播、电视、报纸、书籍或杂志、互联网与人际传播。对广播、电视、报纸、互联网这几大媒介的接触和使用进行了详细的提问，其中涉及接触时间、接触频率、内容偏好、使用动机以及认识程度等。

（二）农村青少年媒介接触与使用的描述和分析

1. 农村青少年媒介接触情况

被调查者家庭电视机占有率为100%，拥有收音机的占78.6%，拥有杂志和书籍的占65.5%，拥有报纸的占27.4%，电脑的占有率最低，只有4.8%（见图1.7）。

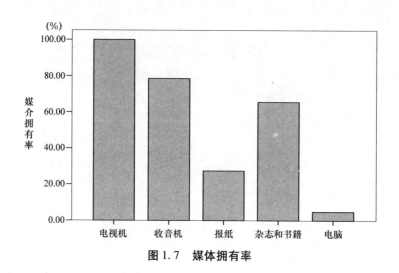

图1.7　媒体拥有率

这说明农村青少年可选择的信息传播媒介是多种多样的。88.1%被调查者经常进行的活动是看电视，高达44%天天看电视。其次，经常进行的活动分别是看杂志和报纸。收听广播的被调查者34.5%一周少于一天，天天收听广播的只有2%。由此可见，虽然农村青少年可选择接触的媒介是多种多样的，但最经常接触的还是电视。而每天至少看电视2—3 小时（见图1.8）。由此可见，农村青少年电视媒介的使用频度和时间都是最多的。

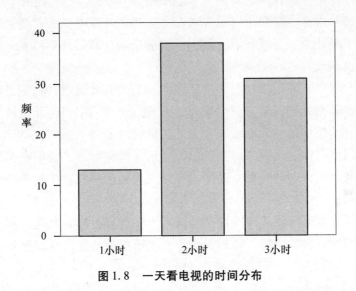

图1.8　**一天看电视的时间分布**

在调查中我们还发现在农村青少年中有过上网经验的学生占总体比例近30%，但是互联网并不是他们经常使用的媒介（见表1.4）。

表1.4　　　　　　　　　　　　　**上网经验**

	频数	比例	有效百分比	累积
有效	3	3.5	3.5	3.5
有	25	29.4	29.4	32.9
没有	57	67.1	67.1	100.0
合计	85	100.0	100.0	

2. 农村青少年媒介使用目的

被调查者中有近90%选择通过电视看动画片或者电视剧，而不是购买光盘看，这表明由于农村经济发展的影响以及媒介在农村购买渠道上的缺陷使得农村青少年很少自己选择去购买影视作品观看，限制了他

17

们的主动性，所以他们使用媒介主要是被动性使用，不像城市的孩子有很多渠道去获取媒介的信息，而且主动性比较强。被调查者中有76.2%把看电视作为了解国内外大事的首选途径，38.1%把看报纸作为第二途径，第三途径多选听大人和老师说。

从接触内容偏好和使用动机来看：被调查者看电视的首要目的是看新闻、了解社会、监控环境，其次是消遣娱乐，最后是学习新知识。看报纸的被调查者，首先关注的内容多是体育、国内外新闻，其次关注的是娱乐和明星，最后是社会和生活新闻。上网的被调查者首选活动是聊天娱乐，其次是查资料，获取信息。从图1.9和图1.10看农村青少年电视媒介的使用目的和网络媒介的使用目的是截然不同的，电视这种媒介呈现出多样性，而网络媒介的单一性还比较突出，这说明电视媒介的功能得到了多方面的开发，而网络媒介的功能在农村青少年中的运用还是比较初步的。

农村青少年接触的传播媒介总体来说在进步，媒介种类增多，传播上速度增快，内容丰富。农村青少年和城市青少年在可接触传播媒介选择没有太大的差别，只是经济和便利上还存在差距。电视遍及各家各户，电话开始普及，广播报刊开始深入农村，互联网也走入了农村社区。同时，农村的信息内容日益丰富多彩，各种传播媒介带给农民的不再仅是乡土信息，而是外部精彩纷呈的世界，内容涉及政治、经济、文化等各个方面，大大开阔了农村青少年的视野。

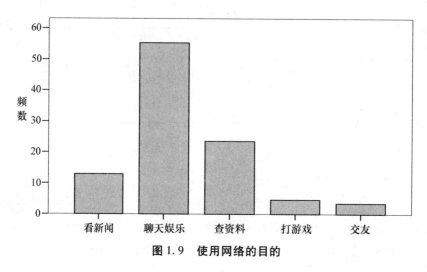

图1.9　使用网络的目的

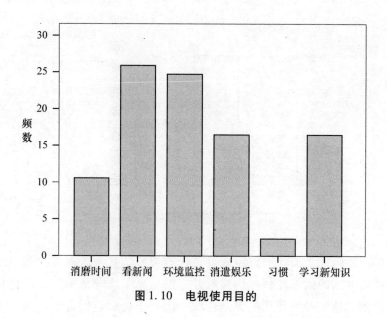

图 1.10 电视使用目的

　　农村青少年接触的传播媒介呈现多元化，但比例不平衡。其中电视占绝对重要的地位，广播和报纸相对较少，互联网的势力刚开始兴起。88.1％被调查者经常进行的活动是看电视，高达 44％ 天天看电视。虽然被调查者中只有 4.8％拥有电脑，却有 66.7％曾经上过网，他们主要是到乡镇网吧去上网。由于学校没有计算机课，其计算机知识大都是听朋友或同伴传授的经验。由于受知识局限影响，只会用网络聊天、打游戏和简单地搜索新闻。与枯燥的农村文化生活相比，网上世界对青少年具有极大的吸引力，网络对于农村青少年来说，最重要的不是一种信息接收渠道，而更多的是一种娱乐方式。

　　与城市青少年相比，农村青少年更多关注国内外大事，渴望了解农村外面的世界，对娱乐明星内容热情不高。

　　3. 对媒介的信任度

　　从媒介认知程度来看，过半的被调查者认为媒介可信任度一般，61.9％认为媒介传播的内容不一定真实，22.6％认为真实可信。64.3％认为有些广告很好，19％对广告持反感态度。大部分农村青少年不会利用传播媒介为自己服务。58.3％的人不确定传播媒介能够帮助解决现实问题，28.6％的人认为传播媒介能够帮助解决问题（如图 1.11）。

19

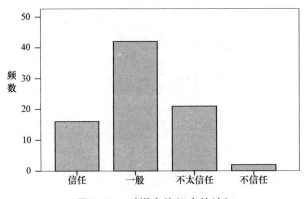

图 1.11　对媒介信任度的认知

　　在开始调查之前我们曾经有过这样的担心，认为农村青少年由于经济及环境方面的因素使得他们接触外界的信息渠道非常单一，因此他们会非常依赖他们经常使用的大众传媒，而且也会对它们言听计从，非常信任，但是调查的结果却让我们非常意外，因为从调查的结果看，这两个地区的青少年对于媒介的信任度以及对媒介内容的信任度并不像我们想象的那样高，相反，这些青少年对于广告的态度却是出乎意料得高，这其中的原因主要在于青少年心理因素的影响，由于广告的制作是高成本、图像质量高，易于吸引青少年的眼珠，这说明青少年对于媒介内容的喜好主要还是根据外在因素来判断，如图 1.12、图 1.13 所示。

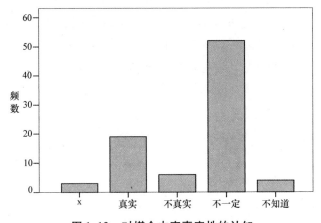

图 1.12　对媒介内容真实性的认知

20

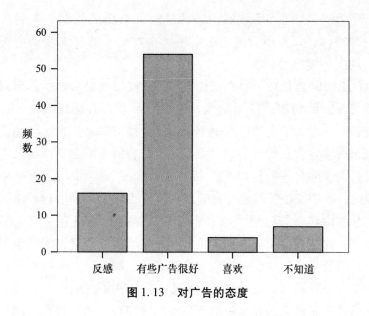

图 1.13　对广告的态度

　　而且通过调查我们还发现并不是使用媒介时间越长，青少年对媒介的信任度、对广告的态度就会有所改善，随着接触时间的增长，受众的信任度和好感在下降。而且我们还运用了时间因素和媒介信任度、广告态度两种因素分别进行了列联表的独立性检验，发现时间因素对媒介信任度、广告态度的影响在统计学上有着非常显著的意义，显著性水平达到了 0.001。时间对这两种因素的影响可能有着交叉影响，也就是说，由于时间长了对于广告的厌烦，而导致对于媒介的不信任程度增加，当然这只是其中的一种可能。在分析当中我们还发现了一个有趣的现象，虽然时间特性对于媒介内容的信任度特性列联表的检验同样是非常显著的，但我们却发现了与前两个因素不同之处，那就是随着时间的增长，青少年对于媒介内容的信任度却在增加，这说明媒介对青少年的不良影响，首先表现在媒介传递社会信息和人类经验过程中所营造的时间和空间幻境里，由于青少年使用媒介的时间过长，使得青少年与真实世界的联系被有意或无意割断、歪曲了，他们不仅习惯于漠视真实，而且可能敌视真实，社会认知和情感体验方式不知不觉地发生了转变——经过精心剪裁、拼贴的以声音和画面形式出现的现实镜像或虚假组织，被认为是真实可信的，而身边实在发生的一切反倒是不真实不可信的（甚至会认为其中必然包含着蓄意蒙蔽或欺诈成分），

"虚拟环境的环境化"不仅成为现代社会大众传播控制下人的生存状态的一种特性，媒介所营造的虚拟环境在青少年的意识活动中替代了真实的现实环境本身。

为什么时间延长对于媒介信任、广告态度影响是负面的，而对媒介内容真实性的影响却是正面的呢，这是一个非常有趣的现象，有句俗话，谎言千遍就成了真理，这倒不是说媒介说的都是谎言，而是说时间因素对于内容真实性的影响。之所以对于广告的影响是负面的，主要是由于广告内容的单一重复导致的。

因此，我们应该关注媒介内容给农村青少年带来的心理冲击。媒介传播的某些内容（如色情、暴力）对青少年身心健康直接造成不良影响或损害，比较容易引起人们的重视和警觉。但媒介有意无意呈现的物质环境差距所带来的隐性心理变化常被忽略。铺天盖地的电视广告可能会使人产生一种错觉，似乎生活中有你永远享用不尽的最美好最优秀的东西，而这些东西又是那样鲜活、生动地展现在你的身边和眼前。但事实上情况却不尽然如此，尤其是在物质还不十分丰富的农村。还有某些专门为青少年制作的节目中，人们看到的也只是那些光鲜靓丽、口齿伶俐、多才多艺、优雅不俗的城市少年，以至于有人批评某中学生电视节目是"高等中学生"或"贵族中学生"节目。

（三）讨论

综上分析，由于农村电视机的普及率广，家长约束少，被调查者平均每天看电视的时间为 3 小时。在一些偏僻的农村，青少年的文化生活贫乏，精神食粮大多是电视和少量的书籍等，淫秽书画和录音磁带、不健康的电影、电视情节，诱惑腐蚀了部分青少年的思想，使他们对恋爱、婚姻、两性关系产生了错误的低级理解。值得一提的是，网络的作用在农村已经有所体现，一些青少年专门在网上寻找不良信息。虽然调查显示家庭是青少年接触各类大众传播媒介特别是电视的主要场所，通过父母的言传身教将对青少年媒介素养的提高产生积极的作用，但是农村青少年的父母大都受教育水平不高。许多家长由于文化水平低、劳作辛苦，对子女要么教育方法简单粗暴，要么溺爱袒护，要么放任不管，不懂得也不善于用科学合理的方法教育子女。加之媒介信息量大且日益丰富，青少年利用媒介的技能往往优于家长，相对削弱了家庭在媒介素质教育方面的功能。因此，提高农民的媒介素养也就成了提高农村青少年媒介素养不可或缺的一环。要帮助农民加强自身的媒介素养教育，提高辨别有效信息的能力，学会以批判的意识接触媒介，避免他们极力反对或过度纵容青少年接触传播媒介。

二　山东岩马村和贵州白碧村农村儿童影视剧影响调查

本节从影视知识、影视传播影响、影视鉴赏力三个方面对农村儿童的影视剧观赏经验及其影响进行了调查，发现社会经济发展程度存在的差异是导致传播效果产生差异的因素之一；缺乏必要的影视背景知识会影响到影视剧的传播效果；随着被调查者观看电视时间的延长，影片的效果也从直接的信息传播效果转向了对影片中人物情感上的认同，被调查的儿童大部分能分辨电视播放内容的真假，知道新闻是真实的，动画片、电视剧是虚构的。但调查中也发现约一半有沉溺使用媒体倾向的儿童，他们的传媒判别能力明显偏低，而且有较强仿效媒体内容的倾向。

（一）研究背景

影视剧和动画片这类媒介是儿童喜闻乐见的形式，这些媒介形式所承载的内容对于他们的世界观、人生观和价值观的形成以及身心健康的发展有着重大的影响，在大众传播媒介越来越普及的今天，更要高度重视影视剧和动画片这类媒介的影响。本书主要是针对电视这类大众媒介对农村儿童形成影响的情况进行调查研究。

调查中一名叫姗姗的三年级女孩，家里的电视只能接收一个地方台。我们问她看过《邋遢大王》吗？她摇摇头。问看过《葫芦兄弟》吗？她又摇头。问看过《黑猫警长》吗？她还是摇头，然后她低着头用很小的声音说："我们家电视就一个台，还不清楚，有时能看有时不能看。"姗姗是个很拘泥的孩子。我们叫她做问卷，她拉着衣角很害羞地摇头表示不愿意，但是对此又很好奇，时不时在墙角偷看我们。后来经她父母劝说，才慢慢大胆地配合我们的访问。

她邻居小凤的表现却截然不同，小凤很大方地接受了我们的调查访问，而且还滔滔不绝地给我们介绍了好多动画片和故事片。小凤家接了有线电视网，经常邀姗姗到她家看电视。有趣的是，选项a、b、c、d、e 的英文发音姗姗和几个很少看电视的孩子都不懂，他们在学校只学了汉语拼音的发音。而那些经常看电视和影碟的孩子都懂这些选项的英文发音。由此可见，电视在孩子教育方面的影响不容忽视。

（二）农村儿童的影视观赏经验调查

我们对山东省枣庄地区的岩马村为主，在贵州省以凯里市雷山县西江镇白碧村为主，在其相邻的几个农村社区进行了问卷调查，问卷调查的内容包括三个方面：一是影视知识的调查，包括媒介素养知识、影视艺术方面的知识、日常生活方面的知识、从影视中获得的社会生活经验等；二是影视传播影响的调查，包括对自己学习的影响、对自己与他人交往以及社会交往的影响、对自己与父母家庭关系的影响等；三是影视鉴赏力的调查，对于影视中所表现出来的文学夸张手法和幻想手法的应用有没有正确的鉴别能力、对于影视当中所表现的丑恶现象以及暴力行为是否具有正确的辨别和认识能力。

通过调查发现，不管是贵州还是山东的小学生，他们了解外界的主要途径是看电视，其次才是学校、大人和广播等其他媒介。大人的言传身教在媒介技术高度发达的当今看起来好像已经退居次要地位。所以从这个意义上看，培养儿童具备必要的媒介素养，对于他们的健康成长非常有必要。农村儿童几乎天天看电视，却极少看报纸和听广播，更贴切地说应该是少部分家庭拥有收音机、极少甚至可以说没有家庭订报纸。这并不是说两个地区的小学生在这一方面没有差异，通过运用聚类分析的方法，我们发现在了解外部世界的途径中，贵州的小学生把大人作为仅次于电视媒介的另一种重要途径，而在山东地区被调查的小学生中居然没有一个人把问大人作为了解外部世界的途径。他们把所有的希望都寄托在电视上。从两个地区儿童看电视的时间上，我们也发现山东地区的被调查者看电视的时间明显多于贵州地区的被调查者，至少在0.05的显著性水平上存在统计学意义上的显著差异。也许是看电视的时间占用了山东地区被调查的儿童和大人进行交流的时间和机会。而过度接触电视的一个直接后果就是影响了被调查者的阅读倾向，在询问"你如果想了解一个新的故事，你最想通过哪种途径去了解"的时候，两地之间也存在至少在0.05水平上的统计学意义上的显著差异，贵州的被调查者选择读童话书的比例最高，而山东地区的选择看动画片的比例最高。这从一个侧面证实了过度看电视会降低儿童的阅读欲望这个观点，这一影响首先表现在对儿童的阅读选择倾向上。

1. 影视知识的调查

（1）问卷的问题设置为"你经常在电视中看广告，你认为广告的目的是什么?"在山东地区的被调查者中有42.9%的人认为是要引导购买,还有近40%的人认为是为了好看才看电视上的广告,有近20%的人回答不清楚。而在贵州对于广告目的的认识与山东地区有着显著差异,在这个问题上回答不知道的比例居然高达80%,而余下近20%的人则认为是因为广告好看。这说明由于社会经济的发展程度存在的差异导致了对广告认识上的不同。处于同样年龄阶段的儿童,对于山东地区的儿童,由于当地社会经济环境因素使得他们过早认识到了广告的真正目的,而处于相对落后地区的儿童由于当地社会经济环境的制约,他们对此的认识就显得稍微滞后。当然从认为"好看"到明确地认识到广告的真正目的,除了当地社会经济的环境因素影响之外,还有一个很重要的因素就是儿童身心发展的一个结果,随着儿童年龄的增长、身心的成熟,他们必然会最终认识到这一点。从这一点可以看出,社会经济因素制约着媒介传播的效果。

(2) 在针对动画片《三毛流浪记》的调查中我们发现,近60%的被调查者都表示喜欢这个片子,而且都认为动画片中的三毛的流浪生活不是真实的,在这两个问题上没有表现出地区之间的差异。我们撇开动画片的质量不谈,多数的小学生认为关于三毛的流浪生活是不真实的这种现象,说明了我们动画片的教育目的并没有完全达到,我们成年人都知道,三毛的流浪生活是由于旧社会的战争和贫困造成的,在20世纪20年代的旧上海,事实上有许多像三毛一样的孩子过着流浪的生活。但是现在的孩子却认为这种现象并不存在。在儿童中出现的这种认识偏差与孩子不了解这段历史,缺少必要的影视欣赏背景知识有关。

但是在对影片效果的调查中我们却发现了一个由于地区而导致的差异,贵州地区有73%的被调查者认为通过这个片子让我们了解了当时的社会,对三毛表示同情的比例只占10%;而山东地区有63%的被调查者看了这个片子后很同情三毛的遭遇,而通过这个片子认识当时社会现状的只有28%。我们又利用列联表独立性检验的方法对观看电视时间与影片效果之间的关系进行分析,发现随着被调查者观看电视时间的延长,影片的效果也从直接的信息传播效果转向了对影片中人物情感上的认同。这说明这种表面看起来是地区差异的问题,实际上背后的因素是电视观看时间这一因素导致的。这和我们对一个陌生事物的认知过程是相同的,认知一个陌生事物时,先获取表面的信息,然后随着熟悉程度的增加，人们逐渐将情感因素也加入进来。从总体情况看，农村儿童对社会的弱势群体还是充满了同情。在对社会的善恶判断中，大多数的小学生还是比较理性的，他们懂得如何运用理性的态度去思考社会善恶，事实上随着媒介接触时间的延长，感性的、情感因素的影响会不断加强，尤其是在影视欣赏中，这在媒体素养教育中是必须要考虑到的因素，在接触媒体的过程中，如何让他们始终保持理性的思考至关重要。

2. 影视传播影响的调查

（1）在"电视里的小朋友是不是比自己周围的小朋友漂亮"的问题上，他们绝大多数人认为电视里的孩子是天生长得漂亮，天生有才能。这明显地表现出农村的儿童缺少必要的自信心，电视里的孩子是很漂亮，有才能，但是却没有人告诉他们，事实上他们也可以和电视里的孩子一样漂亮和一样有才能，只是缺少机会而已。在这方面，电视不是增强了他们的自信心，而是削弱了。

在和谁一起看电视这个问题上，我们看到有很大一部分小学生是和自己的兄弟姐妹一起看，现在的农村孩子虽然大部分时间和父母在一起生活，但是父母和孩子的交流却很少。在调查中我们还发现，孩子和父母在一起看电视的时候，好多是孩子跟着父母的兴趣在观看。父母是孩子的第一任老师，孩子应该在父母的指导下看电视，实际上是父母对孩子如何观看电视几乎没有指导，孩子看电视时只能靠自己的能力来欣赏，而且他们也很少有机会自己单独看电视。

（2）在"你觉得看电视或看电影对你的学习有帮助吗"这个问题上，被调查者都认为看电视或看电影对自己的学习有一些帮助，但是认为没有作用的比例也不小。利用列联表分析没有发现在这个问题上地区因素之间存在显著差异。但是我们却发现了一个有趣的现象，随着一天中观看电视时间的增长，认为会对学习有帮助的比例在下降，而认为电视对学习没有什么作用的比例却在增加。在看电视或看电影到底在哪些方面会对你有帮助这个问题上，列前三位的分别是丰富词汇、激发学习动机、增加知识，在这个问题上，贵州和山东地区的被调查者出现了显著差异，贵州地区的被调查者列首位的是丰富词汇，而山东地区列首位的则是激发学习动机、丰富知识。这从另一个方面说明两地之间尤其是在信息传播方面存在差异，贵州地区信息传播渠道单一，儿童主要依靠电视和学习外界的新词汇，而山东地区由于信息传播渠道多样，所以电视已经不再是他们学习新词汇的唯一渠道，电视对他们的影响已经从表面深入到内部。

（3）在是否模仿电视中的人物的调查中发现有一半的小学生从不模仿，经常模仿的只有10%左右，在农村的广大儿童由于受生活环境因素的影响，性格大都非常腼腆，即使他们有很强的模仿天赋，也由于他们的模仿经常是受到周围的嘲笑（没有恶意的）而不是欢迎和鼓励而变得不好意思模仿。这样的心理使他们不敢大胆地把他们想表现的东西找机会表现出来。这对孩子的全面发展，尤其是培养孩子的自信心是非常不利的。在这个问题上本来我们以为应该是山东地区的被调查者中会有更多的人经常模仿，但是数据分析的结果却恰好相反，山东地区的被调查者中从不模仿的比例是最高的，而贵州地区的被调查者中比例最高的是偶尔为之。

3. 影视鉴赏力的调查

（1）在认为"是否真有猪八戒这样的人物"这个问题上，绝大多数的小学生是相信没有，猪八戒这样的人是想象的，这说明农村的学生在对虚拟的夸张的电视节目有比较明确的判断。而且在这个问题上不存在地区之间的差异。被调查的儿童大部分能分辨电视播放内容的真假，知道新闻是真实的，动画片、电视剧是虚构的。但调查中也发现约一半有沉溺使用媒体倾向的儿童，他们的传媒判别能力明显偏低，而且有较强仿效媒体内容的倾向，例如存在的"在有意无意间去学习电视剧、电影或者漫画人物处理问题的方法""运用歌词、剧情或者电影角色，去处理自己的感情问题"等现象就是很好的说明。

（2）在"认为影视作品中打人的行为对吗"这一问题上，绝大多数被调查者都表现出了较多的理性，有41.4%的被调查者认为对待坏人可以使用暴力，而有37.9%的人支持可以有选择地使用暴力。在这个问题上，两个地区之间也在0.05的水平上存在统计学意义上的显著差异，山东地区的被调查者更多地主张有选择地使用暴力，而贵州地区的被调查者则简单地支持对待坏人就可以使用暴力。这在一定程度上反映了两地社会发展程度上的差异，人们头脑中的主观现实是社会客观现实的反映，社会发展程度越高，问题就越复杂，人们解决问题的能力也随之提高。

经过几天的问卷调查、参与式观察和深度访谈式调查，我们发现电视给乡村带来了很多可喜的变化。农村小学生通过电视这个窗口可以比以往更方便、更快捷地了解外面的世界。但同时我们也发现了一些有待解决的问题。适合农村小学生认知特点的影视作品和信息传播形式还是普遍偏少，他们对"9·11"事件、伊拉克战争等国际大事并不了解。家里是否接入有线电视对孩子获取信息量方面的影响很大，而且我们发现获取信息的多少也或多或少地影响了孩子的性格，就像我们在调查中遇到的姗姗那个的个案。在专门为儿童制作的节目中，人们看到的也只是那些光鲜靓丽、口齿伶俐、多才多艺、优雅不俗的城市儿童，农村的小学生成了被遗忘的角落。

目前大众传媒对儿童的影响在以下几个方面已经表现得非常突出了：早熟问题、媒体影响下的消费主义、暴力与少年儿童犯罪、价值判断的多元化、对儿童身心健康的影响等。目前这些问题在城市中已经有所体现，随着社会的进一步发展、媒介在农村的极大普及、小学生课业负担的进一步减轻等因素的影响，农村儿童接触和使用媒介的时间和机会也会越来越多，因此目前在大城市已经出现的这些问题在农村中也会很快遇到。怎样才能降低和削弱大众媒介的负面影响呢？因噎废食，不许孩子接触媒介？这条路显然走不通，唯一的出路只能是我们积极地应对。因此，了解农村儿童对影视剧的观赏经验，可以为我们消除媒介的负面影响，提供依据。

第三节　网络媒介对青少年影响的研究设计

一　网络行为、使用动机、网络环境对青少年社会主义核心价值观影响的实证研究

本节要探讨的是从整体环境论的角度去探讨当今时代青少年面临的网络环境、网络行为、动机及其影响的问题。系统研究青少年的网络媒介环境、网络行为的同时关注其内在动机，把三者结合起来，分国家、社会、公民个人三个层面考察其对青少年核心价值观的影响问题。

（一）本课题的选题依据

回顾西方传播学的发展历史，我们可以发现关注媒介对青少年的影响是传播学研究的核心和重点之一。在美国学者总结传播学研究的 14 项里程碑式成果中，有 5 项研究关注的对象是媒介对青少年的影响问

题，相比之下我国在这方面则缺乏系统的研究。在当今时代，网络已成为青少年最经常接触的媒介，在青少年核心价值观的国家层面价值目标、社会层面价值取向、公民个人层面价值目标都有影响，成为影响青少年核心价值观最重要的因素之一。

从媒介接触行为上看，由于媒介接触的失衡，也使得青少年的行为特征发生了根本性变化。马尔库塞认为追逐新媒体技术的运用改变了青少年信息获取及意见表达的方式，也使得青少年的"单向度"特征越来越明显。每一轮新媒体技术的革新和涌现，他们都是最早的也是最积极的一批拥护者和使用者，每次苹果公司新产品的畅销就说明了这一点。在这些新媒体技术面前，青少年的批判性及否定性原则大大减弱或者丧失，失去自己的个性和自主力，失去对外部控制与操纵的内在反抗性和否定性，丧失对社会的鉴别和批判的能力，因此成为技术的奴隶，成为屈从于某种需要而自感幸福的"单向度的人"。从表面上看，这些新媒体技术使得青少年有更多机会了解和获取各方面的信息、接受全方位的教育和影响，但实际上由于新媒体的特点及人的社会属性使然，青少年很容易陷入某个虚拟群体中，更多地接受自己所属群体的影响，而其他外在因素的影响则在减弱，也就是说青少年认识、理解世界的面会越来越窄，他们成了满足于自己小群体交往环境的"单向度的人"。但对于这一问题，目前学界的看法也并不一致，乐观的观点认为新媒介技术将给民主和社会参与、创造性、自我展示和表达、扩展知识以及支持多样性、差异和争论带来更多机会，而悲观者则认为这标志着这一代年轻人的天真、传统价值、权威的结束。

从使用动机上看，新媒体技术使青少年成为网络舆论的重要参与者，却也使得网络群体极性化有了展现平台。拉塞·斯皮司与其同事通过研究发现，网络中的群体极化现象更加突出，是现实生活中的两倍多。凯斯·桑斯坦也提到，网络对许多人而言正是极端主义的"温床"，因为志同道合的人可以在网上轻易而且频繁地沟通，由于听不到不同意见而持续暴露于极端的立场中，因而逐渐向极端主义靠近。同时互联网倾向于搜集同类信息，链接立场相近的其他网站，这将导致信息"窄化"。网络匿名的方式也使团体成员的观点更容易变得极端，也就是说青少年的行为越来越表现出极端性。例如 15 岁少年因被嘲笑四处小便而杀害两女童，在某种程度上就是由于家庭教育的缺位而受网络环境的潜移默化影响价值观错位导致的。青少年心理尚未成熟，很容易受到外界因素的影响而模仿，甚至意识不到自己的行为已经构成犯罪。

从网络环境来看，网络新媒体已成为公众关注、讨论公共事务和参与社会事件的公共平台，对青少年而言也是实现自我的一个平台（自我认知发展），是青少年完善自我意识、加速实现社会化、提高社会参与度的一个虚拟途径。据调查，80%的青少年利用"微博"关注时政、经济或社会热点新闻和评论，对各类社会民生新闻关注度较高。因此，首先，应该完善网络平台，为青少年建立正确的核心价值观传递正能量。其次，网络媒体正往反"都市化"方向发展，使世界重新回归部落化，因此关注部落化发展趋势，防止极端民族主义及其他极端化现象对青少年社会主义核心价值观产生负面影响。

青少年正处于思想活跃而且极易受外界影响的成长阶段，网络为他们提供了海量的信息和新奇缤纷的内容，这些信息和内容对他们有强大的吸引力，但也易对他们的思想观念及行为造成影响。独特的网络行为、强烈的使用动机、缤纷多彩的网络环境既可以帮助青少年加快社会化进程，但也使得核心价值观的建立面临着严重的挑战。

（二）本课题研究内容

从场动力理论看本课题研究的主要内容。

勒温认为，人是一个场（field），人的心理活动是在一种心理场或生活空间里发生的。生活空间（Life Space，Lsp）包括个人及其心理环境。一个人的行为（B）取决于个人（P）和他的环境（E）的相互作用，也就是说，行为取决于个体的生活空间（Lsp）。这样，勒温的基本公式就是：

$B = f\ (P \times E) = f\ (L \times S)$

B 代表个人行为的方向和向量；F 代表某个函数关系；

P 代表个人的内部动力；E 代表环境的刺激。

将这一公式推移到当今的网络环境中，即青少年的生活空间（Lsp）包括了人（P）和网络环境（E），网络行为就发生在青少年的生活空间之中，而青少年的价值观就是在这一生活空间中形成的，它既是人与网络环境的函数，也是生活空间的函数。根据勒温的理论，外部刺激是否能够成为激励因素，还要看内部动力的大小，两者的乘积才决定了个人的行为方向，如果个人的内部动力为零，那么网络环境的刺激就不会发生作用；如果个人的内部动力为负数，网络环境的刺激就有可能产生相反的作用。因此，本课题研究的主要内容包括网络环境、网络行为、使用动机对青少年核心价值观的影响，如图1.14所示。

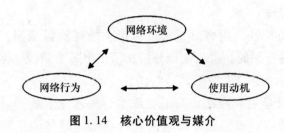

图1.14　核心价值观与媒介

我们关注青少年与所处时代的媒介类型及其所承载的媒介内容之间的关系。研究被称为"互联网的一代"的青少年，最终目的是：

1. 了解网络媒介环境变化的趋势和特点；

2. 了解网络媒介环境、青少年的媒介使用动机、网络行为三者之间的相互关系问题；

3. 了解网络环境对青少年社会主义核心价值观的影响；

4. 了解网络行为对青少年社会主义核心价值观的影响；

5. 了解媒介使用动机对青少年社会主义核心价值观的影响；

6. 了解这三种因素的交互作用对青少年社会主义核心价值观的影响。

（三）本研究的基本思路

本课题研究的基本思路是在教育部社会科学规划课题《网络媒介泛性化对青少年性道德价值观影响的实证研究》基础上，扩展研究范围，把单一的网络泛性化指数扩展到整体的网络环境指数，把单一的性价值观影响扩展到对于整个社会主义核心价值观影响，从国家的价值目标、社会的价值取向和公民的价值准则三个层面去认识网络对青少年的影响。

总之就是在运用内容分析法和受众调查的方法对青少年经常接触的网络媒介环境以及对受众进行调查研究的基础上，借鉴场动力理论、"涵化"理论、社会学习理论、单向度理论等，运用实证研究方法深入分析青少年的网络行为、网络媒介环境、使用动机对青少年社会主义核心价值观的影响。

1. 文献研究法：本课题将突出跨学科整合，综合运用社会学、传播学、教育学、心理学等多学科交叉研究的方法，充分开拓学科研究视野，吸收其他学科的理论成果，丰富本课题的理论支撑，为青少年网络媒介环境、网络行为、动机对青少年核心价值观影响的调查及分析建立完善的理论假设。

2. 内容分析法：内容分析可以为量化描述提供依据，将那些能够分类的内容进行编码，进行统计分析，呈现出各个阶段的基本概况，了解网络媒介环境的突出特征。

3. 问卷及量表调查法：为了更细致、深入地了解网络对青少年核心价值观的影响，我们还将制定问卷或量表，具体测量影响的范围和深度。

4. 深度访谈、焦点小组访谈法：性观念影响问题对很多青少年男女来说是一个私密的话题，所以本研究拟采用深度访谈的方法，对青少年进行深入访谈和焦点小组访谈，并通过定性分析，探讨网络行为、网络环境、使用动机对其价值观的影响，分析其背后的心理学、社会学意义。

（四）本项研究的创新之处

本项研究的理论创新和学术价值不仅仅在于探索青少年的网络影响问题，而且是从整体环境论的角度去探讨当今时代青少年面临的网络环境、网络行为、动机及其影响的问题。

本项研究突破的重点在于系统研究青少年的网络媒介环境、网络行为的同时关注其内在动机，把三者结合起来，分国家、社会、公民个人三个层面考察其对青少年核心价值观的影响问题。

（五）使用去向及预期社会效益等

本项研究目的在于吸引更多的研究者对网络对青少年价值观的影响进行研究，同时也让社会及管理部门认识到随着新媒体成长起来的一代，他们的价值观形成与他们的父辈之间存在巨大差异。年轻一代的社会价值观、消费观、性价值观等很多方面的形成特点与当前青少年追星、援交等社会现象紧密相关，通过此项研究可以通过现象看本质，了解新媒体的一代价值观形成的规律，有的放矢地开展学校教育、社会教育、家庭教育等，引导他们形成正确的人生观、生活观、社会观等一系列重要的价值观，让他们的价值观始终以社会主义核心价值观为中心建构。

二　北京市学生网络媒介环境及生活影响的实证研究

随着我国经济水平的不断发展，人们的生活水平在不断提高，尤其是由于我国具体的计划生育政策使得青少年一代大都是独生子女，他们享有比他们的父辈更好的生活条件，因此对新媒体的使用就更加普遍。青少年认识、理解世界的面会越来越窄，他们成了满足于自己小群体交往环境的"单向度的人"。因此，本研究运用内容分析法对青少年经常接触的网络媒介环境进行调查研究的基础上，借鉴"涵化"理论、社会学习理论、单向度理论等传播理论，运用实证研究方法深入分析网络媒介环境及给青少年网上网下的生活所带来的影响。

（一）本课题国内外研究现状述评及研究意义

男孩子围在一起讨论一款新上市的计算机游戏，而女孩子则登录互联网，查找她们最喜爱的某个化妆品的品牌介绍，在操场上还有一些孩子则在热烈地讨论着他（她）们最近看的一个"肥皂剧"的场面。很难想象我们的日常生活，如果没有媒介或者是传播技术会是怎样的，现在我们的生活不管是休闲还是工作，不管是与家人在一起还是和朋友在一起，没有媒体或者是传播技术都是不可想象的。所以媒体或者是传播技术已经成为我们生活环境的一部分，不管是成人还是儿童都一样，都生活在 21 世纪这样一个新的环境中。随着这种新环境的诞生，公众对此也产生了极大的忧虑，尤其是对生长在这样一个新环境中的青少年的成长问题提出许多有意义和有价值的观点，像布丁汉姆的"童年死亡之后——在电子媒体时代成长的年轻一代"这一问题。类似的提法还有计算机呆子、数字一代、网络上的天真者、媒介上瘾者等。

在西方，媒介与青少年的关系问题历来是社会和学界关注的焦点，在美国传播研究的 14 个里程碑式的研究中，与儿童青少年有关的就占了绝大多数，可见西方对这个问题的重视。随着传播学在中国的发展，很多学者提出传播学中国化的问题，也就是说要研究中国的传播问题，从中发展中国的传播学理论，因此媒介与中国青少年的关系问题，也应该成为我们发展中国传播学理论的一个重要的研究领域和内容。

（二）本课题研究的主要内容、基本思路、研究方法

1. 从大众传播学研究的角度看包含两方面内容

一是针对网络媒介及媒介内容的调查，也就是说我们要了解青少年

他们感兴趣的媒介以及信息类型，运用内容分析的方法描绘出由各种新媒体为他们构造的这个"拟态环境"，建立科学的青少年媒介环境健康指数体系，为共青团、社会及管理部门提供支持。同时也为我们进一步分析青少年媒介文化的内涵、基本特征及发展规律奠定基础。

二就是受众调查，我们要了解由这个"拟态环境"构成的媒介环境，或者说是生活在这样一个媒介环境中，对青少年这个特殊群体生活的影响。比如说：早熟问题、媒体影响下的消费主义、暴力与青少年犯罪、价值判断的多元化、对青少年健康的影响等。

有人把20世纪60年代的青少年称为"电视的一代"，20世纪70年代的青少年称为"视频的一代"，20世纪80年代的称为任"天堂的一代"，20世纪90年代的称为"互联网的一代"。这种说法更多地关注于媒介类型及承载媒介内容的特点。但是不管从哪个角度切入，最终目的：

一是要了解网络媒介环境变化的趋势和特点；

二是要了解这种环境变化和青少年的成长及家庭、社会的背景因素之间的关系；

三是要了解这种网络媒介环境对北京市学生网上网下的生活影响，保证他们健康成长。

2. 基本思路

本课题研究的基本思路是在运用内容分析法对青少年经常接触的网络媒介环境进行调查研究的基础上，借鉴"涵化"理论、社会学习理论、单向度理论等西方传播理论，运用实证研究方法深入分析网络媒介环境及给青少年网上网下生活所带来的影响。如图1.15所示。

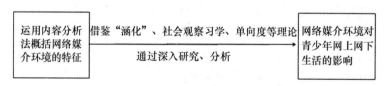

图1.15 课题研究的技术路线

本课题的技术路线是先形成理论假设，然后从实证研究和理论分析两条路线上，采用定量与定性相结合的方式进行分析研究、验证或修正假设，最后形成具有一定说服力的结论和建议。

3. 研究方法

（1）文献研究法：本课题将突出跨学科整合，综合运用社会学、传播学、教育学、心理学等多学科交叉研究的方法，充分开拓学科研究视野，吸收其他学科的理论成果，丰富本课题的理论支撑，为北京市学生网络媒介环境及生活影响的调查及分析建立完善的理论假设。

（2）内容分析法：内容分析可以为量化描述提供依据，将那些能够分类的内容进行编码，统计分析，呈现出各个阶段的基本概况，了解网络媒介环境的突出特征。根据前期调研的经验，我们发现青少年接触信息的方式主要有：搜索引擎、音乐和视频网站、青春文学网站、商业网站链接等。因此本研究拟对搜索引擎、音乐网站、视频网站、青春文学网站和商业门户网站做内容分析，总结归纳网络媒介环境的特征，为制定北京市学生网络环境健康指数奠定基础，并对后期青少年访谈提供话题依据。

（3）问卷及量表调查法：为了更细致、深入地了解网络环境对北京市学生网上网下生活的影响，我们还将制定问卷或量表，具体测量影响的范围和深度。

（4）深度访谈、焦点小组访谈法：生活影响问题对很多青少年男女来说是一个私密的话题，所以本研究拟采用深度访谈的方法，对青少年进行深入访谈和焦点小组访谈，并通过定性分析，探讨媒介环境对其生活的影响，分析其背后的社会学意义。

（三）本项研究的重点和难点

本项研究的理论创新在于通过实证与定性研究相结合，为传播学中国化做了有益的尝试。回顾西方传播学的发展历史，我们会清楚地看到关注媒介对青少年的影响是传播学研究的核心和重点，在美国学者总结传播学研究的14项里程碑式成果中，有五项关注的对象是媒介对青少年的影响问题，而我国在这方面则缺乏系统的研究。本项研究的理论创新和学术价值不仅仅在于探索研究媒介对北京市青少年的影响问题，而且是从整体环境论的角度去探索分析，当今时代北京市青少年面临的新的媒介环境问题。具体来讲，本项研究突破的重点在于系统研究北京市青少年的网络媒介环境，建立科学的网络媒介环境指数体系，而且能够从对生活的影响方面对这一指数体系进行有根据的检验。难点在于如何克服研究中的第三者效果问题，因为在调查研究中被调查者的第三者效果非常明显，所以在研究中如何消除它的影响获取真相，是我们这项研究的难点所在。

总之，有了这样一些具体的研究方法我们首先可以认识清楚符号真实与主观真实的关系，符号真实对于主观真实的影响尤其是情绪心理方面有哪些作用。还可以进一步分析情绪心理与认知心理的关系。

第四节 信息类型、社会属性与青少年的心理影响

本研究采用不同信息类型变量作为一种外在施加的影响因素来研究大众传媒对大学生受众的心理因素影响，研究发现接受正面内容组的大学生在认知接受度、情绪改变度方面低于负面内容组，但是行为卷入度高于负面内容组。女大学生的认知接受度、情绪改变度、行为卷入度总体而言高于男生。而且经济背景好的大学生的认知接受度、情绪改变度、行为卷入度总体而言高于无背景对象。

一 研究背景

大学生就业难是一个错综复杂的具有现实性的社会问题，它的产生非常复杂，自然不是用三言两语能说明白的。本书不追究其原因，只是想唤起全社会对大学生就业的关注。更重要的是，关注在大学生就业问题上，大众传媒对其心理因素的影响。近日在很多网络媒体中都转载了一条新闻，新闻的标题是《50 次应聘 3 次自杀》，说的是一名大学生求职的经历，我看了，我就在反思自己到底从这条新闻中获取了什么，同样我也在推测我的学生在看了这条新闻心理会有什么样的反应。这也更加明确了我进行信心类型与受众心理因素研究的目的，要让我们的从业者了解这些正面和负面的信心类型会对一些什么类型的受众产生影响，作为一名信息的把关人，除了帮助媒介获取一定的点击率以外，还有更重要的一个社会责任的问题需要你考虑，我想你在了解这条新闻会对你的师弟师妹们产生不良的心理影响之后，你在做类似的信息报道时，就不会采取这种幼稚的方式了吧。

福德勒与鲍尔·罗基奇在《大众传播效果依赖模式》一文中指出，

现代社会里，受众成员依赖大众媒介来了解和适应社会中发生的情况。当社会发生变化、冲突和不稳定局面的时候，大众媒介行使许多独特的和主要的信息功能，使受众产生如下一些反应：

1. 认知方面：分歧的产生与消除、态度的形成、议题的设置、人们信仰体系的扩充、价值阐明；

2. 情感方面：产生恐惧与担心、增加或减少信心；

3. 行为方面：使活动或使不活动、问题的形成与解决、影响或者提供行动策略，引发功利主义的行为。

考虑到研究样本的科学性和分类测验的可行性，本项研究基于福德勒与鲍尔·罗基奇在《大众传播效果依赖模式》中的模式进行分类研究，把大众传媒对大学生心理因素的影响分为三类：

1. 认识方面：在看完关于大学生就业的报道后，被测大学生是否接受和赞同大众传媒所传达的信息，即"认知接受度"；

2. 情感方面：在看完关于大学生就业的报道后，被测大学生内心想法是否受到影响，心理出现改变，情绪也随之出现改变，即"情绪改变度"；

3. 行为方面：在看完关于大学生就业的报道后，被测大学生行动改变、决策改变，即"行为卷入度"。

本书的目标是：采用测量材料加量表的方式，定量地、相对全面地勾勒在大学生就业问题上，大众传媒对大学生心理因素影响的轮廓图。

二　实验研究设计

（一）实验研究设计

本研究希望达到的目标是：在大学生就业问题上，就传媒与大学生心理因素的真实关系进行解析，获得一种客观真实，没有丝毫主观的意识投注。

为此，本研究选择了 A – XY – X 的内容研究法。该模式的特点是：在同一数据源（A）中，不是用一个内容变量，而是用不同的内容变量 X 和 Y 作影响因素。而时间（t）与情境（s）两种因素不作为研究因素。也就是在利用量表测试之前，我们首先把不同内容变量作为自变量，作为一种施加的影响因素来研究大众传媒对大学生受众的心理因素影响，其次再结合受众自身因素综合考虑。

（二）变数及测量

本书自变量有 1 个："正面和负面测试材料"；控制变量有 2 个："性别""经济背景"。本书的因变量主要有 3 个："认知接受度""情绪改变度""行为卷入度"。下面，对于因变量的测量方法稍作介绍。

1. "认知接受度"

该变量由"对信息的接受程度"和"对信息的赞同程度"两个子项构成。两个子项牵涉的都是人的"认知"层面。

针对两个子项编制的问题分为两部分，测试材料是正面材料的问题是："看完报道，你觉得它们是否如实反映了大学生目前就业的现状"等问题；测试材料是负面内容的问题是："看完《找工作难于找男友》，你认同女生在找工作时极度劣势这种现状"等问题。

2. "情绪改变度"

该变量由"看完新闻后内心想法受到影响，心理出现改变"和"情绪也随之出现改变"两个子项构成。这两个子项牵涉的都是人的"情绪"层面。他们不是指新闻本身的思想，而是大学生在看完新闻后情绪出现的相应变化。

针对两个子项编制的问题分为两部分，测试材料是正面材料的问题是："看完《05 届毕业生九成就业 北京大学生就业形势看好》，你对就业形势的看法乐观，扩招后大学生就业普遍看紧，但对你找工作影响不大"等问题；测试材料是负面内容的问题是："看完《没有方向感的'新盲流'们》，你对于中西部大学生的就业观持悲观态度"等问题。

3. "行为卷入度"

该变量由"看完新闻后行动改变"和"看完新闻后决策改变"两个子项构成。这两个子项牵涉的都是人的"行为"层面。

针对两个子项编制的问题分两部分，测试材料是正面材料的问题是："在'基层大有可为'的舆论环境下，我赞同这一观点，并且可能会去"等问题。测试材料是负面内容的问题是："看了《'十元店'里的浮躁和勇气》，不太有信心能在北京上海等大都市找到合适工作、有所发展，会退缩"等问题。

以上三个变量都是定序变量，每一个问题均有 5 个刻度值，1 分表示"非常不符实"，2 分表示"不符合"，3 分代表"说不清"，4 分代表"较符合"，5 分代表"非常符合"。每个维度由五个问题组成，每个维度的得分是由组成这个维度的五个子项得分的累加。

（三）实验实施

鉴于大学生的年级、性别构成，抽取的样本考虑到种种多样性造成的可能，总的原则就是正面内容组、负面内容组两组在总体水平上要基本持平。

内容变量的影响方式，我们采取"说新闻"的方式进行，随后进行量表的测试。内容正面组发出问卷 80 份，回收有效问卷 74 份，有效率为 92.5%。内容负面组发出问卷 80 份，回收有效问卷 78 份，有效率为 97.5%。

（四）研究假设

本书提出以下 3 个研究假设（Research Hypothesis，RH）。每个假设包括 4 个次级假设，如下：

RH11：对于大学生就业的正面和负面报道，大学生在"认知改变度"上存在统计学意义上的显著差异。

RH1 – 1：看不同测试材料（正面和负面）的大学生在"认知改变度"上存在显著差异。

RH1 – 2：不同性别的大学生在"认知改变度"上存在显著差异。

RH1 – 3：不同经济背景的大学生在"认知改变度"上存在显著差异。

RH21：对于大学生就业的正面和负面报道，大学生在"情绪改变度"上存在统计学意义上的显著差异。

RH2 – 10：看不同测试材料（正面和负面）的大学生在"情绪改变度"上存在显著差异。

RH2 – 20：不同性别的大学生在"情绪改变度"上存在显著差异。

RH2 – 30：不同经济背景的大学生在"情绪改变度"上存在显著差异。

RH31：对于大学生就业的正面和负面报道，大学生在"行为卷入度"上存在统计学意义上的显著差异。

RH3 – 10：看不同测试材料（正面和负面）的大学生在"行为卷入度"上存在显著差异。

RH3 – 20：不同性别的大学生在"行为卷入度"上存在显著差异。

RH3－30：不同经济背景的大学生在"行为卷入度"上存在显著差异。

三　资料分析

（一）假设检验的方法

本书的数据分析由 SPSS13.0 执行。在数据分析之前，对于将采用的"假设检验"方法，先予以说明。在本书中，自变量都为定类变量，而因变量都为定序变量。所以，假设检验将采取 t 检验的双侧 p 值的方法。具体而言，RH1、RH2、RH3 所包含的 9 个次级假设都采用这种检验方法。从理论上讲，认知接受度、情绪改变度、行为卷入度的取值范围都在 5 到 25 之间。实际的统计结果如下所示。

（二）对 RH1 的假设检验

正面内容组的认知改变度均值是 13.19，负面内容组的均值为 18.39，相差 5.20，参见表 1.5。两个子样本之间在认知卷入度上的差异程度如何呢？均值 t 检验的双侧 p 值显示 $p < 0.05$。也就是说，在 0.05 显著性水平下，两组大学生对象在认知接受度上的差异是具有统计显著性的。可见 RH1－1 得到了实证数据的强劲支持。

按照"性别"对于不同子样本内部的"认知接受度"进行分类统计，结果参见表 1.5。在正面内容组内部，女性的认知改变度比男生高出 0.97。均值 t 检验的双侧 p 值显示 $p > 0.05$，可见，在 0.05 的显著性水平下，性别对于认知接受度没有产生显著影响；同样地，在负面内容组，女性的认知改变度比男性高出 0.98。均值 t 检验的双侧 p 值也显示 $p > 0.05$，可见，在 0.05 的显著性水平下，性别对于认知接受度并没有产生显著影响。因此，综合而言，RH1－2 没有得到实证数据的支持，不成立。

表 1.5　　不同测试内容、性别、经济背景大学生的"认知接受度"统计

		人数	均值	标准偏差	均值标准误
子样本之间	正面内容	77	13.19	2.50	0.48
	负面内容	74	18.39	2.33	0.49
	t 检验的双侧 p 值	0.00 **			

续表

			人数	均值	标准偏差	均值标准误
子样本内部	正面内容组	男	20	12.50	2.78	0.98
		女	57	13.47	2.39	0.98
		t 检验的双侧 p 值	0.40			
	负面内容组	男	21	17.75	1.98	0.70
		女	53	18.73	2.49	0.64
		t 检验的双侧 p 值	0.32			
子样本内部	正面内容组	有背景	26	13.56	2.30	0.77
		没背景	51	13.00	2.63	0.62
		t 检验的双侧 p 值	0.58			
	负面内容组	有背景	23	19.00	2.83	0.94
		没背景	51	18.00	1.96	0.52
		t 检验的双侧 p 值	0.37			

注:*代表显著;**代表非常显著。

　　正面内容组的认知改变度均值是 13.19，负面内容组的均值为 18.39，相差 5.20，参见表 1.5。两个子样本之间在认知卷入度上的差异程度如何呢? 均值 t 检验的双侧 p 值显示 $p < 0.05$。也就是说，在 0.05 显著性水平下，两组大学生对象在认知接受度上的差异是具有统计显著性的。可见 RH1 – 1 得到了实证数据的强劲支持。

　　按照"性别"对于不同子样本内部的"认知接受度"进行分类统计，结果参见表 1.5。在正面内容组内部，女性的认知改变度比男生高出 0.97。均值 t 检验的双侧 p 值显示 $p > 0.05$，可见，在 0.05 的显著性水平下，性别对于认知接受度没有产生显著影响;同样地，在负面内容组，女性的认知改变度比男性高出 0.98。均值 t 检验的双侧 p 值也显示 $p > 0.05$，可见，在 0.05 的显著性水平下，性别对于认知接受度并没有产生显著影响。因此，综合而言，RH1 – 2 没有得到实证数据的支持，不成立。

　　按照"有无背景"对于不同子样本内部的"认知接受度"进行分类统计，结果参见表 1.5。在正面内容组内部，有背景对象的认知改变度比无背景对象高出 0.56。均值 t 检验的双侧 p 值显示 p > 0.05，可见，在 0.05 的显著性水平下，有无背景对于认知接受度并没有产生显著影响；同样地，在负面内容组，有背景对象的认知改变度比无背景对象高出 1.00。均值 t 检验的双侧 p 值显示 p > 0.05，可见，在 0.05 的显著性水平下，有无背景对于认知接受度没有产生显著影响。因此，综合而言，RH1 - 3 没有得到实证数据的支持，不成立。

（三）对 RH2 的假设检验

正面内容组的情绪改变度均值是 14.22，负面内容组的均值为 14.83，相差 0.61，参见表 1.6。两个子样本之间在认知卷入度上的差异程度如何呢？均值 t 检验的双侧 p 值显示 p > 0.05。也就是说，在 0.05 显著性水平下，两组大学生对象在情绪改变度的差异是不具有统计显著性的。可见 RH2 - 1 没有得到实证数据的支持，是不成立的。

按照"性别"对于不同子样本内部的"情绪改变度"进行分类统计，结果参见表 1.6。在正面内容组内部，女性的认知改变度比男生高出 1.38。均值 t 检验的双侧 p 值显示 p > 0.05，可见，在 0.05 的显著性水平下，性别对于情绪改变度没有产生显著影响；同样地，在负面内容组，女性的认知改变度比男性高出 0.12。均值 t 检验的双侧 p 值显示 p > 0.05，可见，在 0.05 的显著性水平下，性别对于情绪改变度也没有产生显著影响。因此，综合而言，RH2 - 2 没有得到实证数据的支持，不成立。

表 1.6　　不同测试内容、性别、经济背景大学生的"情绪改变度"统计

			人数	均值	标准偏差	均值标准误
子样本之间	正面内容		77	14.22	6.48	1.25
	负面内容		74	14.83	3.04	0.63
	t 检验的双侧 p 值		0.67			
子样本内部	正面内容组	男	20	13.25	2.66	0.94
		女	57	14.63	7.57	1.74
		t 检验的双侧 p 值	0.49			
	负面内容组	男	21	14.75	3.54	1.25
		女	53	14.87	2.88	0.74
		t 检验的双侧 p 值	0.94			

续表

			人数	均值	标准偏差	均值标准误
子样本内部	正面内容组	有背景	26	16.78	10.39	3.46
		没背景	51	12.94	2.88	0.68
		t检验的双侧 p 值	0.031 *			
	负面内容组	有背景	23	16.11	2.03	0.68
		没背景	51	14.00	3.35	0.90
		t检验的双侧 p 值	0.044 *			

注: * 代表显著; * * 代表非常显著。

　　按照"有无背景"对于不同子样本内部的"情绪改变度"进行分类统计,结果参见表1.6。在正面内容组内部,有背景对象的情绪改变度比无背景对象高出3.84。均值t检验的双侧 p 值显示 $p < 0.05$,可见,在0.05的显著性水平下,有无背景对于情绪改变度产生了显著影响;同样地,在负面内容组,有背景对象的情绪改变度比无背景对象高出2.11。均值t检验的双侧 p 值显示 $p < 0.05$,可见,在0.05的显著性水平下,有无背景同样对于情绪改变度产生了显著影响。因此,综合而言,RH2 - 3得到了实证数据的支持。

　　(四)对 RH3 的假设检验(见表1.7)

　　正面内容组的行为卷入度均值是16.00,负面内容组的均值为15.00,相差1.00,参见表1.7。两个子样本之间在认知卷入度上的差异程度如何呢? 均值t检验的双侧 p 值显示 $p > 0.05$。也就是说,在0.05显著性水平下,两组大学生对象在行为卷入度的差异是不具有统计显著性的。可见 RH3 - 1 没有得到实证数据的支持,不成立。

　　按照"性别"对于不同子样本内部的"行为卷入度"进行分类统计,结果参见表1.7。在正面内容组内部,女性的行为卷入度比男性高出1.07。均值t检验的双侧 p 值显示 $p < 0.05$,可见,在0.05的显著性水平下,性别对于行为卷入度产生了显著影响;同样地,在负面内容组,女性的行为卷入度比男性低2.11。均值t检验的双侧 p 值显示 $p < 0.05$,可见,在0.05的显著性水平下,性别对于行为卷入度产生了显著影响。因此,综合而言,RH3 - 2 得到了实证数据的支持,是成立的。

　　按照"有无背景"对于不同子样本内部的"行为卷入度"进行分类

统计，结果参见表1.7。在正面内容组内部，有背景对象的行为卷入度比无背景对象高出0.50。均值t检验的双侧p值显示p<0.05，可见，在0.05的显著性水平下，性别对于行为卷入度产生显著影响；同样地，在负面内容组，有背景对象的行为卷入度比无背景对象高出2.01。均值t检验的双侧p值显示p<0.05，可见，在0.05的显著性水平下，性别对于行为卷入度产生了显著影响。因此，综合而言，RH3-3得到了实证数据的支持，是成立的。

表1.7　　不同测试内容、性别、经济背景大学生的"行为卷入度"统计

		人数	均值	标准偏差	均值标准误
子样本之间	正面内容	77	16.00	2.04	0.39
	负面内容	74	15.00	2.37	0.50
	t检验的双侧p值	0.12			
子样本内部	正面内容组 男	20	15.25	2.05	0.73
	女	57	16.32	2.00	0.46
	t检验的双侧p值	0.04*			
	负面内容组 男	21	16.38	2.50	0.89
	女	53	14.27	2.02	0.52
	t检验的双侧p值	0.03*			
子样本内部	正面内容组 有背景	26	16.33	2.06	0.69
	没背景	51	15.83	2.07	0.49
	t检验的双侧p值	0.046*			
	负面内容组 有背景	23	16.22	2.73	0.91
	没背景	51	14.21	1.81	0.48
	t检验的双侧p值	0.04			

注：*代表显著；**代表非常显著。

四　结论及进一步的讨论

本书在充分尊重大学生心理实际感受的基础上，把大众传媒的内容作为一种自变量来了解它对大学生心理因素的影响。通过"数据分析"一节的详细展现和分析，可以得出以下结论。

　　研究发现接受正面内容组的大学生在认知接受度、情绪改变度方面低于负面内容组，但是行为卷入度高于负面内容组。女大学生的认知接受度、情绪改变度、行为卷入度总体而言高于男生。而且经济背景好的大学生的认知接受度、情绪改变度、行为卷入度总体而言高于无背景对象。

　　需要指出的是，本项研究有许多不足，首先有方便样本之嫌，为此我们加大了样本容量；再者由于时间地点等客观原因的影响，我们的实验对象未能严格限制，来保证量表测得结果就是由于前期施加内容变量的影响结果。虽然有这样一些不足，但这一研究仍然给我们很多启示。

　　对策1：媒体要如实报道大学生就业前景不妙的一面，但不能失之偏颇，忽视就业光明的一面，而要二者兼顾，既让大学生对自己的就业前景有一个正确的把握，也要让他们在乐观报道中加强行为卷入度，为自己的职业生涯早早打算。

　　对策2：总体而言，女性在大众传媒报道前比男性要敏感，但是负面内容组女性的行为卷入度则明显低于男性。大众传媒铺天盖地的女性就业歧视的报道并不是最好的选择，媒体应该加强对女性就业有说明的报道。

　　对策3：有背景对象与无背景对象相比，前者更具有主动性，实际上，无背景对象相对来说却是就业中的弱势群体。因此，媒体应该想方设法调动起无背景对象的积极性，使之为自己的职业生涯努力。

　　在我们这项研究的收尾阶段，看到最近媒体的一篇报道称《六成毕业生可能面临失业》，多家网络媒体进行了转载。而紧跟其后，共青团中央又出来指责媒介炒作，称这一报道与该调查得出的结果完全不符，属不实炒作。由此可见社会各方面对大学生就业的关心。大学生是我们这个社会的特殊群体，是我们这个社会的精英阶层或者精英阶层的主要后备军，由于他们的年龄特点和特殊的生活和学习环境，决定了他们是最容易受到大众传媒影响的群体，因此了解他们的心理需求，有针对性地采取恰当的宣传策略，可以缓解大学生因就业而带来的心理压力，同时，引导大学生全面客观地认识就业形势，使大学毕业生做出正确的选择，任何对大学生的误导都是不负责任的。全社会应当共同努力，以对大学生爱护、理解和宽容的心态来破解大学生就业难题。

第二章 单向度视野下网络媒介性内容影响研究

第一节 网络性内容对青少年女性性态度影响力研究

一 绪论

（一）研究来源

现在的青少年被贴上了"早熟"的标签，早熟不只是生理发育期的提前，还表示这一代青少年的性态度相较于以前要开放得多。其中青少年女性的性态度问题，格外令家长担忧。

2011 年 11 月，上海检察院对一起未成年女性参与卖淫案件进行公诉，涉案女性有 20 多位，多数为在校中学生，其中还有两位未成年的 14 周岁幼女。司法机关发言人介绍案件时，将其定性为"援交"，后来在媒体的渲染之下，这起案件引起极大轰动。媒体纷纷批评家长监督失范，担忧女中学生性价值观错位、性态度过于开放，谴责社会上物质至上的不良风气等。由于历史、文化等因素的影响，一直以来中国女性的性态度较为保守，忌讳谈性的话题，更以女性卖淫为耻辱，而如今竟也出现了未成年女孩将"性"商品化的事件。

据南方周末报道，截至 2011 年夏，警方共开展 3 次"搜鲸行动"及 1 次"铅芯行动"，一共拘捕了 69 名援交少女。但"援交潮"并没有因连续几年的打击而得到有效遏制。

有针对香港中学生的民调显示，高达 45% 的年轻人认为，援交"是一种很正常的事情"。香港学术界认为，香港青少年女性"援交"事件的产生在一定程度上受到媒体环境的影响。在香港，软性色情杂志充斥报摊，青少年在很小的年纪就接触到了成人信息，这对他们的性观念、性态度造成了很大的影响。从国内的媒体环境来看，由于新闻审查和管制相对严格，报摊上的软性色情杂志并不多见，但是大量的娱乐杂志里会夹杂一些露骨的照片和色情笑话，针对青少年的漫画书也日益成人化。特别是随着计算机、手机的普及，青少年可以方便地通过互联网获取与性相关的信息，而网络中的性内容却参差不齐。一些手机 App 应用中也带有色情信息，通过手机渠道进行色情信息的传播开始变得无孔不入。青少年女性与同龄男性相比，在遇到性信息后表现得更加不安，同时女性也是更容易受到性侵害的群体，当这个群体在青春期生理发育时大量接触网络环境中的性内容，她们的性态度究竟会受到多大程度影响，具体影响到她们性态度的哪些方面，以及在接触网络性内容后青少年女性性态度呈现哪些特点，这些问题是本研究着力要进行探讨的。

（二）文献综述

通过文献整理，我们发现在探讨青少年女性性态度影响因素的问题上，学术界从不同的角度做出了分析。

1. "社会转型期"性价值观的混乱

社会学强调"社会转型期"对青少年性价值和性态度产生的影响。中国社会步入了社会转型期，这一时期女性受到中国传统观念和西方性解放、性自由思潮的双重冲击。西方文化思潮，方方面面渗透着个人主义。个人主义表现在性态度上就是将性行为作为一种独立行为，是个人的自由和权利，反对国家或者集体对个人性行为的干预和约束。英国性心理学家霭理士就主张，"凡是不生育的性行为、性结合，与社会无干，社会不当过问"。而中国传统性观念一直强调性与传宗接代功能的关系，忽视性所带来的个体欢愉感受。青少年女性由于缺乏生活经验，对各种价值观缺乏判断能力，因而在多种性价值观念的影响下，容易产生性认知混乱和认知偏差，这种性困惑如果不能及时疏导和解决，会影响到女性一生的性态度，进而可能影响到女性的健康发育和以后的婚姻家庭生活。

2. 家长和学校对青少年性教育缺乏

在性教育方面，学术界认为家长和学校对青少年女性的性教育不足，也促使青少年女性性态度的开放。程毅对大学生性观念进行问卷调查时发现，学生在成长发育中家庭、学校所进行的性教育程度普遍较低。73%的学生认为在成长发育过程中家庭进行性教育的程度比较缺乏和非常缺乏。76.3%的学生认为在成长发育过程中学校进行性教育的程度比较缺乏和非常缺乏。家长应当是孩子早期性教育的启蒙者,但是中国的家长对性往往避而不谈或故意隐瞒,这一方面增添了性的神秘感,让孩子更加充满好奇心;另一方面导致孩子在性方面的困惑也不想与父母交流。身教甚于言传,如果家长都谈性色变,如何让孩子以坦然、真诚的态度来认识性。有些女孩一直到月经初潮、乳房发育后才接受母亲的性教育,但也往往仅限于生理卫生知识。有些家长对"性"问题异常敏感,发现孩子与异性交往,就采用严厉手段禁止。学校是对学生进行系统的、正式的性教育的场所。近年来,学者们主张将性教育纳入到小学和中学的课程中,但是学校性教育也存在很多问题。一些学校开设的性教育课程实际上是生理课,只讲浅显的生理知识,浅尝辄止。真正的性教育,应该包括性知识教育、性法制教育、性道德教育等。学校性教育的不全面,导致学生对性知识的认知模模糊糊,反而容易引起青春期男女对性的好奇心。当学校正规学习途径满足不了他们的认知需求时,他们就会从其他的途径来获取信息,而媒体就是理想的信息渠道之一。

3. 媒介环境的不良影响

在众多影响因素中,不可忽视媒体环境中的性内容对青少年性态度的影响。特别是那些始终无法根除的色情信息,令家长们感到不安。从媒介的角度来看,每个时代都有不同的承载性内容的媒介。媒介不同,承载的信息量大小和好坏程度也不同,从而对接收者产生不同的影响。古代主要了解性内容的媒介有:诗歌、雕塑(性崇拜雕塑)、音乐、舞蹈、绘画以及性文学等。在内容上,古代的性内容侧重于性生理知识的介绍,较少涉及性心理、性伦理、性道德、性审美等内容,性行为的目的是生育和传宗接代。这与现在媒体环境中的性内容的表达方式截然不同。

性内容在媒体中的传播,是随着媒体的发展而深化和渗透的。起初,杂志、报纸开始开辟婚恋版块,讨论性话题,这在改革开放起始阶段,还是足以令女性读者面红心跳的事情。随后电视媒体出现,也不再对性话题遮遮掩掩。如今,一家老小聚在一起看电视,突然出现"床戏"引来全场尴尬的事情也时有发生。而平面媒体和电视媒体对性话题的开放程度,与网络相比还望尘莫及。互联网拥有海量信息,借助信息搜索,任何"触网"人群可以随时搜索到各种形式的性话题。但是互联网信息又参差不齐,青少年女性接触不良信息可能会受到其影响,这引起社会对未成年人易遭受网络信息侵害的深深担忧。

4. 同伴和个人经历的影响

性态度的变化还离不开自身经历和同伴的影响，尤其是同伴的影响。同伴的作用往往比父母的影响力更大，因为同伴之间面对的问题相似，交流性话题也较多，而父母与子女之间对性话题的讨论却比较少。生理发育的早晚也会影响到性态度，生理上的早熟会促使青少年女性更早去了解性问题。随着生活质量水平的提高，青少年女性性特征发育越来越早，这使得生理发育这一因素变得越来越重要。影响女性性态度因素示意图，如图2.1所示。

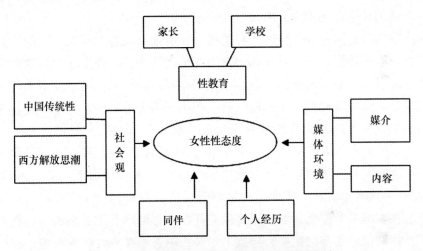

图 2.1 目前研究成果中的女性性态度影响因素

20世纪60年代，传播学者乔治·格伯纳（George Gerbner）提出了培养理论。培养理论，关注的是电视对观众潜移默化的长期效果。"格伯纳在事例研究中发现，电视暴力内容对青少年犯罪具有'诱发效果'，同时还发现，长时间收看电视的人，其对社会现实的看法更加接近于电视所呈现出来的景象，而非真实现实。"这一理论是针对电视的研究，但是对于长期接触网络的人是否同样产生"培养效果"，将网络中呈现的性内容和性关系理解为现实中的真实关系，需要进一步进行验证。

国外大量研究表明，接触媒体中非暴力的、明显的性内容会影响到人们在性方面的各种态度和价值观。特别是接触一些生动的媒介色情事件会使我们对真实世界中这些行为发生的可能性有过高的估计，从而形成与真实世界完全不符的认知。

此外，性内容可以塑造人们对性活动的态度。布莱恩特和罗克韦尔通过实验发现，同控制组相比，那些观看了黄金时段播放的、含有性内容的节目的青少年，在对不适当的性行为以及受害者被伤害的程度进行判断时，其态度表现得更为宽松。但是这些性内容的影响会由于开放的家庭交流和观看时的积极批判态度而大大削减。可见，国外的研究从一定程度上证明了，受众可能会将媒体环境中的性内容理解为现实中的性内容，网络性内容可能会对她们的性态度造成影响。但是目前的网络环境中充满了大量性内容，存在多种形式，它们在多大程度上影响到青少年女性的性态度还不为人所知。

在我国香港和台湾地区，有关媒介色情接触与青少年性态度的研究受到学者的重视。由于对媒体的管制程度较为宽松，香港和台湾软性色情杂志较多，互联网更加开放，青少年在很小的年纪就接触到了大量成人信息，这对他们性态度、性价值观产生了很大的影响，香港学者认为这一定程度上造成了香港青少年女性"援交"等社会问题的产生。在学术界，港台学者对青少年性价值观、性道德、性健康的研究非常重视，取得了一些研究成果。台湾"国立中央"大学性别研究室自20世纪90年代开始就从事青少年性价值观、性教育研究，并注重思考青少年的性权力平等问题，学术思想激进开放。香港学者梁丽娟认为，香港媒体中软性色情信息泛滥，导致了年轻人中普遍存在性解放思想。青少年将性行为与道德、与人际关系脱钩，也减少他们将性看作商品的罪恶感，甚至将女性的身体商品化。

国内学者对媒体中色情信息对青少年的影响研究以说理推论为主，主要强调网络色情对青少年的影响，而忽视网络中的"泛性化现象"，而且实证调查研究缺乏。国内学者张曙光认为，网络中色情文化会对青少年的性道德产生影响，网络色情不断颠覆传统的性道德与性伦理，瓦解传统的性道德，具体表现为：（1）性责任淡化，性道德迷失。网络色情传播可以产生"去责任化"的效应，使得青少年忽视现实生活中性行为是建立在一定的责任之上的。（2）忽视爱情体验，过分追求性快感。青少年阶段容易对性抱有好奇感，在网络强大的声色刺激下，不成熟的人生观、价值观、道德观很容易被瓦解，"网络色情"让他们体验刺激的同时，产生了一种脱离现实的不满足感，为了获得现实生活中的性快感不惜铤而走险，甚至发生性犯罪。但是这种研究并非建立在实证研究的基础上，更像是一种推理，显得不严谨。万珊认为，网络泛性化影响了青少年的性心理健康，比如性心理障碍、青少年性观念的简单化和片面化、性道德滑坡等。这些结论同样是建立在说理论证的基础上，并没有从受众的角度进行实证分析验证。因此，本研究通过调查问卷和深度访谈的方式，了解接触网络性内容后青少年女性的性态度变化，并通过相关性分析和一般归因分析，研究网络性内容与青少年女性的性态度之间的相关性，同时网络性内容究竟在多大程度上影响到青少年女性的性态度，这是对目前媒体性内容对性态度影响力研究的有益探索和补充。

（三）性态度与性态度演变

1. 性态度定义

我们对日常接触的事、物和人都持有一定的态度，态度是一种稳固的心理反应倾向。1935 年，美国社会心理学家 G. W. 奥尔波特给态度下过一个定义："态度是这样一种心理的神经的准备状态，它由经验予以体制化，并对个人心理的所有反应过程起指示性的或动力性的影响作用。"罗森堡和霍夫兰将奥尔波特对态度的定义具体展开，从而提出了态度的三要素说，即态度由三个要素组成：情感、行为倾向和认知。

社会心理学家弗里德曼（Freedman）在三要素说的基础上，对态度做了定义，强调态度的组成和特性。"态度对任何给定的客观对象、思想和人，都是具有认识的成分、表达情感的成分和行为倾向。认识的成分由关于态度客观对象的信念构成；表达情感的成分由与这些信念联系着的情感构成；而行为倾向就是奥尔波特在一种特殊的方式中，称之为反应准备就绪状态。"弗里德曼还认为，态度一旦确定下来就具有很大的稳固性。弗里德曼对态度的定义，是目前公认的对态度较好的解释，本书也基本上采用弗里德曼对态度的定义。

性态度作为态度的一种具体表现，特指的是对性行为的态度，具有态度的普遍组成和特性。1996 年，美国性科学家 Hamburger. ME 在梳理不同历史阶段的性态度时，提出了性态度的定义，"性态度是人们对性行为进行判断和认识的价值标准，它是一定时期内人的性心理固定化、系统化的思想反应，其核心问题是对于性问题的道德评价"。性态度通常代表特定群体的思想倾向，属于个体或群体信念、价值观的范畴。从微观角度来看，性态度是指个体对自己或他人性行为的反应方式，对性行为较为稳定的看法和持有的态度评价。

依据 Hamburger 对性态度的定义以及弗里德曼提出的态度定义，本研究中将性态度定义为，在一定时期内，个人凭借其认知及好恶对性行为所表现出的一种相对持久、稳定的性心理反应倾向。性态度由三个要素组成：对自己及他人性行为的认知、对自己及他人性行为的情感、对自己及他人性行为的行为倾向。性认知是人对性行为的认知，包括知识、事实和信念等，主要表现在性知识上。性情感成分，是态度主体对性行为的情绪的、情感的体验。其核心是对性行为的道德评价。性行为倾向，是主体对性行为所显示出的准备状态和持续状态。性知识是性情感和性行为倾向的基础，后两者是在对性行为的认识、了解、判断中逐步发展起来的。性情感对性态度起着调节作用。性行为倾向，则引导着性行为的方向。一个人的性态度，就是在这三个要素相互协调和相互影响下，最终达成的一致性的表现。

性行为是指在满足性欲和获得性快感而出现的动作和活动，包括性交、接吻、拥抱和接受各种外部性刺激形成的性行为。性行为，并不仅指性交。本书中所提到的性行为，是指其中比较常见的性行为表现：看裸露图片、接吻、拥抱、性交、性虐待、性暴力等。

2. 女性性态度演变

中国社会发展从原始社会走向文明时代，从封建社会走向民主社会，女性的性态度也随着社会发展变化而变化。中国女性性态度的演变，就经历了一个从开放到压抑再到开放的过程。

（1）先秦时代：由自然、开明向保守、克制的性态度转型

远古先民们敬畏自然的神秘，产生了原始的生殖器崇拜、性交崇拜和生殖崇拜。在春秋战国时期，百家争鸣，其中也包括对性观念的争鸣：老庄学派支持无欲论，儒家学派支持节欲论，道家学派支持纵欲论。它们的共同之处在于，都认为性行为是符合天地阴阳变化规律的大事，是每个男人和女人之间的神圣职责。受这一时期社会性观念的影响，那时候女性的性态度是自然、开明的，受到礼俗束缚低。

中国最早的诗歌总集《诗经》就记载了很多有关男欢女爱的诗词。其中记载，在一些庆典或者祭祀活动中，大家唱歌、舞蹈都与生殖崇拜有关，常常会显示出不加掩饰的色情特点。同时，《诗经》的部分篇章也体现出了先秦时代性态度的逐步转型，逐渐开始带有了礼化的印记。

比如,《诗经》中记载了"匪媒不得"(《豳风·伐柯》)这一婚嫁礼法。直到战国后期,逐步将礼制引入两性关系中,远古时代开明的性观念就此画上句点。先秦之后,人类自原始社会进入文明社会,而女性性态度却日益保守、克制。

(2)封建社会:封闭式环境下的女性性压抑和女性商品化的两极发展

封建社会对性的压抑,主要来自于儒家正统文化。谈性,是一种禁忌。直到出嫁之时,女性才能接触到性教育。通常在女子出嫁时,母亲才会将"嫁妆画"等性教育工具传给女性。对于刚结婚的普通男子来说,妻子的性知识往往要比丈夫多。在封建社会两性之间有没有感情并不重要,重要的是女子能够为家族生育后代。性行为,被视为一种生育手段。

另外,女性商品化也逐渐产生并发展起来。645年,齐国宰相管仲设立了官营妓院。随后伴随着商品经济的发展,市妓、私妓发展起来。尽管历史上文人骚客对妓女的赞美诗词很多,但妓女行业一直为社会所不齿。贞洁对女性来说尤为重要,理学家甚至有"饿死事小,失节事大"的主张。俞樾的《右台仙笔馆记》中记载了一个故事,松江邹生之妻乔氏在丈夫死后为抚养孩子,"始为贼贞人,继为娼",最后在孩子成家后,因为失节,便自杀而死。

由此可见,封建社会女性性态度存在两极化的发展。封建家庭中,女子要忠贞节烈、从一而终,性只是传宗接代的需要。而社会市井中,妓女行业产生并发展起来。但是,无论是封建礼俗压制下的女性性压抑还是妓女行业中女性的性放纵,都反映出了封建社会女性服从于男性,女性是男性的附属品的社会现实,从这个意义上讲,女性没有自己独立的性态度。

(3)中华人民共和国:从保守、禁忌向逐步开放的性态度转型

在中华人民共和国成立初期,由于历史、文化、制度等原因的影响,女性压抑、保守的性态度依然持续存在。在公开场合不能谈论性,甚至以爱情的语言来描绘个人的情绪和情感都受到严格限制。

20世纪80年代中后期,女性性态度也搭上了社会改革的"顺风车",女性性态度逐步开放。女性性态度的改变,主要体现在两性关系上,随着女性主义的发展,女性主张拥有与男性平等的性自主权,男女贞操对等的观念也逐渐产生。在女性性权力回归过程的建立中,女性关

注身材、美容和保健，并将女性魅力逐渐变为一种社会资本和权利，社会上女性对性的价值观念变得越来越复杂。

众多女性群体中，最引起社会关注的是未成年女性群体的性态度问题。这些女孩处于身体逐渐发育成熟的成长阶段，心智却尚未成熟，生理上的变化，促使她们对性充满了好奇，叛逆，容易产生尝试的冲动。2006 年 2 月，北京市西城区对区内 2300 多名高中学生，就生殖健康等敏感话题进行问卷调查。结果显示，有高达 6.2% 的高中生承认有过性行为，首次发生性行为的年龄不到 16 岁。而更令人担忧的是，只有40% 的人在首次发生性关系时懂得采取避孕措施。调查中，当高中生被提问到对"高中生发生性行为"的态度时，30% 的受调查高中生回答"只要双方自愿就可以"。这一研究成果借助传媒发表之后，让家长群体非常震惊。而恐怕更加让家长担心的新闻是 2011 年 11 月新闻曝光的上海中学生"援交"事件。

媒体纷纷批评家长监督失范，女中学生性价值观错位、性观念开放等。一直以来，由于历史、文化等因素的影响，中国女性的性态度较为保守，忌讳谈性的话题，更以女性卖淫为耻辱。而如今竟然出现未成年女孩为了满足购物欲望出卖了身体的事件。女性性态度的问题，不仅成为社会关注的热点，同时也应引起学术界的重视和思考。

（四）网络媒体性内容内涵、外延及表现

1. 网络性内容内涵及外延

随着网络技术的发展，青少年"触网"越来越便利。学生除了用计算机上网外，还习惯用手机上网。根据中国互联网中心 2013 年第 31 次《中国互联网络发展状况统计报告》，中国网民规模达到 5.64 亿人，互联网普及率达 42.1%。同时随着智能手机等终端设备的普及、无线网络升级等因素，手机网民数量快速提升，截至 2012 年 12 月底，手机网民规模为 4.2 亿人。10—19 岁网民占总网民规模的 24%，占据上网人口的近 1/4。

高中青少年正处于思想活跃而且极易受到外界影响的成长阶段，"触网"提供了他们海量的信息和新奇缤纷的内容，因而对他们有很强的吸引力，也因此易对他们的思想观念造成影响。而网络中存在的性内容，一方面成为高中阶段青少年了解性知识的重要途径；另一方面也会潜移默化地影响到他们对待性的态度和行为。我们在充分肯定网络对人类文明发展的积极意义的同时，也要看到它可能会带来的负面影响。

网络媒体中有哪些性内容呢？网络媒体中的性内容以文字、图片和视频的形式大量存在，大致可以分为两类。第一类是色情信息，网络色情严谨的定义就是：凡是网络上以性或人体裸露为主要诉求的信息，其目的在于挑逗引发使用者的性欲，表现方式可以是通过文字、声音、影像、图片、漫画等。由于网络色情信息的隐蔽性强，依靠网络技术无法完全将这类网络色情信息清除。与一般信息相比，网络色情信息对于好奇心重而判断能力尚未成熟的青少年来说有很强的诱惑力。

第二类是媒体泛性化的信息。"泛性化"信息主要是指传媒在内容上表现出对性题材的有意识泛滥，在形式上表现出对性符号无节制的传播，在观念上趋向对性道德浅薄化的认同。在中国最早提出"泛性化"这一概念是在"艳照门"事件之后，陈勇在《艳照门事件与传媒泛性化的误区》一文中提出了这一概念，针对的是"艳照门"事件中，艳照通过网络媒体疯狂传播，而"艳照门"事件也成为各大媒体争相报道的新闻热点，媒体对性话题的炒作和集中报道，导致"艳照门"成为人尽皆知的新闻事件，而不少青少年也受到新闻话题的影响，通过各种途径了解"艳照门"事件，甚至在同学之间传阅艳照。

在国外，学者 Giddens 1992 年就提出了一个类似的概念"性欲化现象"（sexualization of mainstream culture），他认为，随着性开放程度的提高，性在主流文化中所占据的位置越来越重要，传媒是主要的向新一代传递与性有关故事的渠道，性成为媒体炒作和追捧的热门话题。在媒体的包装下，性行为已经由一种亲密人际关系或传宗接代的责任变成消闲游戏，比如"一夜情""网上性爱""网络色情游戏"等。在中国，对媒体报道内容的审核更加严厉，不会达到国外媒体对性话题的开放程度。但是网络媒体中仍旧存在"泛性化"的迹象。比如干露露以"裸"成名，却仍然受到娱乐记者的追捧，有关她的大量报道，不仅冲击了人们的眼球，也冲击了人们的道德底线。

在本书中，网络媒介的性内容，是指网络媒体中带有性色彩的各种内容，既包括赤裸裸的网络色情信息，也包括具有隐蔽、暧昧色彩的软性色情信息，而后者存在广泛却易被忽视。

2. 网络媒体性内容表现现状

随着传媒产业的迅猛发展，人类社会浸入"信息海洋"，一方面，信息供给无限膨胀；另一方面，人们浏览信息的时间是有限的。对于传媒而言，如何吸引受众，吸引眼球就成了传媒生存与发展的先决条件。中国人民大学的喻国明教授曾指出，"媒体的竞争归根到底就是争夺受众的眼球，就是争夺市场中越来越稀缺的注意力资源"。"眼球经济"迫使一些大众传媒不约而同地把"性"作为新闻价值判断的关键词，而尤以网络媒体最为突出。"性"成为"眼球经济"中最有效的卖点。

社会新闻包含的内容相当宽泛，任何与社会生活、老百姓生活有关，大众喜闻乐见的话题都可能成为社会新闻报道。网络中的社会新闻报道，多转载自平面媒体或电视媒体的报道。网站编辑通过选题和修改标题，有意提升新闻的吸引力，往往围绕性、犯罪、奇闻来做文章。以某些网络社会新闻为例，热点推荐常常具有诱惑性，"女子为给父亲筹钱治病'献身'""台湾男子性侵18岁女儿15年跪求婚"，这类新闻提高了网站的点击量，但并不适合未成年的中小学生接触。

网络小说是性内容泛滥的重灾区，尽管全国开展了整治互联网低俗之风的专项行动，网络色情泛滥的情况有所改观，但是仍有很多残余。网络小说尺度大还表现在，有些作品宣扬了多性伴侣、性虐待、包养关系、不健康的性观念。这些带有性内容的网络小说，走在色情小说的边缘，同样刺激青少年的性欲望，对阅读者灌输不正确、不道德的性爱观。

娱乐新闻主要报道明星动态、活动等，但是网络娱乐新闻为增加点击量，吸引眼球，偏好于曝光明星私生活、娱乐圈内幕。除了文字报道外，还热衷编辑图片、制作视频。文字报道，离不开"性感""掩胸""走光"，图片推荐离不开"性感写真"，视频中常见"酒店夜会"等词汇。青少年往往有崇拜明星的喜好，网络媒体的这种报道倾向，引导青少年超出对明星的审美追求，而像是一种对私生活的偷窥，展示出一个混乱的娱乐圈，也传达了一些错误的性观念态度。

QQ、微博等社交工具，给社交生活带来便利的同时，也产生了性内容传播的新方式。最让人震惊的莫过于"裸聊"，即借助聊天工具和摄像头，从事色情服务，这种聊天方式具有隐蔽性，很难被发现。而青少年接触到这类信息，往往危害巨大，它颠覆了传统的性价值观，甚至在这种行为背后还暗藏着诈骗事件，交友工具的安全性问题，扯动了家长的神经。

社会新闻、娱乐新闻、网络小说、社交网络，只是目前普遍认为性内容充斥比较多的地方。长久接触网络性内容，究竟对心智尚未成熟的青少年女性性态度产生怎样的影响，呈现怎样的特点，这些网络媒体性内容在多大程度上影响了性态度，是本书将要着力探讨的。

（五）假设提出和研究创新之处

随着互联网的普及，青少年可以方便地通过这一开放式的平台获取与性相关的信息，讨论与性有关的话题。一些商业网站为了迎合大众的口味，推荐性感图片、视频，捕捉社会新闻中的两性奇闻，构造了泛性化的网络环境。更有不法分子，散布色情信息，甚至利用网络色情牟利，比如"网上性爱""网络色情游戏"等。在目前的互联网生态环境下，只要上网，无论是有意或者无意，青少年女性都很有可能遇到与性相关的各类推荐信息，这对处于青春期对性充满好奇的她们来说具有极大的诱惑性。

因此，我们以格伯纳的培养理论为理论依据，认为网络媒体对青少年女性同样有影响效果，促使她们将网络现实理解为社会现实，网络性内容对她们的性态度产生较大影响。因此，可以提出以下基本假设：

假设1：青少年女性在网络中正在或者曾经接触过多种性内容。

假设2：网络媒体性内容丰富了青少年女性的性知识。

假设3：网络媒体性内容影响了青少年女性的性情感，对性行为更加包容和肯定。

假设4：网络媒体影响到青少年女性的性行为倾向，她们的性行为倾向更加明显。

本研究以心理学研究中的性态度研究为主导框架，加入传播学的研究视角，采用定量研究和定性研究相结合的方式，试图展现接触网络性内容后青少年女性的性态度情况，探索网络性内容对青少年女性性态度的影响力。已有研究以说理论证的方式，认为网络性内容会对青少年的性态度产生负面影响，但没有从受众的角度进行实证分析验证，因此本书是对这一研究方向的探索和完善。

二　研究方法

（一）问卷调查法

1. 青少年女性性态度问卷编制

（1）概念的操作化

问卷的框架结构，是由分解"网络性内容""性态度"这两个中心概念构建起来的。本调查是为了测量网络媒体中性内容对青少年女性性态度的影响。依据弗里德曼提出的态度定义以及本书归纳的性态度三要素：对自己及他人性行为的认知、对自己及他人性行为的情感和对自己及他人性行为的行为倾向。本问卷研究性内容对性认知、性情感和性行为倾向三个方面的影响。"网络性内容"主要有接吻、拥抱、裸露照片、性交、性虐待、性暴力等行为形式。

（2）问卷的编制及说明

本问卷共包含 24 道题目。在问卷正文之前设计了指导语，阐述了调查的目的和意义，并承诺问卷的保密性，消除调查对象的顾虑。在开头部分，问卷还设计了基本人口学问题情况统计，包括年级、性别、生活地区、联系方式四项。性别问题是特意设置的过滤性问题。如果调查者是男性，则此份问卷就必须被排除掉，因为我们进行的是一项针对女性的调查。

问卷正文第一部分主要为了测量青少年女性的上网习惯和网络性内容的接触情况，共设置 7 个问题，包括上网时间、网络依赖度、参与的网络活动、社交网络应用、性内容接触情况和频度、接触性内容的网络活动等。通过这些问题的设置，为假设提出和问卷分析提供了研究变量，还可以帮助我们了解她们的上网习惯和网络接触的情况。

第二部分为测量青少年女性的性知识掌握情况而设定。性知识是人们对性行为的认知，包括知识、事实和信念等。这部分问卷的问题主要参考青少年性知识科普读物《青少年最想知道的性知识》（崔达秀著，林虹均译，中国轻工业出版社 2004 年版）一书，从中选出青少年最好奇和最应当了解的性知识，包括生殖器官、性欲望、性疾病、性关系、避孕、性法律等方面共计 7 个问题，全部采用单向选择的方式来检验高中女生的性知识了解程度，四个选项中只有一项为正确答案，其余三项均为错误认识，错误选项的设置参考百度中学贴吧里同学们的讨论和《青少年最想知道的性知识》中提出的常见认识误区部分（注释）。如问题"女性进入青春期以后，下列哪种生理现象代表生殖器官发育成熟了？"答案包括"出现月经""乳房增大，臀部变大""声音变细，声调变高""不知道"四个选项。前三个是女性随着性器官发育，身体逐步发生的生理变化，但是只有"出现月经"是生殖器官发育成熟的标志。其他 6 道题目，题干和题支设定也有类似的思路。

　　第三部分为测量青少年女性的性情感状况而设定。性情感，是人们对性行为的情绪的、情感的体验，其核心是对性行为的道德评价。这部分问卷关于性情感的测量，包括对性行为的道德评价、接触网络中性行为时的情绪反应及情感态度。对性行为的道德评价，主要选取了测量受访者对网络中的有关不道德性行为的案例，如"援交""床戏"等，测量青少年女性的道德评价的态度是怎样的，是尊重道德、举棋不定还是无视道德。接触网络中性行为时的情绪反应共设置了四个等级，以心理不安程度为测量标准，分为无影响、有点不安、比较不安、非常不安四个等级。此外，本部分还设置了两个案例题，让受访者对上海未成年女学生"援交"事件和偶像剧常见的"吻戏""床戏"，做出自己的评价。"援交"事件评价一题中选项的设置参考新闻曝光后，媒体报道中、论坛讨论区以及借鉴郑涌《大学生性行为态度问卷》中的一些观点和声音："没有道德底线，行为可耻！""无论遇到任何困难或者诱惑，从事援交都是不对的""女性以身体获取利益，可以理解""女性援交是一种公平交易，只要不犯法，谁也管不着！""我对此事的态度很矛盾""我有其他观点（开放式填写）"。前四种观点对"援交"事件的评价依次由厌恶、否定、宽容到支持，后两个选项则是对受访者可能态度的有力补充，保证题目选项的全面性。偶像剧常见的"吻戏""床戏"选项的设置与上一题目类似。

　　第四部分是为了测量高中女学生的性行为倾向情况而设定。性行为倾向，是主体对性行为所显示出的准备状态和持续状态，在问卷中具体分为对自己及他人性行为发生的预期、对同龄人谈恋爱和发生性关系的态度、在网络中对性内容传播的参与情况、是否曾经发生过性关系。"对自己及他人性行为发生的预期"是通过表格的形式来测量，横排是预期情况，分为"绝对不可能发生""不太可能发生""可能发生""非常有可能发生"四个等级，竖列是相应的各种性行为，包括裸露照片、拥抱、接吻、性交、性暴力及性虐待等行为。对高中生发生性行为的态度，特别强调了"自愿"和"责任感"的作用，选项因此区分出三种"声音"：一是无论自愿还是强迫，都不应该发生。二是自愿就可发生，双方要负责。三是自愿发生，不在乎责任。同时在问卷的最后还设置了开放式观点选项，让受访者提出自己的其他观点。

（3）变量：控制变量和研究变量

本研究将上网时间、性内容接触频率、性内容接触多样性、社交网络依赖度等因素作为控制变量。研究变量包括网络性内容接触情况、青少年女性性知识了解情况、接触网络性内容后青少年女性对性行为的态度、接触网络性内容后青少年女性的性行为倾向等方面。先分别将各控制变量与研究变量做相关性分析，看看两者之间是否存在统计学意义上的显著相关性。再将控制变量综合起来预测接触网络中的性内容后青少年女性性态度的情况，通过数据结果来看，是否存在统计学意义上的解释力和显著性。

（4）编码

第一部分包括7道题目，主要测量青少年女性的上网习惯和网络中性内容的接触情况。Q2-1是上网时间的尺度变量，Q2-2是测量网络依赖度，包括四个等级，A、B、C、D分别赋值1、2、3、4，得分越高，对网络的依赖度越大。Q2-3是复选题，测量青少年女性参与的网络活动。采用二分法，选中设为1，未选中设为0。Q2-4为使用社交网络的依赖度，A、B、C、D分别赋值1、2、3、4，得分越高，社交网络使用的依赖度越高。Q2-5为接触网络中性内容的情况，为复选题，采用二分法，选中设为1，未选中设为0。Q2-6为复选题，测量青少年女性在接触哪些网络活动时，接触过性内容。Q2-7为网络性内容的接触频率，A、B、C、D分别赋值1、2、3、4，得分越高，表示在上网时，接触性内容的频率越高。在后期数据处理中，这几个变量主要作为因变量，通过与性知识、性情感和性行为的相关性分析，来验证假设是否成立。

性知识部分包括7道单选题，其中4道正确答案只有一项，编码时Value值为1和0，正确答案录入1，不正确答案录入0。另外3道题目答案为程度类题目，Value值为1、2、3、4，分数越高，性知识越丰富、认知程度越高。因此总分越高，性知识的认知程度越高。如单选题Q3-1"女生进入青春期以后，下列哪种生理现象代表了生殖器官已发育成熟？A出现月经；B乳房增大，臀部变大；C声音变细，声调变高；D不知道"。编码时，只定义一个变量，Value值1代表正确答案A，Value值0代表错误答案B、C、D。录入选项对应值，如选C则录入0。

单项题目 Q3－7"在你获取性知识时，你能够区分哪些是科学的、进步的、有助于身心健康发育的，哪些是无聊的、颓废的、色情的吗？A 完全可以；B 基本可以；C 稍微可以；D 完全不可以"。编码时，只定义一个变量，Value 值 4、3、2、1 代表答案 A、B、C、D。录入选项对应值，如果选 B 则录入 3。

性情感部分问卷关于性情感的测量，包括对性行为的道德评价、接触网络中性行为时的情绪反应及情感态度。道德评价和情绪反应情况，都能体现网络性内容对青少年女性性情感的影响。对网络中性内容的道德评价越高，分值越高。如 Q4－1"当你面对网络中的色情信息与现实中的道德规范有冲突时，你会怎样？A 以现实道德为标准，厌恶这些信息；B 左右为难，内心不安；C 司空见惯，网络道德不必限制于现实道德；D 无所谓，不在乎道德不道德"。编码时，Value 值 1、2、3、4 代表答案 A、B、C、D。录入选项对应值，如果选 B 则录入 2。接触网络中性行为时的情绪反应，共设有 5 个变量，编码时每一个变量中 Value 值 1、2、3、4 代表答案 A、B、C、D，赋值越高，心理波动越大，因此总分越高，说明在网络中接触性内容后，心理波动越大。Q4－3、Q4－4、Q4－5 为名义变量，做描述性分析，体现青少年女性对"援交"少女、床戏、裸照等个案的态度情况。

性行为部分问卷是关于性行为倾向的测量。性行为的行为倾向包括对自己及他人性行为发生的预期、对同龄人谈恋爱和发生性关系的态度、在网络中对性内容传播的参与情况、是否曾经发生过性关系。

对自己及他人性行为发生的预期共设有 10 个变量，每个变量中 Value 值 1、2、3、4 代表答案 A、B、C、D，加总后，总分越高，表明对自己和他人发生性行为的预期越高。比如 Q5－1，在现实生活中接触裸露照片，自己发生的可能性有多高？A、B、C、D 依次为绝对不可能发生、不太可能发生、可能发生、非常可能发生，分别赋值 1、2、3、4。

对同龄人谈恋爱和发生性关系的态度设有两个变量，赋值越高，对谈恋爱和发生性关系越支持。Q5－1 共有 10 个变量，分别是对自己和同伴发生性行为的预期，分为四个等级，依次赋值 1 到 4，得分越高，预期发生性行为的可能性越大。这 10 个变量加总后得出性行为预期值。此部分包括 Q5－2 和 Q5－3 两道题目，对性行为的发生表现得越支持，赋值越高。Q5-4 为多项选择题，赋值时采用二分法，选中设为 1，未选中设为 0。Q5-5 是否曾经发生过性关系，Value 值 1、2、3、4 代表答案 B、D、C、A。由此这一部分加总后，总分越高，性行为倾向越明显。

2. 问卷制定与调查对象的选取

本研究首先采用问卷对青少年女性进行调查，包括实地问卷调查和网络问卷调查，实地问卷针对高中生发放，网络问卷针对大学生。2011 年 11 月，我们对随机抽取的北京市海淀区四所学校女生进行了问卷调查。四所中学分别为北京市第五十中学、海淀区寄读学校、励耕实验学校、第十七中学，这些女高中生共同构成一个样本。问卷发放给学生后，由调查员交代和解释注意事项，要求女学生独立作答，并向学生承诺问卷的保密性。由于调查问题敏感，我们遵循学生自愿的原则，调查问卷作答没有时间限制，测试完成后学生根据自我意愿提交问卷。高中女生问卷共发放 100 份，回收 89 份（89%），剔除没有回答完全或者明显随意勾画作答的问卷，共计回收有效问卷 82 份。其中高一学生 13 名，高二学生 19 名，高三学生 50 名，均为女生。城乡分布方面：城市学生共 67 名（81.7%），乡村学生共 15 名（18.3%）。网络问卷共回收 120 份，其中有效问卷 97 份（80%），去除其中男性答卷者的问卷 7 份，最终可以应用的有效问卷 90 份。其中大一学生 32 份，大二学生 29 份，大三学生 13 份，大四学生 10 份，研究生 6 份。因此，有效问卷总数为 172 份。

为了保证正式问卷的质量，在做正式问卷调查前，采用网络问卷调查的形式对 10 名高中女生进行了问卷测试。从小样本测试中发现，10 名女生中有 8 名曾在网络中接触过性内容，可见网络已经成为女高中生接触性信息的重要渠道。80% 的女生了解性生理知识，但 40% 的人对性关系和如何避孕完全不了解。面对网络媒体中的性内容，40% 的女生选择厌恶、愧疚、自卑等负面情绪。30% 的女生，对"援交""包养"等女性出卖身体的行为，持谅解的态度，态度矛盾。30% 的女生选择能够接受高中时期发生性关系，这些小样本统计也为本论文提出研究假设、研究正式调查问卷的修改提供了依据。通过小样本测试，我们发现了原问卷问题太多、难度过大、部分语言表达不清等问题，据此，对问卷进行了修改，减少了题量，降低了难度，最后制定出包含 24 个题目的正式问卷。

3. 研究变量及具体假设

在本书第一章中已经提出了基本假设，即假设1：青少年女性在网络中正在或者曾经接触过多种性内容。假设2：网络媒体性内容丰富了青少年女性的性知识。假设3：网络媒体性内容影响了青少年女性的性情感，对性行为更加包容和肯定。假设4：网络媒体影响到青少年女性的性行为倾向，她们的性行为倾向更加明显。

本研究将上网时间、性内容接触频率、性内容接触的多样性、社交网络依赖度作为控制变量，探讨网络活动和网络性内容接触与性态度之间的相关性。由此，将其具体化后可以提出如下几种假设。

假设1：上网时间越多，接触的网络性行为表现形式越多，接触网络性内容的频度越高。

假设2a：上网时间越多，性知识越准确越丰富。

假设2b：上网时接触到的性行为表现形式越丰富，性知识了解得越准确越丰富。

假设2c：网络性内容接触的频率越高，性知识了解得越准确越丰富。

假设2d：社交网络依赖度越高，性知识了解得越准确越丰富。

假设3a：上网时间越多，对性行为情感越稳定，对性行为的道德评价越高。

假设3b：上网时接触到的性行为表现形式越丰富，对性行为情感越稳定，对性行为的道德评价越高。

假设3c：网络性内容接触的频率越高，对性行为情感越稳定，对性行为的道德评价越高。

假设3d：社交网络依赖度越高，对性行为情感越稳定，对性行为的道德评价越高。

假设4a：上网时间越多，性行为倾向越明显。

假设4b：上网时接触到的性行为表现形式越丰富，性行为倾向越明显。

假设4c：网络性内容接触的频率越高，性行为倾向越明显。

假设4d：社交网络依赖度越高，性行为倾向越明显。

通过描述性统计，还可以了解到以下方面：青少年女性性知识结构情况，青少年女性对性行为的道德评价情况、情绪波动情况，接触网络性内容后青少年女性对自己和他人性行为的倾向性等。

（二）深度访谈法

1. 访谈问卷编制和访谈

深度访谈问卷的编制问题的提出，是基于调查问卷所提出的依据有关性态度的框架结构定义，与调查问卷问题设置的依据相同，访谈问题更具开放性，以访谈的形式，将问题进一步深化，是对调查问卷的扩展和补充。依据性态度定义，性态度是在一定时期内，个人凭借其认知及好恶对性行为所表现出的一种相对持久、稳定的性心理反应倾向。性态度由三个要素组成：对自己及他人性行为的认知、对自己及他人性行为的情感、对自己及他人性行为的行为倾向。其中性情感的核心是对性行为的道德评价，表现为道德性，性情感最直接的表现是情绪。对性行为的行为倾向，特别体现在对性行为的责任意识和贞操观。因此，可以从这四个更加具体的方面来制定访谈问题，反映调查对象的性态度。

（1）上网时性内容的接触情况

问题是"你在上网时，了解到了哪些性知识内容，是怎样接触到的？""一般情况下，你是在做哪些网络活动的时候接触到性内容比较多？"

（2）性认知

主要包含"你在网络中了解过哪些性知识？你觉得网络对你性知识的积累，起到了什么作用？""有些同学性认知浅薄，或者性认知出现偏差，你怎么看待这些认知问题？"

（3）性情感

主要是青少年女性对不道德性行为和当前网络泛性化的现状的评价和看法。"你怎么看'艳照门''干露露浴室门'等这些裸照事件？""社会上存在'包养''二奶'这些词，你对这些包养女性的行为，有什么看法？""网络中除了裸照外，还有各种接吻、床戏，甚至性暴力的文字、图片和视频，在网络中接触到这些性内容时，你情绪通常会怎么样？"设置此部分时，特意选取了能够凸显青少年女性性情感的敏感新闻进行访谈。

（4）性行为倾向

主要体现为贞操观和责任意识。主要包括"你怎么看早恋时发生性关系这件事？""你怎么看待女性在婚前发生性行为？""你认为性应该为婚姻而保留吗？你怎么看待性与婚姻的关系？""你怎么看待现代社会女性贞操的问题？能描述一下自己的贞操观吗？""高中生谈恋爱发生亲密性关系，男生需要负责吗？你有何看法和主张？"

2. 访谈对象选取

除了编制调查问卷之外，本调查也辅助进行了深度访谈。深度访谈的对象，是 5 名高中学生和 5 名大学生。经过前提筛选，访谈对象每天上网时间都不少于 3 小时，周末上网时间有时超过 8 小时，都曾在互联网上接触过接吻、拥抱、裸照、性交、性暴力和性虐待等行为。

5 名高中生都是高三学生，其中 2 名山东人，1 名浙江人，2 名北京人。5 名大学生为中国青年政治学院在校大学生，其中大一学生 1 位，大二学生 2 位，大三学生 1 位，大四学生 1 位。由于访谈话题的敏感性，本书对受访者进行了编号，以字母 A、B、C、D、E 来分别代替高中五名学生，A、B 为山东人，D、E 为北京人，C 为浙江人。以字母 a、b、c、d、e 来分别代表五名大学生，其中 a 为大一学生，b、c 为大二学生，d 为大三学生，e 为大四学生。

对五名高中生的访谈均采用电话访谈，访谈时间大约在 30 分钟以内，对她们观点中比较新颖的部分，予以记录。对五名大学生的访谈是在她们宿舍里进行，对聊天内容予以记录，访谈时间每次大约 30 分钟，受访学生也积极给予了配合，保证了访谈质量。

三 网络性内容与青少年女性性态度分析结果

（一）上网时间与性内容接触的实证分析及定性讨论

1. 上网时间与性内容接触的实证分析

受访者每天上网时长集中在 6 小时及以内占比 86.6%，如图 2.2 所示。受访者中有的每日上网时间在 10 小时以上，这可能与青少年女性手机拥有率高有关，特别是智能手机的普及，"触网"更加便利。网络已经深入到青少年女性的日常生活中，成为重要的媒介工具。

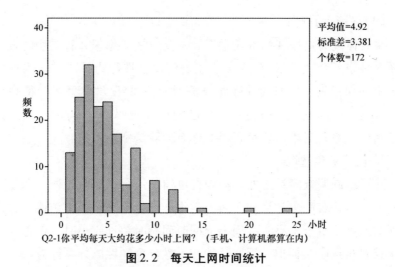

Q2-1你平均每天大约花多少小时上网？（手机、计算机都算在内）

图2.2 每天上网时间统计

受访的青少年女性中，67.4%在上网时偶尔接触到性内容，30.8%
的青少年女性经常接触到网络性内容，如图2.3所示只有1.2%的女性
在上网时从来未接触过网络中的性内容。这表示网络环境中确实存在大
量性内容，青少年女性在上网时可能会接触到。因此，对网络中的性内
容进行管理，引导青少年女性正确认识性问题，避免受到网络性内容中
不健康性行为的影响，显得尤为重要。

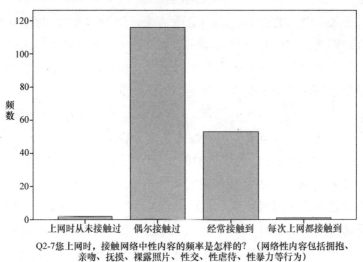

Q2-7您上网时，接触网络中性内容的频率是怎样的？（网络性内容包括拥抱、
亲吻、抚摸、裸露照片、性交、性虐待、性暴力等行为）

图2.3 上网时接触性内容的频率

　　本研究中，将上网时接触性内容的形式分为拥抱、接吻、裸露照片、性交、性暴力、性虐待等行为，性内容的多样性得分越高，表明接触到的性内容形式越多。受访青少年女性网络接触性内容得分平均分为3.97分，表明受访者在网络中平均接触过近4种性内容形式。其中接触最多的是拥抱、接吻，最少的是变态性行为，但是其均值为0.59，表明受访者中超过一半接触过网络中的变态性行为信息。（如表2.1所示）

表2.1　　　　　　　　　　　接触内容的多样性

	上网时接触过拥抱内容	上网时接触过接吻内容	上网时接触过裸露照片	上网时接触过性交内容	上网时接触过变态性行为
有效的	172	172	172	172	172
遗漏值	2	2	2	2	2
平均数	0.97	0.97	0.73	0.72	0.59
中位数	1.00	1.00	1.00	1.00	1.00
标准差	0.168	0.184	0.444	0.453	0.494

　　为了验证假设1提出的观点，将上网时间和接触性内容的多样性两个变量做相关性分析可以发现，相关系数为0.332，显著性是0.000，两者呈非常显著正相关，说明上网时间越多，接触到的网络性内容形式越多样。（如表2.2所示）

表2.2　　　　　　　上网时间和接触性内容多样性的相关性

		每天上网时间	接触性内容的多样性
每天上网时间	皮尔森相关系数	1	0.332**
	显著性（双尾）	—	0.000
	个数	172	172
接触性内容的多样性	皮尔森相关系数	0.332**	1
	显著性（双尾）	0.000	—
	个数	172	172

　　注：*代表显著；**代表非常显著。

接触网络中性内容的频率，包括从未接触、偶尔接触、经常接触和每次上网都会接触四个等级，得分越高，表示接触频率越高。将网络中性内容的接触频率和上网时间进行相关性分析，秩相关系数为0.452，显著性是0.000，两个变量之间存在统计学意义上的非常显著的正相关。这说明，上网时间越多，受众接触网络中的性内容的频率越高。（如表2.3所示）

表2.3　　　　　　　　**上网时间和接触性内容频率的相关性**

			每天上网时间	接触网络中性内容的频率
等级相关系数	每天上网时间	相关系数	1.000	0.385＊＊
		显著性（双尾）	0.000	0.000
		个数	172	172
	接触网络中性内容的频率	相关系数	0.385＊＊	1.000
		显著性（双尾）	0.000	0.000
		个数	172	172
秩相关系数	每天上网时间	相关系数	1.000	0.452＊＊
		显著性（双尾）	0.000	0.000
		个数	172	172
	接触网络中性内容的频率	相关系数	0.452＊＊	1.000
		显著性（双尾）	0.000	0.000
		个数	172	172

注：＊代表显著；＊＊代表非常显著。

通过对两组变量的相关性分析，可以检验假设1的观点，假设1得到证实。也就是说，上网时间越多，接触的网络性内容的表现形式越多，接触网络性内容的频度越高。

2. 访谈情况讨论

对青少年女性上网时性内容的接触情况主要有两个问题："你在上网时，了解到了哪些性知识内容，是怎样接触到的？""一般情况下，你是在做哪些网络活动的时候接触到性内容比较多?"

受访对象在回答第一个问题时,提到多种令自己印象深刻的接触方式。"上网时,我常常看看新闻。我一般浏览百度新闻,在新闻页面最下角有图片新闻,我打开一组图片新闻看完后,会有个提示告诉我,很多人都在看什么,这个时候推荐的新闻就有很多偏重色情的裸露照片。"受访者 A 表示。大学生 b 表示令自己印象最深刻的网络色情事件是"艳照门","'艳照门'那会儿,我们正在上高中,班里很多同学都八卦这个事情。报纸上,只是文字描述。有同学就从网上搜到图片下载下来,拿到班里偷偷传阅,特别是男生,但是有些胆大的女生也看了。即使是不想看的,也会听到那些男生的描述"。

在回答第二个问题时,有两名受访者提到了网络小说问题。高中生 B 表示自己从初中开始时喜欢看网络小说,但在网络小说中经常看到一些色情的描写。"初中时候,班里都看网络小说,拿着手机看,有些书跟黄色书籍似的,我对这种书没有兴趣,但是班里很多同学都偷偷看,有男生也有女生。"大学生 c 也认为网络意淫小说的泛滥,让她感到很尴尬。"我有一次下载文件,就不小心进入了一个这样的网站,都是色情小说。高一时,班里同学还搜集黄网到班里分享,男生有时候就会凑在一块说,哪个网站是黄网。但是有些时候这个网站根本不存在。高中时候,大家对色情这种东西挺好奇的。"

此外,影视剧也是女生提到的性内容较多的重灾区。大学生 d 很喜欢看影视剧,"看电视的时候,顶多看到吻戏床戏,如果爸妈在,我会不好意思,自己一个人看的时候就无所谓。但是网络上很多电影网站有太多成人电影推荐,随便找个电影网站,飘雪影院、——影院都有色情类的,即使不色情也很暴露。有时候,看优酷、土豆的推荐视频也有很多色情字眼。我觉得网络色情还是很泛滥的"。大学生 d 认为网络色情泛滥,但是像优酷、土豆这类网站上的很多视频并不能归于色情类的,而只能算是一种泛性化的表现,而这种泛性化的性内容存在广泛,影响也很大。

大学生 a 喜欢玩小游戏,但是她在玩游戏时,也会接触到一些性内容,为此她感到很不安。"我只是希望玩小游戏,不玩大型网游,在搜索小游戏的时候,也会推荐我一些网友,有些游戏光看宣传画面和字眼就挺恶心的，几乎都是色情游戏，但是网上还是有很多这种游戏在被推荐。"

网络游戏、网络小说、网络视频、网络新闻等被受访者提到存在网络性内容，同时这几种网络活动也是青少年女性经常接触的，这向我们证明了，青少年女性在上网时能够接触到网络性内容。同时，网络中的性内容以文字、图片、视频、动漫等多种形式存在，受访青少年女性在上网时接触到网络性内容的方式也多种多样。调查问卷分析结果显示上网时间越多，接触的网络性内容的表现形式越多，接触网络性内容的频度越高。访谈结论对这一结论进行了补充，青少年女性接触到网络性内容形式多样，而且青少年女性参与较多的网络活动中也大量存在网络性内容。

（二）网络性内容接触与性知识的实证分析及定性讨论

1. 受访青少年女性性知识情况

如图2.4所示，青少年女性的性知识得分情况基本是一个左偏分布，得分较高，说明调查对象总体性知识较丰富。

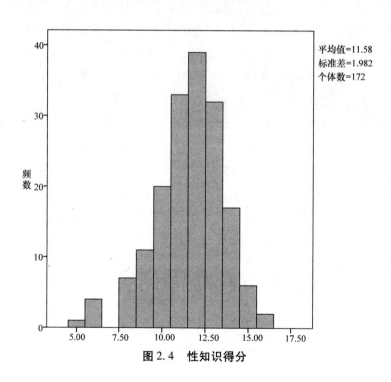

图 2.4　性知识得分

表2.4　　　　　　　　　　　　性知识各部分认知情况

	生殖器官发育认知	性传染病认知	避孕认知	法律认知
正确频数	119	159	97	125
错误频数	53	13	75	47
准确率（%）	69.2	92.4	56.4	72.7
错误率（%）	30.8	7.6	43.6	27.3

统计显示如表2.4所示，青少年女性对性知识各方面了解程度不同。对自身生殖器官发育的认知准确率达到69.2%，调查对象对性传染病的认知准确率达到92.4%，对正确避孕的认知只有56.4%，对未成年人发生性关系相关法律的认知准确率达到72.7%。正确避孕知识的缺乏，容易导致女性意外受孕、炎症、性病等种种危害，应当引起我们的重视。这也表明，网络性知识尽管海量丰富，但青少年女性并没有借助这一平台形成全面而准确的性知识。

2. 网络性内容对青少年女性性知识影响力实证分析

上网时间与网络性知识相关性统计中，$n = 172$，$r = 0.017$，$sig = 0.822$，数据不支持原假设，即假设2a：上网时间越多，性知识了解越准确越丰富。可见，上网时间与青少年女性的性知识之间并不存在显著关系。这表明，假设2a没有得到证实，如表2.5所示。

表2.5　　　　　　　　　上网时间与性知识的相关性

		每天上网时间	性知识得分
每天上网时间	皮尔森相关系数	1	0.017
	显著性（双侧）	—	0.822
	N	172	172
性知识得分	皮尔森相关系数	0.017	1
	显著性（双侧）	0.822	—
	N	172	172

表2.6　　　　　**网络接触性内容多样性与性知识得分的相关性**

			接触网络中性内容的多样性	性知识得分
等级相关系数	接触网络中性内容的多样性	相关系数	1.000	0.094
		显著性（双尾）	—	0.130
		个数	172	172
	性知识得分	相关系数	0.094	1.000
		显著性（双尾）	0.130	—
		个数	172	172
秩相关系数	接触网络中性内容的多样性	相关系数	1.000	0.116
		显著性（双尾）	—	0.128
		个数	172	172
	性知识得分	相关系数	0.116	1.000
		显著性（双尾）	0.128	—
		个数	172	172

表2.7　　　　　**网络接触性内容的频率与性知识得分的相关性**

			性知识得分	接触网络中性内容的频率
等级相关系数	性知识得分	相关系数	1.000	0.030
		显著性（双尾）	—	0.649
		个数	172	172
	接触网络中性内容的频率	相关系数	0.030	1.000
		显著性（双尾）	0.649	—
		个数	172	172
秩相关系数	性知识得分	相关系数	1.000	0.035
		显著性（双尾）	—	0.653
		个数	172	172
	接触网络中性内容的频率	相关系数	0.035	1.000
		显著性（双尾）	0.653	—
		个数	172	172

　　为检验2b、2c的假设，我们将接触网络中性内容的多样性与接触网络中性内容的频率两个自变量，分别与性知识得分进行相关性分析，发现两者与性知识得分之间有一定的正相关，如表2.6、表2.7所示，但是并不具备统计学意义上的显著性。因此，本研究结果无法证实假设3a和4a，表明青少年女性接触网络中的性内容的多样性、频率与她们的性知识得分之间并不存在显著相关性。

表2.8　　　　　　　　　　社交网络使用情况与性知识相关性

			性知识得分	社交媒体使用情况
等级相关系数	性知识得分	相关系数	1.000	−0.117
		显著性（双尾）	—	0.070
		个数	172	172
	社交媒体使用情况	相关系数	−0.117	1.000
		显著性（双尾）	0.070	—
		个数	172	172
秩相关系数	性知识得分	相关系数	1.000	−0.139
		显著性（双尾）	—	0.070
		个数	172	172
	社交媒体使用情况	相关系数	−0.139	1.000
		显著性（双尾）	0.070	—
		个数	172	172

　　如表2.8所示，将社交网络使用情况与性知识得分进行比较，秩相关系数为−0.139，两者呈现负相关，但是显著性 = 0.070，相关性不具备统计学意义上的显著。社交网络使用频率高，反而性知识得分更少。社交网络是人际交往的一部分，这在一定程度上表明，青少年女性借助社交网络进行人际交往这一活动，并不能增加青少年女性的性知识。

表2.9 模式摘要

模式	R	R平方	调整后的R平方	估计的标准误
1	0.200[a]	0.040	0.017	1.96566

a. 预测变量: 社交媒体使用情况, 接触网络中性内容的频率, 每天上网时间, 接触网络中性内容的多样性

表2.10 变异数分析[b]

模式		平方和	自由度	平均平方和	F检验	显著性
1	回归	26.763	4	6.691	1.732	0.145[a]
	残差	645.255	167	3.864		
	总和	672.017	171			

a. 预测变量: 社交媒体使用情况, 接触网络中性内容的频率, 每天上网时间, 接触网络中性内容的多样性; b. 依变量: 性知识得分

表2.11 系数[a]

模式		为标准化系数		标准化系数	t	显著性
		B之估计值	标准误	贝塔分布		
1	（常数）	13.003	1.272	—	10.226	0.000
	接触网络中性内容的多样性	0.144	0.132	0.094	1.090	0.277
	接触网络中性内容的频率	−0.200	0.338	−0.050	−0.592	0.555
	每天上网时间	−0.047	0.051	−0.080	−0.920	0.359
	社交媒体使用情况	−0.617	0.306	−0.184	−2.017	0.045

a. 依变量: 性知识得分

以接触网络中性内容的多样性、接触网络中性内容的频率、每天上网时间、网络依赖度、社交网络来预测青少年女性的性知识得分，做一简单回归分析。从数据结果如表2.9—表2.11所示中可以看出，R2提供回归变异分析量的解释情况，显示以这几个变量来预测青少年女性的

性知识情况只有 2% 的解释力，F = 1.732，p = 0.145，显示该解释并不具备统计学上的显著意义。只有社交网络使用情况和性知识得分呈比较显著的负相关，但是解释力仍然只有 2%。因此，我们可以发现最初的假设 2a、2b、2c 和 2d 都无法验证，网络对青少年女性性知识的影响力并没有我们预期的那样显著。

3. 访谈情况讨论

对网络性内容对青少年女性性认知的影响上，主要包含"你在网络中了解过哪些性知识？你觉得网络对你性知识的积累，起到了什么作用？""有些同学性认知浅薄，或者性认知出现偏差，你怎么看待这些认知问题？"两个问题。

受访的学生中有 5 位认为自己的性知识不是从网络中学习到的，而是从课堂上。其中，受访者 a 认为："初中老师讲生物课，讲到性器官的时候，大家都很默契地相视一笑，似懂非懂。但其实大家不全懂，大家想到的都是龌龊的方面，当老师在讲正常的性知识的时候，大家想到的也是性关系这些方面。而且老师也不好意思讲这些。有的老师就直接跳过去，不讲这一部分。"这位老师还不是专门的生理课老师，只是生物老师在讲述生物课时，偶尔讲到了性知识，但是性教育并不是他的专职责任。受访者 e 说："上课那会儿，老师上面讲，我们底下窃窃私语，尤其是男生，比老师讲得还详细，我就听到了。老师讲男女身体构造，很多学生就用一个东西把身体构造遮住了，那时候看到裸体觉得怪怪的。"受访者 C 表示，"我初中时上网就看到过一些突然弹出的链接，当时也不是很害怕，因为不是特别暴露，而且是女性的，不怎么害怕。我对女性的裸露照片，不感兴趣"。这名学生在小学六年级的时候，学校的老师曾针对早恋低龄化的问题，开展过一系列的性教育。初中时学《科学》这门课时，也讲到了性，所以她在后来上网看到这些东西的时候，就丝毫不好奇了。

其他学生承认网络促进了她们性知识的增长。大学生 b 认为自己刚入学时，对性一知半解，每次在宿舍里女生之间互相谈起，其他同学以一种诧异的口吻"戏弄"她。在此之后，学生 b 通过网络主动搜索关于性的知识，包括女性身体构造、女性身体性器官保养、避孕以及具体的性交细节，但是她并没有通过网络搜索过任何有关女性如何保护自己避免性伤害的法律，防止性病、艾滋病的注意事项等，她认为这样的事情离她太遥远。学生 d 认为，"我接触过网上的一些色情信息，比较暴露也很直接，这些信息能告诉我性交是什么。也会有一些网络频道会介绍男女两性关系如何改善等"。

这一部分访谈，辅助证实了量化分析的结论，即青少年女性并没有充分借助网络这一平台了解更加全面的性知识，青少年女性从中了解的偏重性交细节，而忽视性知识的其他方面。网络中的性内容对青少年女性性知识的影响力有限。同时，访谈还启示我们，虽然学校的性教育存在一些问题，但是有一半的女生获得性知识主要来自学校，学校是传授青少年女性性知识的重要课堂，应该运用好这个"课堂"。

（三）网络性内容接触与性情感的实证分析及定性讨论

1. 受访青少年女性的性情感状况

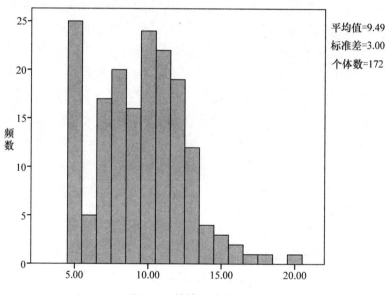

图 2.5　性情感波动情况

如图 2.5 所示，青少年女性的性情感波动程度基本呈现右偏分布，得分较低，说明调查对象总体接触网络中性内容后，性情感波动不大，可能是青少年女性接触网络中的性内容次数较多后，容易习以为常，情绪波动也会较小。

表 2.12　　　　　　　**对网络中裸露尺度大的照片的态度**

		频数	百分比（％）	有效百分比（％）	累计百分比（％）
有效的	1. 厌恶	110	63.2	64.0	64.0
	2. 喜悦	4	2.3	2.3	66.3
	3. 焦虑不安	8	4.6	4.6	70.9
	4. 惭愧、自卑	4	2.3	2.3	73.2
	5. 麻木无感	38	21.8	22.1	95.3
	6. 其他感觉	8	4.6	4.7	100.0
	总数	172	98.8	100.0	
缺失值	系统	2	1.1		
总数		174	100.0		

从表 2.12 中青少年女性对网络中裸露照片的态度可以看出，64％的女性对女性裸露照片感到厌恶，而有 22.1％的女性表示对照片感到麻木无感，麻木情绪的产生，可能是由于在网络环境中经常接触到性内容，以致多次接触后感到麻木无感。但是青少年女性对网络中裸露照片的情感态度以厌恶为主。

表 2.13　　　　　　**对与道德规范相冲突的网络性内容的认识**

		频数	百分比（％）	有效百分比（％）	累计百分比（％）
有效的	1. 以现实道德为标准，厌恶这些信息	88	50.6	51.2	51.2
	2. 左右为难，内心不安	25	14.4	14.5	65.7
	3. 司空见惯，网络道德不必限制于现实道德	48	27.6	27.9	93.6
	4. 无所谓，不在乎道德问题	11	6.3	6.4	100.0
	总数	172	98.9	100.0	
缺失值	系统	2	1.1		
总数		174	100.0		

当青少年女性面对网络中的色情信息与现实道德规范有所冲突时，51.2%的青少年女性选择以现实道德为标准，厌恶这些信息。但仍有27.9%的青少年女性认为，网络道德不必限制于现实道德，6.4%的青少年女性不在乎道德问题。可见，对网络中充斥的性内容，一半以上的青少年女性能够以现实道德为标准加以评价，而仍有34.3%的青少年女性对道德持否定或者无所谓的态度，如表2.13所示。

表2.14　　　　　　　　　　对女中学生"援交"行为的态度

		频数	百分比（%）	有效百分比（%）	累计百分比（%）
有效的	1. 这么小就没有道德底线，行为太可耻了	35	20.1	20.3	20.3
	2. 无论遇到任何苦难或者面临任何诱惑，从事援交都是不对的	95	54.6	55.2	75.6
	3. 女性以身体为商品获得利益，是自食其力，可以理解	14	8.0	8.1	83.7
	4. 援交是一种公平交易，只要不犯法，谁也管不着	2	1.1	1.2	84.9
	5. 我对此事的态度模棱两可，很矛盾	13	7.5	7.6	92.4
	6. 以上都不是，我有其他态度	13	7.5	7.6	100.0
	总数	172	98.8	100.0	
缺失值	系统	2	1.1		
	总数	174	100.0		

注：由于数据只保留到小数点后一位，在数据百分比的计算中就会出现大于100或小于100的情况。

从表2.14可以看出，75.5%的青少年女性对援交持否定态度，其中20.3%的人认为援交女性的行为可耻，55.2%的青少年女性认为无论什么理由，参与援交都是不对的。只有9.3%的青少年女性对援交态度肯定，其中8.1%的青少年女性认为援交也是自食其力的一种。7.6%的青少年持有其他态度，表现在："学生没有接受良好的教育，没有树立良好的道德观念""她们会有后悔的一天的""莫论他人，严管自身，道德底线，均应自持""每个行为背后都有自己不足为外人道的原因，不能仅凭表面现象谴责别人""中立，但自己不会做""不损害第三人利益，自己觉得也行，就行"等，基本是持一种中立的态度。

表2.15　　　　　　　　　**对影视剧中接吻、床戏的态度**

		频数	百分比（%）	有效百分比（%）	累计百分比（%）
有效的	1. 我很喜欢这种镜头，每次看到心里都很愉悦	27	15.5	15.8	15.8
	2. 每次看到有这样的镜头，都令我感到不安、羞愧	1	0.6	0.6	16.4
	3. 很平常的镜头，没有什么可禁止的	81	46.6	47.4	63.7
	4. 这种画面多了，容易误导学生，应当进行管制	49	28.2	28.7	92.4
	5. 以上都不是，我有其他意见	13	7.5	7.6	100.0
	总数	171	98.4	100.0	
缺失值	系统	3	1.7		
总数		174	100.0		

注：由于数据只保留小数点后一位，在数据百分比的计算中就会出现大于100或小于100的情况。

从表2.15中的数据显示了青少年女性对影视剧中吻戏床戏的态度，47.4%的青少年女性认为是"很平常的镜头，没什么可禁的"。对这类信息持应当管制态度的青少年女性只占到28.7%。这一方面体现在目前影视剧中的吻戏、床戏较多，青少年女性早已习惯。另一方面，也体现了影视剧中的吻戏、床戏在她们的接受尺度之内。

2. 网络性内容对青少年女性性态度的影响力实证分析

表2.16　　　　　　　　　**上网时间与性情感波动程度相关性**

			性情感波动程度	每天上网时间
等级相关系数	性情感波动程度	相关系数	1.000	-.117*
		显著性（双侧）	—	0.039
		N	172	172
	每天上网时间	相关系数	-0.117*	1.000
		显著性（双侧）	0.039	—
		N	172	172

注：*代表显著；**代表非常显著。

从表 2.16 可以看出，上网时间与性情感程度相关系数为 −0.117，且显著性 =0.039，达到显著水平，表示上网时间与性情感程度之间呈显著负相关。青少年女性上网时间越长，在上网时接触到网络性内容后情感波动程度越小。这也验证了上面的推测，青少年女性如果多次接触网络性内容，情绪波动受此影响会变得很小。

表 2.17　　　　　　　**上网时间与网络性内容道德评价的相关性**

			对与道德规范相冲突的网络性内容的认识	每天上网时间
等级相关系数	对与道德规范相冲突的网络性内容的认识	相关系数	1.000	0.190 * *
		显著性（双尾）	—	0.002
		个数	172	172
	每天上网时间	相关系数	0.190 * *	1.000
		显著性（双尾）	0.002	—
		个数	172	172
秩相关系数	对与道德规范相冲突的网络性内容的认识	相关系数	1.000	0.230 * *
		显著性（双尾）	—	0.002
		个数	172	172
	每天上网时间	相关系数	0.230 * *	1.000
		显著性（双尾）	0.002	—
		个数	172	172

注：* 代表显著；* * 代表非常显著。

从表 2.17 可以看出，上网时间与对网络性内容的道德评价相关系数为 0.230，且显著性 =0.002，达到非常显著水平，表示上网时间与对网络性内容的道德评价呈现正相关性，上网时间越长，对网络性内容的道德评价越高。当网络中的色情信息与现实中的道德规范发生冲突时，上网时间越长的人，对现实生活中的相关道德规范越淡漠，越认同网络中的性内容。因此，假设 3a 得到验证，表明上网时间越长，对网络性行为的情感波动越稳定，对网络中性行为内容的道德评价越高。

表2.18　网络性内容多样性与性情感波动和性内容道德评价的相关性

相关性		网络中性内容的多样性与性情感波动	网络中性内容的多样性与网络性内容的道德评价
等级相关系数	相关系数	-0.018	0.111
	显著性（双尾）	0.766	0.097
	个数	172	172
秩相关系数	相关系数	-0.028	0.125
	显著性（双尾）	0.715	0.102
	个数	172	172

从表2.18可以发现，网络性内容多样性与对网络性内容的道德评价的相关系数为0.125，且显著性＝0.102，网络性内容多样性与对性情感波动的相关系数为-0.028，且显著性＝0.715，网络中性内容的多样性与性情感波动和性内容道德评价之间并不存在统计学意义上的显著相关性，因此假设3b难以得到验证。上网时接触到的性行为表现形式越多，对性行为情感越稳定，对性行为的道德评价越高，这一假设不成立。

表2.19　　　接触网络中性内容的频率与性情感波动和性
内容道德评价的相关性

相关性		接触网络中性内容的频率与性情感波动程度	接触网络中性内容的频率与网络性内容的道德评价
等级相关系数	相关系数	0.000	0.075
	显著性（双尾）	0.996	0.290
	个数	172	172
秩相关系数	相关系数	0.000	0.081
	显著性（双尾）	0.996	0.290
	个数	172	172

　　从表 2.19 可以发现，网络性内容接触频率与对网络性内容的道德评价的相关系数为 0.081，且显著性 = 0.290，网络性内容接触频率与对性情感波动的相关系数为 0.000，且显著性 = 0.996，可见，接触网络中性内容的频率与性情感波动程度、对性内容的道德评价之间并不存在统计学意义上的显著相关性。假设 3c 没有得到证实，性内容的接触频率高低对青少年女性的性态度影响不显著。

表 2.20　　　　社交网络使用情况与性情感波动和性
内容道德评价的相关性

相关性		社交网络使用情况与性情感波动程度	社交网络使用情况与网络性内容道德评价
等级相关系数	相关系数	0.100	− 0.111
	显著性（双尾）	0.114	0.110
	个数	172	172
秩相关性系数	相关系数	0.116	− 0.121
	显著性（双尾）	0.129	0.113
	个数	172	172

　　从表 2.20 可以发现，青少年女性社交网络的使用情况与性情感波动程度、性行为的道德评价并不存在统计学意义上的显著相关性，假设 3d 无法得到证实。青少年女性情感稳定程度、对性行为的道德评价高低，与其社交网络使用情况没有直接相关性。

表 2.21　　　　　　　　　　　　模式摘要

模式	R	R 平方	调整后的 R 平方	估计的标准误
1	0.240[a]	0.058	0.035	2.94676

　　a. 预测变量：接触网络中性内容的多样性，接触网络中性内容的频率，每天上网时间，社交媒体使用情况

表 2.22   变异数分析[b]

模式		平方和	自由度	平均平方和	F 检验	显著性
1	回归	88.848	4	22.212	2.558	0.041[a]
	残差	1450.129	167	8.683		
	总和	1538.977	171			

a. 预测变量：接触网络中性内容的多样性，接触网络中性内容的频率，每天上网时间，社交媒体使用情况；b. 依变量：性情感波动程度

表 2.23   系数[a]

模式		标准化系数		标准化系数	t	显著性
		B 之估计值	标准误	Beta		
1	（常数）	7.745	1.906		4.063	0.000
	每天上网时间	−0.179	0.077	−0.202	−2.333	0.021
	社交媒体使用情况	0.351	0.459	0.069	0.765	0.446
	接触网络中性内容的频率	0.945	0.506	0.157	1.867	0.064
	接触网络中性内容的多样性	−0.076	0.198	−0.033	−0.384	0.702

a. 依变量：性情感波动程度

　　以接触网络中性内容的多样性、接触网络中性内容的频率、每天上网时间、社交网络使用情况来预测青少年女性的性情感波动程度，做回归分析。从数据结果中可以看出，R^2 提供回归变异分析量的解释情况，显示以这几个变量来预测青少年女性的性知识情况有 5.8% 的解释力，$F = 2.558$，$p = 0.041$，显示该解释具备统计学上的意义。其中比较显著的是，上网时间与性情感波动程度的相关性。$t = −2.333$，$p = 0.021$，这一简单回归结果与相关性分析结果都能说明，上网时间与接触网络性内容的情感波动呈负相关，如表 2.21、表 2.22、表 2.23 所示。

表 2.24   模式摘要

模式	R	R 平方	调整后的 R 平方	估计的标准误
1	0.242[a]	0.059	0.036	1.002

a. 预测变量：接触网络中性内容的多样性，接触网络中性内容的频率，每天上网时间，社交媒体使用情况

表 2. 25 变异数分析[b]

模式		平方和	自由度	平均平方和	F 检验	显著性
1	回归	10. 423	4	2. 606	2. 595	0. 038[a]
	残差	167. 693	167	1. 0040		
	总和	178. 116	171			

a. 预测变量：接触网络中性内容的多样性，接触网络中性内容的频率，每天上网时间，社交媒体使用情况

表 2. 26 系数[a]

模式		标准化系数		标准化系数	t	显著性
		B 之估计值	标准误	Beta		
1	（常数）	1. 344	0. 648		2. 073	0. 040
	每天上网时间	0. 060	0. 026	0. 198	2. 287	0. 023
	社交媒体使用情况	0. 014	0. 156	0. 008	0. 089	0. 929
	接触网络中性内容的频率	− 0. 046	0. 172	− 0. 022	− 0. 266	0. 790
	接触网络中性内容的多样性	0. 084	0. 067	0. 107	1. 252	0. 213

a. 依变量：对与道德规范相冲突的网络性内容的认识

　　以接触网络中性内容的多样性、接触网络中性内容的频率、每天上网时间、网络依赖度、社交网络使用情况来预测青少年女性对性内容的道德评价，做一简单回归分析。从数据结果中可以看出，R^2 提供回归变异分析量的解释情况，显示以这几个变量来预测青少年女性的性知识情况有 5. 9% 的解释力，$F = 2. 595$，$p = 0. 038$，显示该解释具有统计学意义上的显著性。具体来看，上网时间与对性内容的道德评价呈比较显著的正相关性。$t = 2. 287$，$p = 0. 023$，这一简单回归分析结果与相关性分析结果都能说明，上网时间与接触网络性内容的情感波动呈正相关，上网时间越多，对网络中性内容的道德评价越高，如表 2. 24、表 2. 25、表 2. 26 所示。

　　综上可知，假设 3a 得到证实，3b、3c、3d 并不具备统计学上的显

著意义，无法得到证实。可见，网络性内容对性态度的影响因素中，比较显著的是上网时间与性情感的关系，接触网络中性内容的多样性、接触网络中性内容的频率、社交媒体使用情况等对青少年女性性情感的影响不显著。

2. 访谈情况讨论

对网络性内容接触与性情感之间相关性的访谈题目主要包括对不道德性行为和当前网络泛性化的现状的评价和看法。"你怎么看'艳照门''干露露浴室门'等这些裸照事件?""社会上存在'包养''二奶'这些词，你对这些被包养的女性的这种行为有什么看法?"

对"包养""二奶"这类女性，受访者对此的态度体现为尊重又包容。受访者 a 说："我觉得，某些情况下，她们是值得同情的。有些女孩从身体到情感都付出了，但是男的可能就只是利用一下她，就抛弃了她，她也是挺可悲的。既然这种交易是她自己谋生的手段的话，就要尊重她吧。"受访者 b 说，"女人有很多无力的地方，在看她的选择时，一定要尊重她，设身处地地想到她的境遇。尽管人在社会中生活很多时候还是要考虑到道德问题，但是她们一定是不在乎道德不道德，也不在乎别人的看法的"。受访者 d 认为，"现在社会上，'二奶''情妇'都已经很普遍了，以前挺厌恶的，觉得就应该一夫一妻，但是感情的事情，谁也说不准呢，要是两个人不幸福，有一个人找情妇，也是可以原谅的"。

"二奶""情妇"这一类人，曾经被看作罪大恶极。但是在受访的青少年女性眼中，她们并不赞同这种态度。从社会道德的层面看，受访的青少年女性否定了她们的行为，但是对她们的个人选择持一种包容、尊重的态度。"二奶""小三"从过去的极端痛恨，到现在的淡然对待，甚至充满包容和尊重的态度，从女权主义角度来讲，是对女性的尊重。从性态度的角度来看，表明人们对发生性关系的对象进一步地扩大化了，淡化了婚姻对性的意义，而强调了性与情感的关系，性与自身权利的关系。从这个意义上讲，受访青少年女性的性态度较为开放。

量化分析结果显示有 27.9% 的青少年女性认为，网络道德不必限制于现实道德，6.4% 的青少年女性不在乎道德问题。而实际上，受访青少年女性对违反道德的性行为，几乎都持有一种包容的态度，可见，具体到某件违背道德性行为所做出的道德评价要高于自己笼统的认为的那样。

"网络中除了裸照外，还有各种接吻、床戏，甚至性暴力的文字、图片和视频，在网络中接触到这些性内容时，你情绪通常会怎么样?"对这一问题的回答体现出了青少年女性接触性内容后情绪波动从不安到麻木的过程。访谈中，受访者坦言自己第一次接触网络中性内容时战战兢兢的态度，不安、羞愧，如同犯了错误，而随着上网次数增多，接触性内容的次数也增多了，反而对这类信息渐渐心生麻木了。大学生 c 这样描述自己第一次接触到网络中的性内容："有一次偶然点击进入了一个字眼很撩人的网站，看到一些裸露的图片，还有一些不堪入目的文字描述，当时我感到自己一下子就脸红了，很紧张，心跳很快。"大学生 b 第一次接触这类信息时刚好在读小学，还没有机会接触到初中时才开始教授的性知识课程，却已经借助网站以一种令她震惊和不安的方式认识了性。但现在的她表示，"都已经麻木了，看到一些诱人的弹出窗口，连看都不看就直接关掉，或者漠视它的存在，反正不会点击看了，都知道点开会是什么"。高中生 C 提到第一次了解性，是通过电视剧《水浒传》中的西门庆和潘金莲的一段床戏。"那一段尽管比较隐晦，但是会让我有种好奇心，印象很深刻。现在的电视剧更严重些，好像没有床戏，就拍不成一部戏了。不过，现在看到已经没有感觉了。"

大学生 a 表示，"上网的时候，有时候被右下角突然跳出的网页吓到，有些是广告，有些比较暴露，特别讨厌。360 网页有拦截作用，但是有些拦截不住。现在看到都习惯了，跳出来，关掉就好了"。大学生 e 表示，"接触网络中的性内容的时候，我已经上大学了，在宿舍里下电影的时候，点开了一个网页，结果网页里传出女孩子的呻吟声，我吓了一跳，赶紧关的时候，已经关不上了，电脑中毒了，不断自动打开网页"。

对事情的认知，往往由好奇开始，受访青少年女性在第一次接触到网络性内容时，普遍比较紧张害怕，但是接触次数多了，对网络中的性内容也就不再好奇了，网络性内容的存在渐渐无法影响到她们。这也印证了量化分析的结论，即上网时间越多，性情感波动越小。但是对于性的认知，网络性内容以一种令其不安的方式走进她们的认识领域，究竟对她们的性态度产生多大影响，影响是否长久仍是值得进一步研究的事情。

（四）网络性内容接触与性行为倾向的实证分析及定性讨论
1. 青少年女性的性行为倾向

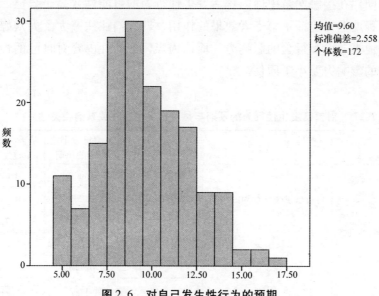

均值=9.60
标准偏差=2.558
个体数=172

图 2.6 对自己发生性行为的预期

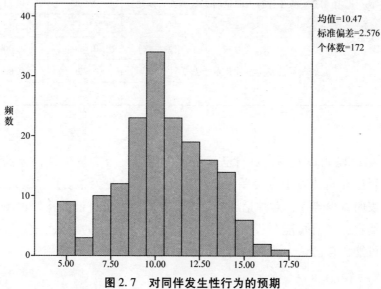

均值=10.47
标准偏差=2.576
个体数=172

图 2.7 对同伴发生性行为的预期

从图2.6、图2.7可以看出，对自己在接触网络中性内容后发生性行为的预期呈现一种右偏分布，平均分为9.6，对同伴在接触网络中性内容后发生性行为的预期基本上是正态分布，平均分为10.47，受访者认为同伴在接触网络中性内容后发生性行为的可能性要高于自己。这在一定程度上，验证了第三者效果的作用，即人们往往夸大了大众媒体内容对他人态度和行为的影响力，而认为媒体中的性内容对自己的性行为倾向的影响力要小于同伴。

表2.27　对自己发生性行为的预期与是否已发生过性关系的相关性

			对自己发生性行为的预期	是否与异性发生过性关系
等级相关系数	对自己发生性行为的预期	相关系数	1.000	0.022
		显著性（双尾）	0.000	0.728
		个数	172	172
	是否与异性发生过性关系	相关系数	0.022	1.000
		显著性（双尾）	0.728	0.000
		个数	172	172
秩相关系数	对自己发生性行为的预期	相关系数	1.000	0.026
		显著性（双尾）	0.000	0.730
		个数	172	172
	是否与异性发生过性关系	相关系数	0.026	1.000
		显著性（双尾）	0.730	0.000
		个数	172	172

表2.27可以发现，对自己接触性内容后是否会发生性行为的预期与是否已与异性发生过性关系之间并无显著相关关系。这一结果的产生，表明青少年女性对性话题较为保守，即使发生过性关系，也不会轻易预期自己"有可能"发生性行为，表露自己真实的想法。这也说明，人们可能比自己认为的更容易受到网络媒体性内容的影响。

表 2.28　　　　　　　　　对高中生谈恋爱的态度

		频数	百分比（%）	有效百分比（%）	累计百分比（%）
有效的	1. 高中生谈恋爱，会耽误学习，影响情绪。	12	6.9	7.0	7.0
	2. 对高中生谈恋爱，既不支持也不反对。	120	69.0	69.8	76.7
	3. 高中生谈恋爱，不但浪漫温馨，而且可以彼此鼓励，有助于学习。	40	23.0	23.3	100.0
	总数	172	98.9	100.0	
缺失值	系统	2	1.1		
	总数	174	100.0		

注：电子数据只保留小数点后一位，在数据百分比的计算中就会出现大于 100 或小于 100 的情况。

从表 2.28 可以看出，受访青少年女性对高中生谈恋爱的态度，69% 持中立态度，既不支持也不反对。23% 的人认为谈恋爱可以彼此鼓励促进学习。在一定程度上，反映出目前青少年女性对高中生谈恋爱的包容性。

表 2.29　　　　　　　对高中生谈恋爱时发生性行为的态度

		频数	百分比（%）	有效百分比（%）	累计百分比（%）
有效的	1. 高中生可以谈恋爱，但要注意分寸，绝对不能发生性关系。	91	52.3	52.9	52.9
	2. 只要双方自愿就可以发生，但男性要对女性负责。	62	35.6	36.0	89.0
	3. 只要双方自愿就可以发生，男性也不需要对此负责。	19	10.9	11.0	100.0
	总数	172	98.9	100.0	
缺失值	系统	2	1.1		
	总数	174	100.0		

注：电子数据只保留小数点后一位，在数据百分比的计算中就会出现大于 100 或小于 100 的情况。

从表 2.29 可以看出，青少年女性对高中生谈恋爱较为包容，但是对高中时发生性关系要理智得多。52.9% 的青少年女性认为绝对不能发生性关系，而有 47% 的青少年女性认为在自愿基础上可以发生性关系，其中有 11% 的女性认为发生性关系后，男性可以不负责任。

2. 网络性内容对青少年女性性行为倾向影响力

表2.30   接触网络中性内容的多样性与对自己发生性行为的预期

			对自己发生性行为的预期	接触网络中性内容的多样性
等级相关系数	对自己发生性行为的预期	相关系数	1.000	0.122 *
		显著性（双尾）	—	0.045
		个数	172	172
	接触网络中性内容的多样性	相关系数	0.122 *	1.000
		显著性（双尾）	0.045	—
		个数	172	172
秩相关系数	对自己发生性行为的预期	相关系数	1.000	0.153 *
		显著性（双尾）	—	0.045
		个数	172	172
	接触网络中性内容的多样性	相关系数	0.153 *	1.000
		显著性（双尾）	0.045	—
		个数	172	172

注：*代表显著；**代表非常显著。

如表2.30所示，网络中接触性内容的多样性和对自己发生性行为的预期呈正相关，秩相关系数为0.153，sig = 0.045，接触网络中性内容的形式越多，对自己发生性行为的预期越高，因此假设3c得到证实，接触网络中性行为的多样性和自己发生性行为的预期之间呈正相关。

表2.31   网络中接触性内容的频率与已发生性关系的相关性（1）

			接触网络中性内容的频率	是否与异性发生过性关系
接触网络中性内容的频率		皮尔森相关系数	1	0.300 **
		显著性（双尾）	—	0.000
		个数	172	172
是否与异性发生过性关系		皮尔森相关系数	0.300 **	1
		显著性（双尾）	0.000	—
		个数	172	172

注：*代表显著；**代表非常显著。

表 2.32　网络中接触性内容的频率与已发生性关系的相关性（2）

			接触网络中性 内容的频率	是否与异性发 生过性关系
等级相关系数	接触网络中性内容的频率	相关系数	1.000	0.296＊＊
		显著性（双尾）	—	0.000
		个数	172	172
	是否与异性发生过性关系	相关系数	0.296＊＊	1.000
		显著性（双尾）	0.000	—
		个数	172	172
秩相关系数	接触网络中性内容的频率	相关系数	1.000	0.316＊＊
		显著性（双尾）	—	0.000
		个数	172	172
	是否与异性发生过性关系	相关系数	0.316＊＊	1.000
		显著性（双尾）	0.000	—
		个数	172	172

注：＊代表显著；＊＊代表非常显著。

如表 2.31、表 2.32 所示由皮尔森相关系数分析可知，网络中接触性内容的频率与是否已经发生过性关系两个变量之间相关达 0.316，将两个变量转换为有序变量后所求出的等级相关系数也有 0.296，且显著性＝0.000，达到非常显著水平，表示青少年女性在网络中接触性内容多少，与是否已经发生过性关系呈正相关性。

表 2.33　　网络中接触性内容的频率与高中生谈恋爱
发生性行为的态度相关性

			接触网络中 性内容的频率	对高中生谈恋 爱时发生性 行为的态度
等级相关系数	接触网络中性内容的频率	相关系数	1.000	0.277＊＊
		显著性（双尾）	—	0.000
		个数	172	172
	对高中生谈恋爱时 发生性行为的态度	相关系数	0.277＊＊	1.000
		显著性（双尾）	0.000	—
		个数	172	172

续表

秩相关系数			接触网络中性内容的频率	对高中生谈恋爱时发生性行为的态度
	接触网络中性内容的频率	相关系数	1.000	0.289**
		显著性（双尾）	—	0.000
		个数	172	172
	对高中生谈恋爱时发生性行为的态度	相关系数	0.289**	1.000
		显著性（双尾）	0.000	—
		个数	172	172

注：*代表显著；**代表非常显著。

但是由表2.33可以看出，由皮尔森分析得知，网络中接触性内容的频率与高中生谈恋爱发生性行为的态度两个变量之间相关系数为0.289，将两个变量转换为有序变量后所求出的等级相关系数也有0.277，且显著性=0.000，达到非常显著水平，表示青少年女性在网络中接触性内容越多，对高中时期发生性行为越支持，两者呈现正相关性。可以看出青少年女性对他人发生性行为的态度，与对自己发生性行为的预期存在较大差异性。

表2.34　　上网时间、接触网络性内容的频率、社交网络
使用情况与对自己发生性行为的预期相关性

相关性		上网时间与接触性内容后自己发生性行为的预期	接触网络中性内容的频率与接触性内容后自己发生性行为的预期	社交网络使用情况与对自己发生性行为的预期
等级相关系数	相关系数	0.071	0.03	−0.085
	显著性（双尾）	0.212	0.65	0.179
	个数	172	172	172
秩相关系数	相关系数	0.097	0.035	−0.103
	显著性（双尾）	0.206	0.647	0.18
	个数	172	172	172

表2.34可以发现，上网时间与接触性内容后自己发生性行为的预

期之间并不存在显著的相关性，假设 4a 无法得到证实。接触网络性内容的频率与接触性内容后自己发生性行为的预期并没有显著的相关性，因此假设 4c 难以得到证实。社交网络使用情况与青少年女性对自己接触网络性内容后发生性行为的预期之间也不存在显著相关性，因此假设 4d 不能证实。可见，上网时间、接触性内容的频率、社交网络使用情况对青少年女性性行为倾向的影响不显著。

表 2.35　　　　　　　　　　　　**模式摘要**

模式	R	R 平方	调整后的 R 平方	估计的标准误
1	0.169[a]	0.029	0.005	2.55156

a. 预测变量：接触网络中性内容的多样性，接触网络中性内容的频率，每天上网时间，社交媒体使用情况

表 2.36　　　　　　　　　　　　**变异数分析**[b]

模式		平方和	自由度	平均平方和	F 检验	显著性
1	回归	32.077	4	8.019	1.232	0.299[a]
	残差	1087.243	167	6.510		
	总和	1119.320	171			

a. 预测变量：接触网络中性内容的多样性，接触网络中性内容的频率，每天上网时间，社交媒体使用情况；b. 依变量：对自己发生性行为的预期

表 2.37　　　　　　　　　　　　**系数**[a]

模式		为标准化系数		标准化系数	t	显著性
		B 之估计值	标准误	Beta		
1	（常数）	9.877	1.651		5.983	0.000
	每天上网时间	−0.047	0.066	−0.062	−0.706	0.481
	社交媒体使用情况	−0.342	0.397	−0.079	−0.860	0.391
	接触网络中性内容的频率	−0.223	0.439	−0.043	508	0.612
	接触网络中性内容的多样性	300	0.171	0.152	1.748	0.082

a. 依变量：对自己发生性行为的预期

由表 2.35、表 2.36、表 2.37 可以看出，以接触网络中性内容的多

样性、接触网络中性内容的频率、每天上网时间、网络依赖度、社交网络使用情况来预测青少年女性对自己发生性行为的预期做简单回归分析。从数据结果中可以看出，R^2 提供回归变异分析量的解释情况，显示以这几个变量来预测青少年女性的性行为倾向情况只有 2.9% 的解释力，$F = 1.232$，$p = 0.299$，显示该解释不具有统计学上的显著意义。具体来看，接触网络中性内容的多样性与对自己的性行为的预期呈正相关性。但 $t = 1.748$，$p = 0.082$，相关性并不够显著。4a、4c、4d 并不具备统计学上的显著意义，无法得到证实。上网时间、性内容接触频率、社交网络使用情况等对性行为倾向程度的影响不显著。

3. 访谈结果讨论

对性内容接触与性行为倾向方面的访谈主要包括贞操观和责任意识。主要包括"你怎么看早恋时发生性关系这件事？""你怎么看待女性在婚前发生性行为？""你认为性应该为婚姻而保留吗？你怎么看待性与婚姻的关系？""你能描述一下自己的贞操观吗？""高中生谈恋爱发生亲密性关系，男生需要负责吗？您有何看法和主张？"

（1）摇摆：开放的心态与传统观念的钳制

在访谈中，我们发现青少年女性对性的态度处于一种矛盾状态。一方面，青少年女性仍旧摆脱不了传统观念的影响，特别是畏惧社会谴责和道德审判，害怕被别人当笑话说。另一方面，受过良好教育的青少年女性，思想独立，充满个性，认可和追求性的开放，性的态度逐渐开放。尽管传统观念对青少年女性性态度的影响正逐渐弱化，但是某些方面的影响仍然根深蒂固，比如对"过早性行为"和"滥交"的否定，女性贞操的重要性等。

高中生 C 表示："我觉得，女性的贞操观变化不大，只有少数人对性比较放任。如果女生要嫁入一个好一点的家庭的话，就必须在意这个。跟朋友谈到性的时候，也都会说这种行为还是在婚后比较好。"受访高中生 A 表示，"我妈跟我说过，我们家都很正派，我是她的第一胎，女孩要自尊自爱，就这样，我一直把发生性关系当作禁忌，我希望能够保留到洞房花烛夜吧。"

初高中学生早恋，早已不算校园里的新鲜事。对于早恋，受访者都表示可以接受，而且他们还认为恋爱是一个人成长所必需的，只是中学生谈恋爱，正值学业忙碌的时期而已。但是对待高中生发生性行为的态度上，就相对保守许多。

高中生 B 说："我觉得身边很多同学的恋爱都是从中学开始的，初中时很多都已经有男女朋友了。要是高中了还没交过男朋友的话，就会被看作像是书呆子一样。社会发展太快了，是社会让我们过早地接触了这些、知道这些。如果家长极力反对早恋，就太盲目了。他们总说我们耽误学业，做错了，但是自己不去体验，哪里知道对错。而且，要交过男朋友之后，才能知道想要找什么样的丈夫，这也是成长啊。"

大学生 a 表示："我觉得，有些女生不自尊自爱，觉得缺了男人就不行。（那你是否定高中生发生性关系？）不是，这取决于具体情况。比如说有个学生大半夜出去喝醉酒，发生了这种行为，自己不检点，自身有问题。但是如果两个人好到一定程度，无法控制自己的时候，设身处地地站在他们的角度想，我觉得是可以原谅的。"

大学生 d 说："我觉得家长坚决反对的态度不好。他们没有站在我们的角度去考虑问题，两个人在一起也可以不耽误学习，反而很有学习劲头。"但是她对高中生发生性行为持否定的态度，谈到为何要坚持女性贞操观时，她认为："关键是，现在的中国男性对女性的贞操是看得很重的。比如现在富豪花几百万元来招亲一个处女，他其实对这个很看重。如果说，在高中，你就与异性发生了性关系，但是他又不是你的最后那个人，终结者。也许你最终的那一半，也许在意，也许不在意。但是如果他在意的话，就很影响夫妻生活。我以前看过一个报道分析家暴的原因。一个男人娶到的妻子不是处女，结果每次他和妻子在一起的时候，他就感觉妻子不是完全属于他的，所以他就经常虐待妻子。但是如果大家都不在意，就不会有问题。如果男人并不在意我和别人曾经发生过肉体关系，那我觉得谁都没有负担了。"社会观念的影响，促使女生对性持有谨慎态度，一旦发生了性行为，就希望男生能负责到底。

访谈的内容正好验证了量化分析的结果，即上网时间、网络依赖度、性内容接触频率、社交网络使用情况等对性行为倾向程度的影响不大。对青少年女性性行为倾向影响最大的，在她们自己眼中还是社会观念。

（2）易变的性态度

尽管青少年女性表现出一种遵照社会观念的保守态度，但是她们的性态度是易变的。青少年在没有形成稳定的价值观前，媒体中的一条性内容可能影响到他们的看法和态度，特别是受访青少年女性讲到自己看的某个电影中有色情桥段，拍得唯美还是粗糙，她们给出的评价就截然不同。她们还喜欢援引自己看过的某些讲述情爱的"名言警句"或是了解的某个爱情故事，来阐述自己的观点。

受访者 c 认为自己在学生时代不会发生性行为，但是她对性持有较为开放的态度。她引述了网上流传的一个说法，"一旦发生了性关系，女生也不要认为自己是受害者，因为女生也得到一种机会，因为性关系是让双方都比较愉快的"。这是这位女生从网上看到的比较开放的观点，在接触到这个观点后她自己也持这种观点，认为即使学生时代发生了性行为，男生也不需要负责。大学生 a 讲到自己从网上看到的一个案例，并阐述了自己对被"包养"者的态度。案例大体是：一个女性被男性包养，最后怀孕了，她想跟这名男性在一起，要领证，但是男的并不会放弃他的家庭，最后他在精神压力下，就杀死了这名女性。受访者 a 觉得这名女性很可怜，男的很活该。从这个故事里，她领悟到女性被包养也值得尊重，这影响到了她对"二奶"的态度，她说对待"二奶"问题，仇恨是不对的。现在网络中讲到两性情感纠纷的故事很多，但是值得警惕的是，一个案例就可能影响到了这名女生对待"二奶"的态度。恰巧这个案例中，被包养的人是个受害者，受访者 a 对她充满了同情与理解，并将这种认识积攒起来，转移到对整个被包养女性的态度上。

青少年女性处于青春期，往往心智未成熟，观念易变化，因而更容易受到外界环境的影响，产生认知的混乱。特别表现在，当她们偶尔接触到一些言论时，缺乏辩证思维，容易偏信某一个观点。这一阶段，青少年女性对待性行为的态度也正处于塑造期，可见媒体中的信息对她们的影响很大，因为她们容易把个别的当作整体的，缺乏辩证思维。正是因为这个原因，我们才强调，要注重网络中信息的质量，要加强对青少年女性性态度的合理引导。

四 结论和策略建议

（一）研究结论

1. 上网时间影响到网络性内容接触度

受访青少年女性每天上网时长集中在 6 小时及以内，占比达 86.6%，每天上网 2—4 小时为最高峰。网络已经深入到青少年女性的日常生活中，特别是随着智能手机的发展，青少年女性"触网"非常便利。这些受访青少年女性中，67.4%的人在上网时偶尔接触到性内容，30.8%的青少年女性经常接触到网络性内容，只有1.2%的女性在上网时从未接触过性内容。这表明青少年女性几乎都接触过网络环境中存在的大量性内容。通过对青少年女性接触性内容形式的分析，发现受访青少年女性在网络中平均接触过近4种性内容形式。其中接触最多的是拥抱、接吻，最少的是变态性行为，但是受访青少年女性中超过一半接触过网络中的变态性行为信息。

通过数据分析发现，上网时间和接触网络中的性内容的频率、表现形式的多样性之间存在正相关关系。上网时间越多的人，接触性内容的次数更多，接触性内容的形式也越多样。因此，可以说不约束青少年女性的上网时间，可以令她们接触更多的性内容。但是这个结论的前提是，网络中确实存在大量性内容，如果能净化网络环境，那才是从根源上让青少年女性少接触网络中性内容的有效方法。

访谈结果对量化分析进行了补充。访谈中发现，网络中的性内容以文字、图片、视频等多种形式存在，受访青少年女性在上网时接触到网络性内容的方式也多种多样。网络游戏、网络小说、网络视频、网络新闻等成为青少年女性接触网络性内容的"重灾区"，而这些网络活动也是青少年女性经常参与的，由此提醒我们洁净网络内容，需要重点打击，特别是青少年女性经常参与的网络活动充斥着色情或者泛性化的内容。

2. 青少年女性性知识状况及网络性内容对其影响力

调查结果显示，青少年女性对性知识各个方面了解程度不同。对自身生殖器官发育的认知准确率达到69.2%，调查对象对性传染病的认知准确率达到92.4%，对正确避孕的认知只有56.4%，对未成年人发生性关系相关法律的认知准确率达到72.7%。这也表明，网络性知识尽管海量且丰富，但青少年女性并没有借助这一平台形成全面、准确的性知识。

上网时间、接触网络中的性内容的多样性、频率与青少年女性的性知识得分之间并不存在显著关系。社交网络使用频率和性知识得分呈负相关，但并不是非常显著。社交网络主要是用来进行日常的社会交往活动，社交网络使用频率越高，性知识得分越少，可能是因为性知识的沟通并不是日常社会交往的主要内容，从线下人际沟通到网上人际沟通，对于性知识的谈论都比较少，性在人们眼中仍然是禁忌或者羞于谈论的事情。青少年女性并不能借助社交网络这一人际交往平台，学习和了解到更多的性知识。

通过简单归因分析，上网时间、接触网络中的性内容的多样性、频率与青少年女性的性知识得分、社交网络使用情况对青少年女性性知识得分情况的解释力只有2%，可见，上网时间、接触网络中的性内容的多样性、频率与青少年女性的性知识得分、社交网络使用情况这几个因素对青少年女性性知识的认知情况影响很小。

这一部分访谈结论，辅助证实了量化分析的结论。即青少年女性并没有充分借助网络这一平台了解到更加全面的性知识。她们从网络中了解到的性知识偏重性行为具体细节，而忽视性知识的其他方面。访谈中发现，有一半的受访者认为自己获取性知识主要依赖学校教育。这也启示我们，学校应该重视性教育问题，而不是以生理课、生物课等来简单敷衍。

3. 青少年女性性情感状况及网络性内容对其影响力

青少年女性的性情感波动程度得分较低，表明受访青少年女性在接触网络中性内容后，情感波动不大。64%的青少年女性对网络中女性裸露照片的态度感到厌恶，有22.1%的女性表示对照片感到麻木。当青少年女性面对网络中的色情信息与现实道德规范有所冲突时，一半以上的青少年女性能够以现实道德为标准加以评价，而仍有34.3%的青少年女性对道德持否定或者无所谓的态度。在对"援交"行为的评价上，75.5%的青少年女性对"援交"持否定态度，只有9.3%的青少年女性对援交持肯定态度，其中8.1%的青少年女性认为援交也是自食其力的一种。可见，受访青少年女性对网络中不道德性行为的道德评价，以否定为主。受访青少年女性对影视剧中吻戏床戏的态度上，47.4%的青少年女性认为是很平常的事情，可见对影视剧中的床戏、吻戏接近一半的人早已司空见惯，在接受程度之内。

通过相关性分析发现，上网时间与青少年女性性情感波动程度之间呈现显著负相关。这可能是上网时间越多的人，对网络中出现的各种性内容接触的也较多，情感受到它的影响也会逐渐减小。此外，上网时间还与网络性内容的道德评价呈现正相关，当网络中的色情信息与现实中的道德规范发生冲突时，上网时间越长的人，对现实生活中的相关道德规范越淡漠，越认同网络中的性内容。

网络中性内容的多样性、接触网络中性内容的频率、社交网络的使用情况与性情感波动程度、对性内容的道德评价之间并不存在显著的相关性。通过简单回归分析发现，接触网络中性内容的多样性、接触网络中性内容的频率、每天上网时间、网络依赖度、社交网络使用情况对青少年性情感波动程度、对网络中性内容的道德评价进行预测，解释力只有约6%，可见，接触网络中性内容的多样性、接触网络中性内容的频率、每天上网时间、网络依赖度、社交网络使用情况对青少年性情感波动程度和对网络中性内容的道德评价影响较小。

访谈发现，青少年女性一改过去老观念中对"二奶""小三"极端痛恨的态度，而是以包容和尊重的态度对待女性的商品化。在一定程度上，她们淡化了婚姻对性的意义，而强调了性与情感的关系，性与女性权利的关系。从这个意义上讲，青少年女性的性态度比过去更加开放。量化分析结果显示只有34%的青少年女性不在乎性行为是否合乎道德，而实际上，具体到"二奶""小三"问题上，受访青少年女性几乎都持有理解和包容的态度。

受访青少年女性对待网络性内容的情感反应经过一个从不安到麻木的过程，网络中的性内容以一种令人不安甚至恐惧的姿态走入青少年女性的视野，容易给她们带来负面影响，这就启示我们与其让性以一种令其不安的方式走进青少年女性的视野，倒不如提前做好性教育工作，避免网络中性内容对她们情感的伤害。

4. 青少年女性性行为倾向及网络性内容对其影响力

统计显示，受访的青少年女性认为同伴在接触网络中性内容后发生性行为的可能性要高于自己。这在一定程度上，验证了第三者效果的作用，即人们往往夸大了大众媒体内容对他人态度和行为的影响力，而认为媒体中的性内容对自己的性行为倾向的影响力要小于同伴。

在对他人发生性行为的态度上，受访青少年女性对高中谈恋爱的态度，69%的持中立态度，既不支持也不反对。但是对高中时发生性关系以否定为主。52.9%的青少年女性认为绝对不能发生性关系，而有47%的青少年女性认为在自愿基础上可以发生性关系。

网络中接触性内容的多样性和对自己发生性行为的预期呈正相关，

秩相关系数为 0.153，显著性 = 0.045，接触网络中性内容的形式越多，对自己发生性行为的预期越高，因此假设 4b 得到证实，接触网络中性行为的多样性和自己发生性行为的预期之间呈正相关。

接触网络性内容的频率与自己发生性关系的频率并没有显著的相关性。但是具体到对其他人发生性行为的态度上，则呈现正相关。数据显示，青少年女性在网络中接触性内容越多，对高中时期发生性行为越支持，两者呈现正相关性。可以看出青少年女性对他人发生性行为的态度，与对自己发生性行为的预期存在较大差异性。

上网时间、社交网络使用情况与青少年女性对自己性行为的预期之间不存在显著相关性。通过简单归因分析发现，用接触网络中性内容的多样性、接触网络中性内容的频率、每天上网时间、社交网络使用情况来预测青少年女性对自己发生性行为的预期，只有 3% 的解释力，可见网络因素对青少年性行为倾向的影响是较小的。

访谈结果显示，青少年女性的贞操观在传统观念和现代女权主义的影响下整体趋于遵照社会观念的保守态度，但是仍然存在摇摆的状态。青少年女性一方面惧怕自己因为性方面的失足遭受社会谴责和道德审判；另一方面又渴望性生活能够变为女性的一种普通权利。在开放和传统中，受访青少年女性的性态度也摇摆不定。

青少年女性思想尚未成熟，她们对待性的态度也极容易摇摆和变化，很容易受到影响，缺乏思辨能力，比如某个电影中有色情桥段，拍得唯美还是粗糙，她们对其中性行为给出的评价就截然不同，网络中的性内容参与塑造着她们的性态度。因此启发我们要注重网络中信息的质量，关注她们所接触到的媒介信息，给予积极正面的引导。

青少年女性的性态度包括性知识、性情感、性行为倾向三个方面，网络性内容对这三个方面的影响都较小，只有个别因素对其产生的影响比较显著。可见，网络使用和网络性内容接触对青少年女性性知识、性态度和性行为倾向影响较小，只有上网时间与性情感，接触网络中性行为的多样性与自己发生性行为的预期相关性显著。

因此，我们不能过分夸大网络性内容对青少年女性性态度的影响力，也不能忽视个别因素的作用。对青少年女性的上网时间进行适当约束，尽量净化网络环境，给青少年女性提供一个更加健康洁净的网络环境是比较有效而合适的做法。

（二）策略建议

1. 净化网络环境

通过对网络性内容对青少年女性性态度影响力分析，可以发现网络性内容对性态度三个方面的影响都较小，只有个别因素对其产生的影响比较显著。调查发现，上网时间与接触性内容的频率、接触性内容的多样性呈显著正相关，因此需要对青少年女性的上网时间进行合理约束，防止青少年女性对网络形成过度依赖。

我们不能过分夸大网络性内容对青少年女性性态度的影响，不能因为害怕网络中存在的一些性内容就强迫青少年女性远离网络，不能因噎废食，而是要釜底抽薪，最好的方式是净化网络环境，既保障青少年女性对网络的使用，又能消除社会的担忧。

目前中国对网络中性内容的打击主要集中在对网络色情的整治，除了法律约束外，还可以通过技术手段来保护青少年。世界上其他国家也非常重视净化网络环境，英国就在 2012 年 12 月 31 日推出了"网络过滤系统"，帮助儿童远离网络色情的侵害，互联网用户打开计算机时，会自动弹出一个窗口询问家里是否有未成年人，如果有的话，用户可以设置这个"网络过滤系统"，以此来阻止某些网络性内容或者色情网址的访问，这为我国提高网络过滤能力提供了借鉴。目前，国内 360 桌面软件带有儿童模式，打开儿童模式后，都是适合儿童接触的动漫、动画、卡通图片等，但是这样的儿童模式只适合十岁以下的孩子使用，步入初中后，这些卡通内容就不合适了。因此随着技术发展，我们需要开发出更加专业性的系统软件，以适合不同年龄段的青少年。此外，仅凭一个企业的力量是有限的，还需要政府、学校和家长相配合，共同为青少年学生提供一个洁净健康的网络环境。

同时，洁净网络性内容，还需要重点整治青少年女性经常参与的网络活动，比如访谈中提到比较多的网络游戏、网络小说、网络视频、网络新闻等。

2. 重视早期性教育

调查显示青少年女性首次接触网络性内容时往往不安，甚至恐惧，但如果她们在网络中接触性内容之前已经有了正确的性认知的话，就能够控制和转化这种情绪。与其让性以一种令人不安的方式走进青少年女性的视野，倒不如提前做好性教育工作，避免网络中性内容对她们情感的第一次伤害。此外，在访谈中发现，有一半的受访者认为自己获取性知识主要依赖学校教育。这也启示我们，学校是性教育的重要场所，学校应该重视青少年女性的性教育，而不仅仅以生理课、生物课等来敷衍。

早期性教育的好坏影响到孩子一生的性观念和性态度。学校有必要加强学生的性教育，针对目前孩子的发育提前的现状，促进性教育从初中向小学提前，在教育中让孩子懂得性是一件正大光明的事情，为他们最终成长为一个正常、健康的成年人奠定基础。

目前，中国学校的性教育已经取得了很大进展。2004 年时，中国第一部高中性教育教材进入了黑龙江课堂；2004 年，第一部涵盖小学高年级和初高中的性教育系列教材在广西出版发行；2010 年，《珍爱生命——小学生性健康教育读本》开始在北京部分民办打工子弟学校试用。但是，目前的性教育进入小学仍然有很大阻力，性教育读本进入小学课程也引起家长的质疑。

但是从研究中我们发现，性教育应当提早，不能等到学生在网络中接触到了不良性内容，甚至由此受到惊吓之后再进行，那样就太晚了。性教育提前，最重要的是教育方式要改善，比如采用漫画的形式，比较易懂。性教育的内容上，也应当尽量全面，既包括性生理发育情况，还应包括心理、社会性别角色、行为交往、法律道德等方面的内容。

同时，性教育不仅需要学校开设课程，还需要家庭和社会的配合，特别是增强学生与家长就性话题的互动，比如学校给学生布置作业询问父母怀孕时是否会呕吐、是否被母乳喂养等问题，这些问题就可以让孩子了解女性的生育知识，而且也摆脱了父母之间性话题交流的尴尬。

3. 重视青少年女性性态度的监督和疏导

调查发现，青少年女性对他人发生性行为的预期要高于自己，而且与自己是否发生过性行为也存在较大差异性。可见，青少年女性性态度往往是自认为比实际的保守一些。研究还发现，青少年女性的性态度容易改变。这就启发我们要关注青少年女性在成长阶段所接触到的媒介信息，并对性态度给予积极正面的引导。要多推荐给她们正面的积极的观念和思想，潜移默化地帮她们形成正确的性态度。而负起监督和疏导责任的，最合适的就是家长。

在访谈中发现，在性教育问题上，家长做得还远远不够。家长跟孩子讲性问题，总是难以启齿，缺乏与孩子的交流。尽管如此，他们仍然坚信自己的孩子不会随随便便放任自己，对孩子的性态度充满信心。而孩子在遇到困惑时，也羞于同父母讲，只好询问同学或者是自己搜索找寻答案。与此截然不同的是，美国的家长会变通方式来监督和教育孩子，比如她们拿孩子的玩具熊来告诉孩子动物有性别之分就像人一样，动物有性器官构造人也会有等，她们从幼儿时期就重视对孩子的性别教育。家长不妨也换个思路，在合适的场合，变通方法，减轻尴尬，跟孩子讲讲性的知识。

中国的家长，除了羞于跟孩子讲性的问题，还为防止孩子上网接触不良信息采取"堵"的方式。通常管束越严厉，孩子越好奇，更加会采用一种令家长意想不到的方式来应对。"打开天窗说亮话"，进行沟通和疏导，才是最好的选择。青少年女性的性态度往往多变，而且极容易受到环境影响，应对这一点，家长就更加需要重视孩子在各阶段的性态度，一旦发现过于放纵的态度，就可以进行适当疏导，防患于未然。

第二节　社会距离与第三者效果——中学生网络色情传播效果分析

本研究在网络情景下分析了中学生及家长在社会水平距离与垂直距离方面的第三者效果，发现在水平距离上，第三者效果作用明显。垂直距离对于第三者效果的影响要受到很多因素的制约，最主要的就是个体垂直距离主观感受强度会影响第三者效果。

一　研究背景

在目前对互联网色情犹如过街老鼠一片喊打的声音中，不由得让我们想起 20 世纪 70 年代互联网刚刚诞生的时候，人们对于这种新媒介的美好憧憬，正如麦克卢汉描述的那样："电脑（网络）预示了这样一个前景：技术产生的普世理解和同一，对宇宙理性的浓厚兴趣。这种状况可以把人类大家庭结为一体，开创永恒的和谐和和平。"[①]

---

① ［加］埃里克·麦克卢汉、弗兰克·秦格龙编：《麦克卢汉精粹》，何道宽译，南京大学出版社 2000 年版，第 301 页。

"一种媒介造就一种环境，它完全改变了我们的感知生活。"① 为什么这种新生活才开始了几十年的时间，我们就有如此强烈的反应。法国学者吕西安·斯费兹认为，"那一时期人们对互联网的梦想是出于一种对信息科学的狂热，而到了 21 世纪有关互联网的长篇大论都变成了邪气的肥皂泡"。②

除了这些解释之外，是否还能够有其他的解释呢，这里面是否存在人们在社会认知中的一种偏差呢？很多学者都尝试从第三者效果的角度来分析。"人们日益认识到信息的特性、社会距离、个性特征、文化差异等诸多因素都会影响到第三者效果的产生。"③ 该研究的主要研究对象是传统媒介环境，而针对网络情境下的社会距离与第三者效果实证研究，还并没有涉及，但是国内已有学者关注到了网络情境下"人口变量和网络使用的自我效能感对第三者效果的影响，发现了教育程度与第三者效果的指标存在显著相关"。④ 而此项研究只是涉及社会距离变量中的一个指标，因此为了更加系统地认识网络情境下社会距离对于第三者效果的影响问题，我们把社会距离分成水平和垂直两个方面，分别进行分析，因为"由性别差异引起的传播效果的差异，在传统媒体中已经被研究者证实"。⑤ 但是在网络媒介中这一结论并没有得到验证，因此我们也把性别变量放了垂直距离这一维度上，"性别变量"⑥ 能否作为体现社会距离的因素在卢国显的博士论文中得到了明确的回答，因此我们所研究的社会垂直距离纬度就包括三个变量，即教育程度、经济收入、性别。另外我们把地域的远近、亲疏的远近设置成衡量水平距离的变量。

美国学者派乐福在 1996 年就指出，"社会距离是一复合变量，它包

---

① ［加］马歇尔·麦克卢汉：《麦克卢汉如是说——理解我》，何道宽译，中国人民大学出版社 2006 年版，第 62 页。

② ［法］吕西安·斯费兹：《传播》，朱振明译，中国传媒大学出版社 2007 年版，第 2—3 页。

③ 王正祥：《农民工负面报道的第三人效果研究》，《青年研究》2007 年第 6 期。

④ 周裕琼、潘晓慧、严丽娜：《第三者效果与网络不良信息管理》，《国际新闻界》2007 年第 7 期。

⑤ 郑素侠：《网络环境中的第三人效果：社会距离与认知偏差》，《新闻大学》2008 年第 1 期。

⑥ 卢国显：《北京市农民工与市民之间社会距离的实证研究》，博士学位论文，中国人民大学，2003 年，第 170 页。

含人们感受到的相似、相近、认同感"。① 按照甘惜分对于社会距离的定义："社会成员中，由经济、政治地位造成的社会距离，称为垂直距离；由交往疏密造成的社会距离，称为水平距离。"② 因此我们认为社会经济地位变量（教育程度、经济收入）、性别变量影响着人们的垂直社会距离，是一种主观感受的等级；而社会接触等级则是一种水平距离。帕克认为水平距离就是一种扩张和缩小的态度，而垂直距离就是具有地位差别的优越感和自卑感，是一种个人的主观感受。③

目前国内进行的有关第三者效果的研究，调查对象大都是大学生或者成人，而在本研究中的调查对象是中学生，是未成年人，这有利于我们从更宽泛的意义上认识第三者效果。

二 研究方法与研究设计

（一）调查及问卷测试方法

我们共调查了北京两所及长沙四所中学，对学生及家长发放了问卷。这些中学生及他们的家长共同构成了一个样本。学生问卷共发放了402 份，收回了394 份（98%）。其中，女性占55.33%（$n = 218$），男性占44.67%（$n = 176$）。家长问卷收回332 份（83%）。收回的问卷中，女性占58.13%（$n = 193$），男性占41.87%（$n = 139$）。

（二）研究变量

第三者效果（对自己/负面影响的认知）贡特尔（1995）采用对异性的态度、性态度、性行为、性知识、道德观念等题项以测量网络色情对受访者自己及他人影响的认知。④

本研究采用三个7 分制的问题（－3 为最低分，3 为最高分）对以上7 项进行测量：－3 表示与以前相比对异性更没兴趣；错误的性知识大大减少；性态度更为保守；更不能接受同龄人牵手、拥抱的行为（异性）；更不能接受同龄人接吻的行为（异性）；更不能接受婚前性行为；

---

① Perloff A. M. , *The Third - Person Effect*: *Critical Review and Synthesis*, Media Psychology, 1999, pp. 353 -378.

② 甘惜分：《新闻学大辞典》，河南人民出版社1993 年版。

③ Robert E. Park and Ernest W. Burgess, *Introduction to the Science of Sociology Including the O-riginal Index to Basic Sociological Concepts* , The University of Chicago Press , 1969, pp. 100 -111.

④ Gunther A. C. , "Overrating the X - Rating: The Third - Person Perception and Support for Censorship of Pornography", *Journal of Communication*, 1995, pp. 27 -38.

道德水平下降。相对地，3 表示与以前相比对异性更有兴趣；错误的性知识大大增加；性态度更为开放；更能接受同龄人牵手、拥抱的行为（异性）；更能接受同龄人接吻的行为（异性）；更能接受婚前性行为；道德水平提高。数值的大小表示变化的程度，0 代表没有变化。

为了考察社会距离变量在第三者效果中的作用，本问卷中除了有水平社会距离的问题以外，还有"男生是否更容易受网络黄色信息的影响"；"女生是否更容易受网络黄色信息的影响"；"男女生受网络黄色信息影响的可能性是否一样大"。类似的还有针对家庭经济收入和家长教育程度的，这些属性是从不同方面反映社会垂直距离的。

（三）研究假设

假设 1a：学生会认为他们自己比他们的同学和其他学校的学生受网络色情的影响小。

假设 1b：家长会认为他们的孩子比孩子的同学和其他学校的学生受网络色情的影响小。

假设 2a：学生会认为他们的同学比其他学校的同学受网络色情的影响小。

假设 2b：家长会认为他们孩子的同学比其他学校的同学受网络色情的影响小。

假设 3a：女生会认为男生更容易受到网络色情的影响。

假设 3b：女生家长会认为男生更容易受到网络色情的影响。

假设 4a：家庭收入较低的学生会认为家庭收入较高的更容易受到网络色情的影响。

假设 4b：家庭收入较低的家长会认为家庭收入较高的学生更容易受到网络色情的影响。

假设 5a：父母受教育程度高的学生会认为父母受教育程度低的学生更容易受到网络色情的影响。

假设 5b：教育程度高的家长会认为父母受教育程度低的学生更容易受到网络色情的影响。

三　数据分析——关于第三者效果的假设检验

假设检验的方法

本书的数据分析由 SPSS15.0 执行。

表2.38　　家长－孩子对网络色情对自己（自己的孩子）同学
（孩子的同学）以及其他学校学生影响的描述统计

	青少年样本 N = 391					
	自己		同学		其他学校的学生	
	M	SD	M	SD	M	SD
对异性的兴趣	0.27	1.28	1.19	1.19	1.39	1.20
错误的性知识	− 0.22	1.33	0.41	1.45	0.61	1.53
性态度	0.28	1.33	1.06	1.27	1.28	1.27
对同龄人牵手、拥抱的行为（异性）	0.63	1.45	1.31	1.27	1.49	1.23
对同龄人接吻的行为（异性）	0.24	1.61	0.14	1.32	1.4	1.3
对婚前性行为	− 0.12	1.72	0.71	1.42	0.91	1.44
道德水平	− 0.2	1.45	− 0.64	1.36	− 0.86	1.51
综合负面影响	0.19	1.34	0.93	1.30	1.15	1.36
	家长样本 N = 332					
	自己的孩子		孩子的同学		其他学校的学生	
	M	SD	M	SD	M	SD
对异性的兴趣	0.29	1.26	1.11	1.23	1.29	1.29
错误的性知识	0.56	1.33	0.92	1.3	1.1	1.47
性态度	0.28	1.28	1.00	1.27	1.37	1.19
对同龄人牵手、拥抱的行为（异性）	0.74	1.38	1.1	1.22	1.4	1.34
对同龄人接吻的行为（异性）	0.50	1.55	0.94	1.3	1.38	1.29
对婚前性行为	0.21	1.54	0.70	1.48	0.99	1.44
道德水平	− 0.18	1.48	− 0.64	1.5	− 0.88	1.64
综合负面影响	0.52	1.32	0.92	1.35	1.20	1.48

说明：M 为均值；SD 为标准差。均值数值越大，说明受网络色情影响越大。

假设 1a 和 1b 的检验：受访者倾向于认为网络色情对自己或自己的孩子不论是在性态度，还是对同龄异性牵手、拥抱乃至婚前性行为方面对自己的影响显著小于对同学的影响（t = 4.25，p < 0.0001，df = 394），并且还比其他学校的学生小（t = 24.31，p < 0.0001，df = 393）。在家长样本里也有类似的发现，被调查者认为网络色情对自己孩子的影响显著小于对孩子同学的影响（t = 10.50，p < 0.0001，df = 331），同样地，还比其他学校的学生小（t = 17.84，p < 0.0001，df = 335）。但在同龄人接吻行为影响方面青少年样本出现了奇异数据，学生认为网络色情对接吻行为的影响对自己的影响大于对同学的影响，而小于对其他学校学生的影响（M 值分别为 0.24、0.14、1.4），在道德水平影响方面学生认为对自己的影响很小，而对同学以及其他学校的学生影响大（M 值分别为 -0.2、-0.64、-0.86 负值代表影响小）。从数据来看虽然出现了奇异点，但从小到大的趋势却没有改变，因此从总体上看并没有影响第三者效果的体现。之所以出现这种情况可能是由于问卷中的问题在这两个指标的区分度上不够清晰导致的，因为在七个指标中只有这两个指标出现此问题，而且还是位于问卷的末尾，因此也有可能是由于被调查者的疲惫效应导致的。在道德水平影响方面，家长样本里出现了奇异数据（M 值分别为 -0.18、-0.64、-0.88，负值代表影响小）。但是这组数据和学生的有所区别，青少年样本体现的是第三者效果，而在家长样本里则体现的是第一者效果。这种差异可能是由于对道德水平问题的理解差异导致的，学生更多地从负面理解，而家长则更多地从正面理解。

从总体上看，网络色情对他人和自己或自己孩子的负面影响的认知差别得以证实，因此假设 1a 和 1b 成立。

假设 2a 和 2b 的检验：学生受访者认为网络色情对同学的影响也显著小于对其他学校的学生（t = 21.06，p < 0.0001，df = 390）。家长同样也认为网络色情对自己孩子的同学的负面影响小于对其他学校的学生（t = 22.54，p < 0.0001，df = 334）。因此，假设 2a 及 2b 也得到证据支持。

对于社会距离的进一步检验的数据参看表 2.39。具体检验的方法，运用独立样本 t 检验性别，利用单因素方差分析（ANOVA）检验教育程度、家庭收入在影响估计上的差异。

表 2.39　　　性别、经济收入、教育程度对负面影响的描述性统计

	青少年样本						家长样本					
	M	SD	M	SD	M	SD	M	SD	M	SD	M	SD
	男性受访者		女性受访者				男生家长		女生家长			
性别	0.52	0.57	0.72	0.46			0.26	0.51	0.24	0.50		
	家庭低收入		中等家庭		高收入家庭		家庭低收入		中等家庭		高收入家庭	
家庭收入	−0.34	0.35	0.11	0.40	0.27	0.55	−0.14	0.35	0.09	0.48	0.06	0.42
	低学历		中等学历		高学历		低学历		中等学历		高学历	
教育程度	0.17	0.41	0.23	0.53	0.38	0.55	0.17	0.41	0.17	0.47	0.30	0.55

注释：M：均值；SD：标准差。均值数值越大，说明受网络色情影响越大。

　　假设 3a 及 3b 的检验：学生受访者在关于性别的问题上，表现出了我群保护倾向（t = 3.94，p < 0.001，N = 335）。但是，家长样本在性别这一点上却没有呈现我群保护倾向（t = −0.35，ns，N = 328），也就是说，男生的家长和女生的家长看待男生还是女生谁更容易受到网络色情影响方面，没有显著差异。因此 3a 得到证实，3b 没有得到证据支持。

　　假设 4a 及 4b 的检验：成绩好的学生受访者认为富裕家庭的孩子与贫困家庭的孩子相比更容易受到网络色情的负面影响 [F（390）= 5.96，p < 0.001]，假设 4a 在有限制条件下得到了支持。假设 4b 获得支持 [F（332）= 3.66，p < 0.05]。

　　假设 5a 及 5b 的检验：在关于家长学历与孩子受网络色情影响方面，学生样本没有表现出我群保护倾向，他们认为家长学历的高低与孩子对网络色情的抵御力大小没有必然关系 [F（395）= 1.61，ns]。然而，与学生样本完全不同的是，学历越低的家长受访者却并不认为孩子的家长受教育程度低，他们就更容易受到网络色情的负面影响，因此拒绝备择假设，接受原假设 [F（317）= 3.38，p < 0.05]。由此，假设 5a 未得到支持，假设 5b 被证实。

四　结论及启示

通过对在网络环境下中学生及家长进行的色情传播效果的调查，我

们发现在水平距离上，社会距离的第三者效果作用明显，受访者基本上都认为别人比自己或者自己孩子受网络色情的负面影响大。受访者觉得他们自己（自己的孩子）几乎不受网络色情影响，或只受一点点影响，他们同学（孩子的同学）受到的影响大一些，并且认为其他学校的学生对于网络色情的抵御能力最差。在我国台湾地区做的一项关于中学生的媒介素养调查也发现了同样的问题，总体发现中学生的媒介素养水平分数不高，他们也肯定有再加强的必要，但是却不认为自己需要学习。①

垂直距离方面，在研究中我们发现性别、经济收入、教育程度也是影响第三者效果的一种因素，但它对于第三者效果的影响要受到很多其他因素的制约，我们采用一般线性回归分析的方法分析性别、经济收入、教育程度变量在预测第三者效果方面表现是否显著。然而结果显示，除了网络色情接触程度变量（$b = 1.02$，$p < 0.05$），其他变量都不能预测第三者效果大小。这说明垂直距离对于第三者效果的影响要受很多其他因素的制约，比如说并不是所有被调查者都认为家庭经济收入高的相比家庭收入低的更容易受到网络色情的影响，而只有那些学习成绩好的被调查者有这样的感觉 [$F_{(390)} = 5.96$，$p < 0.001$]。再比如在教育程度方面，家长教育程度高的学生相比低的学生在网络色情传播的影响方面并没有出现第三者效果 [$F_{(395)} = 1.61$，ns]；反而在家长身上，在教育程度方面体现出第三者效果 [$F_{(317)} = 3.38$，$p < 0.05$]，这说明家长的学历在学生方面看来，它的认同感并不强，而家长在这方面认同感很强，所以体现出第三者效果。同样在性别方面，学生在这方面表现出第三者效果（$t = 3.94$，$p < 0.001$，$N = 335$），而家长却没有（$t = -0.35$，ns，$N = 328$），这说明学生和家长在性别的认同感方面存在差异，说明学生很注重性别差异，而家长由于年龄等方面的原因，这方面的认同感减弱。由此我们可以发现，"为了保护个人的群体认同及社会认同感，人们往往愿意给予与自己的社会属性越接近或相似的人，越多的正面积极的评价"②。而在社会垂直距离方面，主观的感受强度大小会影响第三者效果的体现。

---

① 饶淑梅：《国民中学实施电视素养课程之研究》，台湾师大公民训育研究所硕士学位论文，1995 年。

② Gunther A. C. , Mundy P. , "Biased Optimism and the Third - Person Effect", *Journalism Quarterly*, 1993, pp. 58 - 67.

　　通过这一研究案例，我们发现社会距离对于第三者效果影响显著，这是一种特殊的社会认知偏差。我们从第三者效果来解释对网络色情的批判，并不是要掩盖问题，而是要给大家一个新的角度来认识现阶段我们对网络色情的批判，我们要认识到人的社会认知是有缺陷的，而且这种认知偏差不但受社会交往的地域、亲近、疏远等因素影响，还会由于人的各种社会属性所导致的社会垂直距离而放大。

第三章　单向度视野下网络媒介泛性化特征及影响研究

第一节　网络媒介泛性化概论

英国传播学者丹尼斯·麦奎尔曾提出过一个媒介表现理论，在以公共利益为导向的价值取向下，主要以经验研究的方式来评估媒介表现，为制定媒介政策提供依据。在媒介评估体系中包括三个方面：媒介的内外部环境、媒介内容质量、受众评价。其中，媒介内容质量是评估媒介表现最重要和最直观的证据。在实际操作中，可以从三个维度进行评价：自由、平等和秩序，其中秩序维度主要关注的是媒介内容的品位和质量问题。[1]

在这里，测量和分析网络媒介在使用性题材上的表现亦可看成秩序维度中的品位和质量问题，而媒介内容的品位和质量又会对社会和文化层面的秩序产生影响。从这个意义上说，对于网络媒介性内容的内容分析、评价是评估网络媒介表现的一个方面。

另一个依托批判研究的媒介批评理论主要针对具体的媒体内容及其语境进行有价值倾向的解读与研究，它批评的对象也是媒体表现，但更侧重的是具体的新闻文本而非整体性的特征。[2] 这就如同内容分析中的质化研究，本研究也试图在经验性数据描述的同时对典型的性内容文本进行解读，以弥补纯粹描述性研究的不足，对数据背后的倾向和意义进行有价值倾向的分析和讨论。

从内容分析和受众调查的关系来说，本研究对于网络性内容的内容分析也是调查网络媒介泛性化对于青少年影响的一个前提条件。

---

[1] 刘海龙：《监测信息环境的质量：媒体表现的理论与测量》，《国际新闻界》2012 年第 7 期。

[2] 同上。

　　根据传播学者乔治·格伯纳在20世纪60年代提出的涵化理论，媒介环境对于人性、价值观以及文化方面的作用是长期的、潜移默化的。对于"培养理论"假说既有支持的，也不乏部分甚至全部否定的研究成果。但是到今天，真正给"培养理论"研究带来全新课题的是互联网的快速发展与普及。在这种媒介环境下，基于"培养理论"的假设是否还能成立，能否产生符合理论预想的效果，需要进一步地实证研究。在这种实证研究中，内容分析对于推断媒介与受众之间的因果关联是不可缺少的。回顾格伯纳的"培养理论"的创立也可以发现，对媒介内容系统的分析也是必不可少的。

　　因此不管是从麦奎尔的媒介表现理论、媒介批评理论，还是从格伯纳的文化培养论的角度来看，对于媒介内容的分析是我们认知其社会影响的一个重要因素，也是我们评判媒介环境质量的一项重要指标。

　　2014年4月13日，新华网发布了"打击网上淫秽色情信息专项行动"的公告，微博上共有7万人参与了此话题的讨论，从中可以看出媒介性内容是政府和民众都十分关注的问题。

　　近年来，青少年受网络不良信息影响的案例也确实屡见不鲜。我们经常能在网络上看到未成年少女一些不符合年龄特征的行为举止和"妆容"，对于这种情况社会通常会给她们贴上"早熟"的标签或简单地批评她们不道德、不理智、不负责任等，却忽略了她们这些行为常常是从网络上模仿学习得来的，同时她们发布在网上的信息又会成为更多未成年人模仿的来源。

　　因此无论是实际生活中我们所看到的青少年受性内容影响的真实案例，还是"打击网上淫秽色情信息"的政府行动，都说明网络媒介泛性化现象及其负面影响是确实存在的，而且在媒介和人之间会形成循环作用。媒介性内容分析的现实意义就在于了解媒介泛性化的状况，从而理性地看待青少年性价值观扭曲的行为，并采取措施引导青少年建立正确的、理性的性价值观。

一　主要概念梳理

　　本书最主要的一个概念是"泛性化"，在国内这个概念是陈勇在《"艳照门"事件与传媒泛性化的误区》一文中提出来的，说明的是现代媒介中性内容的泛滥和媒介加速性化的现象。潘绥铭教授在《性社会学》一书中也提到了"性化"概念，指生活中越来越多的事物被赋予性的含义，不仅包括情感生活与日常生活，还包括社会交往、经济行为、文化活动等。① 在国外也有相类似的词汇对应这个概念，prevalence of media sex、the sexualization of Western culture，指的是媒介性内容的普遍性和义化的性化倾向。

总之，可以看出，国内外学者都注意到也都提出了文化和媒介的性化问题。本节着重对国外有关"性化"现象的讨论进行梳理，以了解其内涵和外延。

近年来引起研究者兴趣的一个现象是，性的主流化趋势（mainstreaming sex）。在西方学者看来，西方文化正在性化。之所以用"主流化"和"性化"这两个词，是为了说明性在当今的西方文化中变得越来越流行，以及越来越重要。正如英国社会学家安东尼·吉登斯（Anthony Giddens）所说，现代社会中性意象在市场上几乎无处不在。②

在文化呈现性化现象的过程中，大众媒介起了推动作用。大众传媒是形塑和传播文化的一个主要渠道，当性成为媒体追捧和津津乐道的话题时，无形中就在不断提高大众和社会习俗对性的接受度和参与程度，使之成为文化中的一个部分，并成为文化的一个重要特征。这种文化的性化就是伴随着媒介上性内容的扩散而产生的。西方学者以"媒介性内容的普遍存在"来证明大众媒介的性化。文化和媒介的性化引起担扰的原因之一，是它对青少年尤其是青少年女性的影响。"洛丽塔效应"就是这种影响的一个表现，它促进了青少年女性在性方面的社会化进程，这种"性的社会化"就是文化性化、媒介性化所造成的人的性化，而人的性化和媒介的性化又反过来加速了文化的性化倾向（如图3.1所示）。

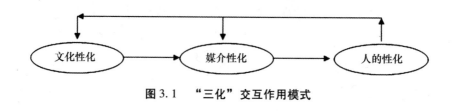

图 3.1   "三化"交互作用模式

---

① 潘绥铭、黄盈盈：《性社会学》，中国人民大学出版社 2011 年版，第 28 页。
② ［英］吉登斯：《亲密关系的变革：现代社会中的性、爱和爱欲》，陈永国、汪民安译，社会科学文献出版社 2001 年版，第 62 页。

总而言之，文化、媒介、人三者之间互相促成并加速了各自的性化，其中媒介的性化主要通过媒介性内容普遍存在、数量增多体现出来。

1. 西方文化的性化

许多人都认为英美等西方国家在性观念、性态度等方面比较开放。与"性"在中国似乎依然是洪水猛兽的社会态度相比，性在西方文化中明显具有更多的表现之处。这从西方艺术史和风靡中国的美剧中就可以看出。

西方国家的学者称自己的文化正在出现性化的趋势，这在保守的中国人看来，似乎是文化中的一个污点。实际上，用"性化"一词来描述文化，并不是指文化已经完全成了性，其实性化只是其中的一个特征，是为了说明性在人们的日常生活和主流文化里占据了越来越重要的位置。菲奥纳·阿德伍德（Feona Attwood）说，西方文化正以一种全新的、令人意想不到的方式展示对性的着迷。① 这表现在许多方面。

（1）媒介上的性内容数量增多、表现更明显、参与者低龄化。根据国外学者的调查，电视、杂志的性内容数量每年都在增长，在表现程度上也更加明显。随着互联网技术的发展，增长的不仅是性内容的数量和明显程度，还改变了参与群体的格局。参与性内容的传播不再需要媒介专业人员的介入，青少年群体也能够轻易地接触媒介性内容，并且达到了前所未有的程度。

（2）接触方式丰富多样。媒介技术的发展不仅降低了参与的难度和年龄，提供了使性内容更加具象化的可能性，而且使性有了更多的接触方式，从网络空间到电话、邮件，从线上到线下，性正在成为人们日常生活中经常会遭遇的一个部分。

（3）普通人日益热衷于展示和传播自己与性相关的图像和文字。这在西方人的生活中已成为一种常见的行为方式，这种行为的目的并不是为了盈利，往往是为了有趣、快乐和随心所欲。这也正是性融进文化的一个原因，大众自然并愉快地接受了这种事物的存在，从自我的生

① Feona Attwood, *Mainstreaming Sex: The Sexualization of Western Culture*, London: I. B. Tauris, 2009, pp. 15 – 67.

理、心理需要和社会存在感出发，愿意使之变成自己和别人生活中的一部分。

（4）从事与性相关工作的明星或名人进入主流文化的行列。她们或写畅销书，或作为情感专家在生活类杂志上写专栏，许多以指导普通人性生活和亲密关系为名义的话题和意见在杂志和书籍上公开出版。西方男性杂志的大量存在和热卖使她们受到追捧，从而获得了一种不寻常的社会地位。①

菲奥纳·阿德伍德认为，起源于西方的钢管舞和脱衣舞在现代社会成为以表现"性"为目的的娱乐方式，对西方社会的媒介、人际关系、教育和工作生活都具有重要的影响。② 作为被观看的客体，沙曼莎·霍兰（Samantha Holland）和菲奥纳·阿德伍德在调查女性关于跳钢管舞的经历时，认为表演者以一种令人意想不到的方式在接受文化的性化和自身的性化。她们认为，钢管舞不仅是展现自身性感一面的方式，而且也是获得身体上的愉悦、活力和健康的一个来源。③ 表演者和观看者都如此热衷于这项活动，以至于有的学者直接用"钢管舞文化"或"脱衣舞文化"来形容西方文化的性化。④

所有这些方面的表现归结起来都指向文化性化一个最主要的特征，那就是，文化中"公共"和"私密"的界限正在改变，变得模糊。从本质上属于"私密"的亲密行为和话题进入了公开场合。在这个公开化过程中，普遍地对性产生一种先入之见。商品化是这种先入之见明显存在的主要领域，性意象成为巨大的营销手段。一种为了娱乐和快乐的性观念也随之产生，使之脱离真正需要，不再是建立亲属关系和维持长久浪漫关系的必要手段。研究者们所说的"性在日常生活和主流文化中的重要性"就体现在以培养消费主义因而培养享乐主义为核心的现代社会秩序中。⑤

---

① Feona Attwood, *Mainstreaming Sex: The Sexualization of Western Culture*, London: I. B. Tauris, 2009, pp. 15 – 67.

② Ibid. .

③ Ibid. .

④ Brian McNair, *Striptease Culture: Sex, Media and the Democratization of Desire*, London: Psychology Press, 2002, p. 5.

⑤ ［英］吉登斯：《亲密关系的变革：现代社会中的性、爱和爱欲》，陈永国、汪民安译，社会科学文献出版社 2001 年版，第 63 页。

　　总之，文化的性化一方面表现在公共领域中通过商品、广告、文字等介质进入人们视线的性内容越来越多；另一方面表现在人们主动、乐于接受开放、娱乐的性价值观和行为观。

　　2. 媒介的性化

　　与性相关的话题和行为从私密空间进入公共领域，从隐晦到明显，这个过程表现在媒介性内容的扩散中。菲奥纳·阿德伍德认为，自印刷媒介产生以来，大部分的传播技术都已经适合于用来传播性内容，并且随着技术的发展，这个进程在不断加速。[①]

　　大众媒介不仅是社会文化的一部分，很大程度上还对文化的塑造和传播起着关键作用。媒介上性内容的增加和扩散不仅导致文化产生性化现象，也使媒介自身呈现性化的特点。国内"艳照门"事件之后出现了"泛性化"一词，"泛"在现代汉语词典中的相关意思包括，广泛、一般地；泛滥、普遍。前者表示一种程度，从个别扩大到一般，是指比一般意义上的"色情"内容更为广泛的对象。在媒介环境中，除了赤裸裸的色情材料，还存在一般的与性相关的或暗示或明显的内容，例如"艳照""裸照"等话题。之后的其他研究者在引用这个概念时，也有将"泛"解释成表示一种空间，即普遍地存在。如果采用前一种解释，在研究时就需要区分不同类型的性内容，明显的色情内容不能和一般性内容混为一谈，尤其是针对受众的影响调查，国外学者在这一点上也一直存在争议。但在调查性内容数量的实证研究中，主要目的是测量总体数量，为了不漏掉有争议的内容，所以一般不区分性内容的类型。

　　综上所述，本书在研究媒介泛性化问题时，就采用后一种解释，把"泛"理解为泛滥、普遍，媒介泛性化也就是国外学者所说的媒介性内容的普遍存在。

　　国内的媒介泛性化研究主要以理论思辨为主，较少采用内容分析的方法测量某一种媒介或某一类节目的性内容数量。但国外在这一领域的研究历史很长，研究成果也很多。媒介的性化从电影风靡，成为一种备

---

① Feona Attwood, *Sexualization*, *Sex and Manners*, 2010 年 12 月（http：//www. feonaat-twood. com/blog/wp – content/uploads/2010/12/attwoodsexualizationwouters. pdf）。

受欢迎的娱乐媒介时就开始了。埃德加·戴尔（Edgar Dale）在20世纪20年代末分析电影内容时发现，其中75%的内容可归为犯罪、恋爱或性，这表明了媒介上的性内容具有很大的受众基础。[①] 之后，性内容越来越成为电影、电视、杂志，以及音乐录像、广告等媒介中吸引人的手段和目标。在研究中所针对的"性内容"主要分为与"性"相关的行为举止和与"性"相关的口头讨论两大类。这两种描述"性"的形式都有可能会影响受众的性观念和态度。

从国外学者的内容分析中可以看出，媒介性内容的数量每年都在增加，对于性素材的表现也越来越图像化。网络技术发展以后，这种趋势有增无减。出于商业目的，纯粹以性博取注意力，将新闻性化，又将性娱乐化是媒介性化的一个原因，也是其最主要的特点。另外，媒介性化的过程也是媒介与受众相互作用的结果。格兰·斯帕克斯（Glenn Sparks）认为，媒介通过使用性内容来安抚渴求唤醒内容的观众，而根据脱敏原则，当性内容达到一定程度后，再返回原状是极其困难的，最初引起强烈反应的内容随着时间和公众价值观的改变，慢慢变得习以为常。不但难以返回原状，而且为了吸引受众，边界不得不一直往前推进。[②]

总之，不管媒介是出于吸引眼球的商业目的，还是受众对性内容的市场需求，都促进了媒介性内容的增加和扩散，导致媒介呈现出性化特点。

3. 青少年女性的性化

文化和媒介会影响人的价值观。巴利·甘特（Barrie Gunter）认为，公众对于文化和媒介性化的接受程度是现代社会性价值观的晴雨表。[③] 其中青少年对文化和媒介性化的快速适应以及自身的性化倾向尤为引发关注。

国外文献中所描述的青少年"性化"（sexualisation）一词，是个混合词，它来自于"性的社会化"（sexual socialisation）。美国学者斯帕尼

---

① ［美］斯帕克斯：《媒介效果研究概论》，何朝阳、王希华译，北京大学出版社2008年版，第100—113页。

② 同上。

③ Barrie Gunter, *Media Sex: What Are The Issues*? Mahwah, NJ: Lawrence Erlbaum, 2002, p. 350.

尔（Spanier）在 1975 年的一个著名社会学调查——关于影响青少年在中学之后从事婚前性行为的可能性的家庭和教育背景——中创造了"性化"这个概念。斯帕尼尔认为，"性的社会化"可简称为"性化"。这个词的主干 sexual 指的是与性相关的欲望、经验、行为等，另一个组成部分是社会化，是指青少年时期适应某种文化的被动过程。[①] 青少年性化就是适应文化性化，受媒介性化影响，性认知、性态度、性观念实现社会化的过程，它由三个主要部分组成：性别认知的发展；性知识、性技巧和性价值观的获得；性态度和行为处置的发展。[②]

总之，"性化"表现在人身上即学习并接受了社会中关于性的一切知识、观念和行为，完成性的社会化。

莱格·贝利和美国心理学协会各自从人的主动"性化"和被动"性化"角度探讨了判断的标准。

莱格·贝利认为，当出现以下行为时，人的"性化"现象就发生了：（1）在公共场合的言谈举止含有"性暗示"；（2）把女性只当成"性对象"；（3）鼓励儿童把自己当成成人或性感的人；（4）言谈举止夸张或认为性越轨行为是正常的。[③]

美国心理学协会也在一个研究报告中探讨了人作为客体被"性化"的标准：（1）一个人的价值仅仅来自于他或她的性诉求或行为，而排除了其他品格；（2）一个人的外在吸引力与性感等同；（3）一个人被性对象化，为了他人的性目的而存在，而不是看起来像一个可以独立行动和做出决策的人；（4）与性相关的事情不恰当地附着在一个人身上。[④]

青少年女性常常被看成媒介性化的最大受害者，一方面她们热衷于主动展示自身性感的一面；另一方面也作为客体被媒介塑造成性对象。吉吉·达拉姆（Gigi Durham）将文化和媒介性化对青少年女性的影响

---

① Robbie Duschinsky, "What does 'Sexualisation' mean", *Feminist Theory*, Vol. 14, 2013, p. 255–264（http：//www. academia. edu/3284155/What_ does_ Sexualisation_ mean）.

② Ibid. .

③ Reg Bailey, *Letting Children be Children*: *Report of an Independent Review of the Commercialisation and Sexualisation of Childhood*, London：Department for Education, 2011, p. 7.

④ American Psychological Association：*Task Force on the Sexualization of Girls*, 2007 年（http：//www. apa. org/pi/women/programs/girls/report. aspx）.

称之为"洛丽塔效应"①。

洛丽塔是俄罗斯作家纳博科夫小说中的女主角，书中 12 岁的小女孩洛丽塔是恋童癖者亨伯特的性对象。在亨伯特的角度上，洛丽塔挑起了关于性的一切，并且显得很了解。因此，现在"洛丽塔"一词被用来指青少年女性表现出不恰当的性感，甚至炫耀自己的性感和性经验。洛丽塔效应就是年轻女性性化的过程。

微博上"小学生性感生活私房照"的走红证实了现实中洛丽塔效应的存在，而且越来越低龄化。许多网站以"小学生晒性感照"为题，迅速引来众多网友关注。这种标题的结果就是网友的关注度都在照片的"性感"程度上。从相关信息可知，该组性感照片的主角只是一名"00后"的小学生。由于受动漫游戏的影响，在她的房间几乎每个角落都充斥着动漫游戏（ACG）文化，使得小小年纪的学生也表现出性感妖娆的一面，并且敢于传播到媒介上，呈现在大众面前。

在达拉姆看来，洛丽塔现象的责任并不完全在小女孩身上。她认为，她们对此并不是天生地理解或有意地表现，而是我们的文化和大众媒介把她们构建成性意象，把真正性化的服饰和行为举止推销给她们，从而塑造了这些小"洛丽塔"。在过去的 50 年里女性性符号不断年轻化，媒介营销向青少年女性灌输这样一种观念：使自己看起来显得"火辣"和"养眼"，这在主流媒介话语中被解析成，苗条、白皙、精心打扮、衣着暴露。这种狭隘和僵硬的特征经过过多强调，似乎成了小女孩生活中唯一重要的事情。经过主流媒介的不断累积、循环传播，阻碍了青少年女性健康性知识的发展。②

综上所述，"洛丽塔效应"可以看成青少年女性性化的一个缩影，一方面青少年女性通过主动学习使自己变得性感；另一方面也被媒介将性意象安放在了她们身上。不管是哪方面，媒介都在其中承担主要责任。

总之，文化、媒介和人是我们所生活的大环境中的三个元素，这三个元素之间又是相互包容、相互影响、相互作用的关系。文化中包含着

---

① Tana Ganeva, *Sexpot Virgins*: *The Media's Sexualization of Young Girls*, 2008 年 5 月 （http: //www. alternet. org/story/85977/sexpot_ virgins% 3A_ the_ media% 27s_ sexualization_ of_ young_ girls）.

② Ibid. .

大众媒介和人，大众媒介和人也可以包含着文化，是文化的载体。文化的内涵和发展方向会影响大众媒介的选择和人的世界观、价值观，而大众媒介的倾向和人的观念也会塑造文化的性质。正如在"性化"这个问题上，文化的性化是最大范围的一种变迁，当出现这种普遍的倾向时，媒介也会为了商业利润和营销的冲动去迎合这种倾向，以性作为博取眼球的手段，文化和媒介的性化使身处其中耳濡目染的人群受到影响，尤其是易被操控、诱导的青少年很容易不知不觉地便走上不健康的性社会化道路。而随着时代的发展，人们的性观念和态度越来越开放，人的不健康性化和媒介的倒退性又反过来推动了文化的性化倾向。总之，文化的性化影响了媒介和人的性化，媒介和人的性化又加速了文化的性化。

二 媒介性内容研究历史及现状

本节将从内容分析和影响研究两个方面对国内外学者有关媒介性内容的研究历史和现状进行综述。国外在这领域的研究方法和研究成果都比国内多，特别是电影产生以后，对于电影、电视中性内容的内容分析和影响研究颇有规模，国内则主要是通过理论思辨来进行评析。

1. 国外对媒介性内容的研究

在电影、电视等电子媒介产生后的几十年里，国外的各种机构和学者都对媒介中的性内容投以巨大的关注。由于性内容的敏感性，即使没有经过严谨的调查和论证，人们也都普遍认为，媒介中的性内容会引起负面的社会效应，尤其会给青少年和儿童的成长带来消极影响，因此不仅是学界、业界的研究者致力于研究这一问题，西方社会、家庭、政府以及宗教组织等也都热衷于资助这一领域的研究和控制。因此，国外对于这方面的研究有些是与政府、基金会的资助密切相关的。

从研究方法上来说，国外对媒介性内容的研究一部分通过内容分析法来进行量化分析，另一部分通过实验法来调查媒介性内容的效果和影响。本节将分别描述国外关于内容分析和实验调查的主要研究结果。

（1）媒介性内容的实证研究

国外对媒介性内容数量的研究最早是针对印刷媒体。20世纪20年代美国学者埃德加·戴尔开始针对电影的内容进行分析。20世纪90年代以后，电视的利用率开始超过电影，对电视性内容的研究也越来越多。对于电视性内容的实证研究，主要有两类研究成果：一类是像传统的内容分析一样，考察电视中性内容的数量；另一类研究则主要关注性的描述方式，即性内容是怎样被描述的。

注重考察性内容数量的有美国学者布莱德利·格林伯格和莫尼克·沃德。布莱德利·格林伯格对美国午后肥皂剧跟踪了多年，他在一项研究中认为，在他研究的十年时间内，电视上每一单位小时性暗示的数量有所增加，这种增加包括视觉上的和语言上的描述。① 莫尼克·沃德针对另一个儿童和青少年观看的黄金时段流行节目所做的内容分析发现，这个流行节目平均每集发生的所有性描述中，30%是语言上的性挑逗，并且充满男性对女性外表的评论。②

最先提出考察性内容描述方式的是美国凯瑟家庭基金会的一项研究。他们认为，在未来关于性的研究中，考察性内容的呈现方式比考察其数量要重要得多。因为虽然现在媒介性内容数量在增加，但有关性健康和性安全问题的描述也在增加。这项研究同时也对性内容数量增加的原因进行了一番解释，一种可能是性内容比起更易受到抨击的暴力节目更适于安抚渴求唤醒内容的观众；另一种可能是随着时间推移，最初可能引起强烈反应的内容慢慢会变得习以为常，为了吸引受众，其边界不得不一直推进，持续增加，越来越明显。③ 这种解释是有一定道理的，不但适用于电视，也适用于现在的网络媒介。

随着网络媒介的兴起，媒介性内容这一问题似乎变得更加突出。美国卡内基—梅隆大学的一个研究小组曾做过关于"信息高速公路上的色情营销"的内容分析，研究发现，在18个月中大约有92万件带有不同程度色情内容的影像和文字流通于互联网上，平均每天1700件，接收者遍及全美50个州2000多个城市及其他40多个国家和地区。英国米德尔塞克斯大学的研究者蒂姆莱贝也发现，在网络的非学术性信息中大约有47%与色情内容有关。④ 有人认为，"性"已成为互联网上使用最

---

① Greenberg B. S. , Busselle R. W. , *Soap Operas and Sexual Activity*：*A Decade Later*，*Journal of communication*，1996.

② Ward M. L. , *Talking about Sex*：*Common themes about Sexuality in the Prime - time Television Programs Children and Adolescents View Most*，*Journal of Youth &Adolescence*，1995.

③ http：//www. kff. org/content/2001/3087.

④ 付立宏：《网络出版的失范与伦理约束》，《情报学报》2001 年第 2 期。

多的一个搜索词汇，那些提供含有明显性内容的网站，在国外早期商业互联网中是最有可能盈利的。①

总之，从国外学者的内容分析中可以看出，从印刷媒体到电影电视、再到网络，媒介性内容在数量上是越来越多，表现方式上越来越明显。这种状况的原因一方面是媒介的盈利目的，另一方面是因为观众对性内容的脱敏程度越来越高。

（2）媒介性内容的效果和影响研究

不管媒介上的性内容被描述了多少，或是被怎样描述的，人们最终关心的是这些性内容会产生什么样的效果，特别是会对儿童和青少年的成长带来什么影响。在国外几十年前，就有人担心，媒介性内容会提高青少年的性犯罪率，因此这方面的调查研究很早就开始了。研究成果很多，但研究结论却不尽相同。

1967 年美国成立了"国家淫秽与色情问题委员会"，其中一项任务就是研究色情作品对大众的影响。这项研究报告认为，没有证据表明接触有明显性内容的作品会导致危害社会或个人的情况发生，比如青少年犯罪、性或非性方面的异常或严重的情感忧虑等。②

但这份报告没有得到包括当时的美国总统在内的大部分人的赞同，许多人坚信媒介性内容是存在危害的。媒介性内容无害和有害的观点体现在两个理论假说——安全阀理论和触发假说中。安全阀理论认为，接触明显性内容能满足人的性冲动，消解他的性犯罪；而触发假说却认为，正是由于接触了明显性内容才导致了一些人的性犯罪。③ 这两种理论假说在之后许多研究者的实证研究中都分别找到数据支持，但至今支持两种理论的调查研究都无法取得绝对的认同，因为有许多影响因素是研究者没有看到或无法统计的。

其他研究者在调查媒介性内容的影响时，结论也分别与上面两种理论假说相类似，只是使用的术语有所不同。与触发假说一致的理论是，媒介性内容的消费会产生一种直接的影响，就是性激发。这种研究主要

---

① 康国平：《色情之火，可以燎原——中国网络色情发展溯源》，博客中国，2003 年 6 月 8 日（http://kgp.blogchina.com/9111.html）。

② ［美］斯帕克斯：《媒介效果研究概论》，何朝阳、王希华译，北京大学出版社 2008 年版，第 103 页。

③ 同上书，第 125 页。

是通过自我评估和生理测量方式，研究表明大多数情况下，男性比女性更容易受到激发，特别是被性暴力或反人性的内容所激发，但激发的程度与媒介中性内容的明显程度没有太多关系。与那些直接明显的性内容相比，有时人们更易受性暗示和性暧昧的激发。与安全阀理论相似的是宣泄论，这种理论认为对媒介性内容的消费作为真实行为的一种并不完美的替代，有助于缓解性冲动，缓解情绪。①

总之，媒介无害论和有害论都有支持者。持无害观点的理论认为媒介性内容是种替代品，能起到宣泄作用；持有害观点的理论则认为媒介性内容反而是种诱导，促进了性的激发。

但除了传媒界因"无害论"符合自己的出版利益而支持这一观点外，许多学者、家长都认为媒介性内容对人会产生影响，因此之后的许多研究都以"有害论"为前提假设，研究具体层面上的影响。

多尔夫·齐尔曼和詹宁斯·布莱恩特在实验中发现，性内容并非没有危害，它会对人的认知产生影响，观看过色情品的人更容易觉得强奸不算严重罪行、性行为比比皆是等。对认知的影响还会导致性态度和性价值观的改变，埃德·唐纳斯坦和同事在研究中认为性暴力场景会导致对女性受害者的无情和对侵犯者态度的温和。这也是性内容特别是色情内容招致社会批评的主要原因之一，因为它在意识上传播反女性思想。

性内容接触除了会对认知和态度产生影响外，也会对行为产生影响。斯坦利·米尔格拉姆和肯尼斯·伦纳德都曾在实验研究中通过电击方法来预测直接明显的性内容的影响，研究者想要发现的是，在接触到何种类型的性内容，以及当女性表现出何种反应时，男性会去电击女性以及用什么样的强度去电击女性。结果发现当女性表现出容忍甚至赞许态度时，男性的攻击会更加无情和强烈。

另一个与之前的"国家淫秽与色情问题委员会"相似的米兹委员会也发表了一份研究报告，结论与前一个委员会大相径庭，即直接明显的性内容带有极大的危害性。但正如此前所做的所有研究因无法预测的其他影响因素而不能得到广泛认同一样，米兹委员会的报告也遭到许多研究者的批评，他们认为这份报告缺乏有力的科学证据，先入为主的偏见

---

① ［美］布莱恩特主编：《媒介效果：理论与研究前沿》，石义彬译，华夏出版社2009年版，第228页。

在其中起到了很大的作用。①

　　比较大多数关于媒介中性内容影响的研究可以发现，研究者们都认为在各种类型的性内容中，带有暴力成分的直接明显的性内容危害性更大，性与暴力的结合比任何一种单一的内容都更具消极影响，主要表现为反人性和反女性，② 这也验证了前述凯瑟家庭基金会所认为的考察描述性内容的方式比考察其数量要重要的观点。虽然不能否认非暴力的性内容也会有消极作用，但在研究媒介性内容的效果和影响时还是应该区分暴力和非暴力的性内容，以研究它们之间造成的不同影响。

　　总之，不管是在认知、态度、价值观层面上，还是行为层面上，许多研究都证明了媒介性内容对人会产生负面影响。不同性质的性内容相比较，含有暴力的性内容危害更大。

　　2. 国内对媒介性内容的研究

　　国内对媒介性内容的研究，在研究方法方面，有系统、成规模的内容分析或关于影响的调查或实验比较少，主要是用思辨的方法对媒介的性化成因和影响做分析，少部分的研究通过个案分析新闻性化的特点。在受众影响方面的研究更少，目前有南昌大学教授陈勃等用实验法所做的"关于情色化新闻对性意念启动效应的研究"。

　　（1）思辨的研究

　　由于国内的审查制度较为严格，所以在报刊、广播电视等传统媒介中出现的性内容至少没有像国外那样有泛滥的隐忧，国内学者在研究电视性内容时使用的术语是"低俗化"，这个词明显不同于国外的"色情作品""直接明显的性内容"等，在程度上有较大的差别。低俗化常见于电视的广告和娱乐节目中。但自从互联网在中国普及以后，网络性内容的泛滥似乎就成了包括中国在内的全世界的共同议题，国内学者对媒介性内容的研究兴趣也主要集中在网络上。主要从时间上对网络性内容的发展历程进行了梳理，并从媒介角度、受众角度和中国传统文化的角度对媒介性化进行了成因分析。

　　21 世纪初，康国平对中国网络色情的发展史进行了梳理，并质疑

---

① U. S. Department of Justice, *Attorney General's Commission on Pornography*: *Final Report*, Washington, 1986.

② ［美］布莱恩特主编:《媒介效果：理论与研究前沿》，石义彬译，华夏出版社2009年版，第235页。

谁该为网络色情现状负责。从他的文章中可以看到，网络性内容从邮件传输时代就开始了，随后有国人自创的色情文学作品在网上流传。有了搜索引擎之后，网络上的性内容和色情网站就更有了发展的路径优势。紧接着门户网站兴起，提供了更多色情或非色情的性内容。到现在，裹挟着性内容的新媒体形式就更猖獗了，表现形式覆盖了文字、图片、影像、漫画等多种信息类型，危害无限扩大。康国平认为这种燎原之势的发展是因为网站的利欲熏心所造成的。①

谢常青较早注意到新闻中出现的色情化现象，他认为传统媒介中的性内容大多比较含蓄、隐晦，通常不会具体、直露地渲染细节，但在网络中许多资讯的色情成分却占了主要位置。当新闻媒体戴起有"色"眼镜，以情色意识去审视新闻事件时，无论何种题材，都能滤出"情色"故事。② 与他持一样观点的是，谢太平在分析了"艾滋女"事件中网络新闻色情化的文本构建后认为，与"人格结构"相类似，新闻文本也可以分为本我文本、自我文本和超我文本。新闻自觉追逐色情化就是本我文本的表现，目的是满足本能需求，追求眼球经济。③

在关于媒介呈现媚俗化或性化的成因上，除了大多数人一致谴责的追求眼球经济这一原因外，还有的研究者从使用与满足理论和弗洛伊德的"人格结构"角度出发，认为有需求才有市场，受众人格中的"本我"有追求低俗信息的欲望。心理学家理查德·尼斯比特就认为，"人类的生物性方面，从其发展历程的大部分时间来看，'生物鲜明的信息'一直就是惟一的学习途径"。④

刘保龙也从受众角度出发用哲学、社会学、性心理学和人类文化学等社会科学理论对"一夜情"这一现代现象进行了分析。虽然这篇文章分析的是"一夜情"，但本质上也是对性和性观念的探讨。他认为，现代人的传统意义和人生意义由过去对彼岸天国形而上的沉思被置换为此岸现世形而下的狂欢，此外身体也被作为对权力、礼教、道德、束缚

---

① 康国平：《色情之火，可以燎原——中国网络色情发展溯源》，博客中国，2003 年 6 月 8 日（http：//kgp. blogchina. com/9111. html）。

② 谢常青：《新闻色情化——不容忽视的病态传播现象》，《新闻爱好者》2004 年第 9 期。

③ 谢太平：《"艾滋女"事件与网络新闻色情化的文本构建》，《新闻爱好者》2011 年第 5 期。

④ 转引自王宪英、李加强《论网络新闻内容的媚俗化倾向》，《现代视听》2010 年第 2 期。

的反叛。从人的本性来说，对陌生身体的好奇心和探究的本性也是原因之一。① 这些原因实际上也解释了为什么现代社会不再谈性色变，媒介中的性内容为什么会泛滥成灾。性，归根结底是通过身体表现出来的，媒介的泛性化表现为对身体及身体的纵欲狂欢充满冲动和着迷。

与上述两个研究者论点不谋而合的还有，李锡海在分析性文化泛滥的成因时也提出了社会需要的存在。他认为，历史上性文化的发展时期可分为性崇拜文化、性禁锢文化、性开放文化和性节制文化。每一次的禁锢之后，随之而来的是井喷似的泛滥。越是禁锢，越是需要通过暴露加以补偿，以求得平衡和满足。② 这一点与上述解释"一夜情"的观点有相似之处，都认为是由于传统或历史上对性的禁锢和禁忌，导致话题一旦解禁，便势不可挡。

总之，国内针对媒介性内容的讨论是随着网络的普及开始增多的。在时间上随着网络应用日益丰富，网络性内容也更加泛滥。究其原因，既有媒介自身因素影响，也有市场需求的作用，同时中国传统中对性一直实行禁锢，一旦有解禁的空间便难以控制。

（2）媒介性内容影响研究

国内对于媒介性内容所产生的负面影响也有不少探讨，但主要是主观判断或通过理论思辨，只有少数研究采用实验法从心理学角度考察性内容对于个体的影响。

南昌大学教授陈勃等用实验法考察了情色化新闻是否会对人的性意念起到启动作用，从而预测情色化新闻的传播对个体及社会的影响。研究发现，接触过多的情色化信息不仅会影响以后对信息本身的认知，而且会影响对人的认知。影响对人的认知的结果是，导致性意念的激发（正启动效应），启动个体的性意念，并使个体将启动的性意念投射到他人身上，导致其对他人的评价或看人的眼光呈现出情色或性的倾向。影响对信息本身认知的结果是性意念的淡化（负启动效应），即对性内

---

① 刘保龙：《身体或者意义——"一夜情"的深层原因分析》，《新学术》2008 年第 5 期。

② 李锡海：《色情文化的特征及其泛滥的成因和对策》，《济南大学学报》2007 年第 2 期。

容进行评价时会低估它对社会的不良影响，敏感性降低，脱敏程度高。① 这种启动效应在国内外的其他研究中也得到过验证。

一般认为，启动效应只是一种短期效果，但认知心理学家和社会心理学家通过其他的研究发现，虽然一次的启动是短暂的，但一种观念和意识的重复启动最终会带来长期的影响和改变。② 由此推断，虽然还无法知道网络上的性信息到底有多少，但不可否认的是，受众在网上必定是经常能接触到性信息，这些信息对受众的性意念具有不可避免的多次重复启动作用。也就是说，泛性化的网络环境将最终会对受众产生潜移默化的不良影响。

总之，国内实验调查结果也证明了媒介性内容会刺激人的性意念，使人降低对性的敏感度。这与国外关于媒介性内容有害论的研究结论是不谋而合的。这种危害和影响在短时间内可能不太明显，但长期浸染下会产生不可忽略的不良影响。

三　媒介性内容研究的趋势

从国外目前研究性内容的成果中还可以发现一些新的研究趋势和研究空间，有些虽然研究数量和成果还不太多，但代表了以后的一个研究方向。以下从四个方面进行归纳。

1. 针对青少年和媒介性内容之间关系的研究在增加。随着媒介技术的发展，青少年接触媒介尤其是网络的机会和时间越来越多。网络在内容传播上不如传统媒体那样严格把关，在使用率上却已远超过传统媒体，因此现今的青少年更容易曝光在网络泛滥的性信息中。

这方面的研究大致可归为以下几个方面：一是对青少年消费或寻找媒介性内容行为的研究，以及通过调查发现青少年了解性的渠道；二是针对青少年比较常接触的媒介进行内容分析，例如对于青少年文学和言情小说的性内容分析、对电视娱乐节目的性内容分析，以及青少年在网络聊天室中涉及的性内容分析等；三是关于媒介性内容对青少年影响的研究，影响研究相比前两类会更多，既包括接触广义上的媒介性内容对

---

① 陈勃、张慧平：《情色化新闻对性意念启动效应的实验研究》，《新闻与传播研究》2008 年第 3 期。

② 同上。

青少年产生的影响，也包括具体某一种媒介的性内容对于青少年的影响，例如接触电视性内容、音乐中性内容对青少年心理和行为的影响。在影响层面上，较多的研究关注对青少年行为的影响，还有的研究关注媒介性内容对于青少年的性态度和性认知的影响。

总之，这类研究是从青少年主动接触性内容以及被动受影响等与青少年有关的方方面面来进行考察的。

2. 在研究媒介性内容对青少年的影响时，不局限于仅仅发现产生了什么影响，而是引入了新的变量——家庭教育、父母干预。引入这一变量的目的是发现父母与孩子关于性话题的交流是否有助于降低媒介性内容对青少年的负面影响。[①] 如果父母与孩子的交流能够起到作用，说明在当前媒介上充斥越来越多性内容而无法避免受其影响的情况下，这是一种有效的控制手段，应该提倡。这也回应了现在社会上提出的学校、家庭及早开始对儿童、青少年进行性教育的措施和呼吁。

国外研究表明，青少年接触媒介中隐晦或明确的性内容会使他们对于未成年人性行为和婚前性行为持更加宽容的态度，而且自身的性行为也会增加，影响学业。[②] 而父母与孩子的沟通有可能矫正这些影响。但kumar等人在对一所男女同校的学生进行调查时发现，在接触和消费媒介性内容这个行为的频率上，经常跟父母沟通和不跟父母沟通的青少年之间并没有显著的差别。也就是说，家庭教育、父母干预至少在减少青少年接触性内容的频率上并没有起到什么作用。[③]

虽然这个研究否定了家庭教育在降低青少年接触性内容频率方面的作用，但还需要更多的研究加以验证其他方面的作用。总之，关于亲子沟通、父母干预是否能降低媒介性内容对青少年的负面影响会是未来进一步研究的方向。

3. 针对媒介性内容与女性之间关系的研究在增加。专门针对女性的研究包括关于经常使用女性形象来表现性和色情的内容分析，以及媒

① Wenxiu Guo, Amy Nathanson, "The Effects of Parental Mediation of Sexual Content on the Sexual Knowledge, Attitudes, and Behaviors of Adolescents in the US", *Journal of Children and Media*, 2011, 5 (4), p. 338 – 378.

② Deborah Fisher, Douglas Hill, "Samantha Walker: Televised Sexual Content and Parental Mediation: Influences on Adolescent Sexuality", *Media Psychology*, 2009, 12 (2), p. 121 – 147.

③ Kumar, Jyoti Prakash, "Interaction of Media, Sexual Activity and Academic Achievement in Adolescents", *Medical Journal Armed Forces India*, 2013, 69 (2), p. 138 – 143.

介性内容对女性的影响。

有人认为，女性形象在媒体传播中缺失，女性议题被忽略。但实际上，在涉及性方面的主题和题材时，媒介又常常突出女性形象，以女性身体作为吸引受众的噱头。① 女性形象在媒介性内容中的突出，是另一种意义上的性别歧视。

媒介中大量以女性为对象的性图片可以看出这一点。女性杂志和男性杂志多以女性作为封面，尤其是男性杂志中常将性感暴露的女性作为性对象来塑造、暗示从而吸引受众的注意。网络空间的产生更使女性被沦为观赏的客体，网络广告、网络图片、网络音乐甚至是女性网站都充斥着以消费"性"为目的的女性形象。②

除此之外，媒介性内容对于女性这一群体的影响也引起研究者的关注。有多项研究证明，媒介性内容会影响和改变青少年女性的性认知，使她们较早进入青春期。性认知的变化又导致青少年女性在态度和行为上对未成年性行为等问题表现宽容和随意。而现在大多数的媒介性内容又缺乏性健康知识，这正是引起担忧以及需要研究媒介性内容与女性之间关系的原因。③

总之，这类研究既从内容分析角度研究媒介性内容中的女性形象，也从受众影响角度关注媒介性内容对女性会产生哪些实际作用。

4. 开始关注媒介中对性越轨行为的报道视角和内容描写。国外研究媒介性内容时，大部分是从广义上来定义"性内容"，在标题中直接使用"性内容"或"媒介性内容"一词。但近年来有些研究已经明确并突出研究有关性越轨行为的内容，关注媒介对这些性越轨行为是如何描述的。性越轨行为包括性暴力、性骚扰、同性恋和变性人等。

其中关于性暴力的研究相对更多。Barron 比较了杂志、电视和互联网中的性暴力内容，发现这三种媒介中的性暴力在数量上依次递增，但杂志和电视之间的增加在统计学上并不十分显著。在对性暴力的描写角度上三种媒介之间有较大区别，杂志和电视往往将性暴力描绘成两相情

---

① 吴志翔：《肆虐的狂欢：传媒美学谈》，武汉大学出版社 2006 年版，第 248—264 页。

② Levande, Meredith："Women, Pop Music and Pornograghy", *Medians*: *feminism*, *race*, *transnationlism*, 2008, 8（1），p. 293 – 321.

③ Jane Brown, Carolyn Halpern, Kelly Ladin, "Mass Media as a Sexual Super Peer for Early Maturing Girls", *Journal of Adolescent Health*, 2005, 36（5），p. 420 – 427.

愿，而网络中则描绘成非自愿；另外，杂志中描绘的性暴力受害者女性比男性多，但网络中男性却经常成为受害者。[①] 对于这些发现的解释还有待探索。

总之，对性越轨行为的研究是重要的，也是今后的一个趋势。因为这些描述有可能影响大众对这些性越轨行为的看法。虽然媒介的参与是间接的，但媒介的建构具有强大的影响力，有关性骚扰、同性恋等问题的微妙或明显的议程可以动摇或改变我们的态度和价值观。

综上所述，从受众对象上来说，今后更多的是从青少年和女性的角度来研究媒介性内容，以及探讨家庭在青少年性教育过程中的作用；从研究内容上说，越来越多的研究关注性暴力、性骚扰等性越轨行为，以便考察人们对这一类非正常行为的态度与媒介的影响有何关联。分析国内外媒介性内容的研究历史及趋势，既为本课题的研究提供了实践经验和理论依据，同时在分析过程中也可以发现前人研究的关注点，然后将之综合、归纳、修正和补充以作为本书内容分析的类目基础。

第二节　网络媒介泛性化的表现特征

一　第一次内容分析

喻国明教授曾指出，"媒介的竞争归根到底是争夺受众的眼球，是争夺市场中越来越稀缺的注意力资源"。[②] 因此，在争夺眼球的竞争中，性内容越来越成为媒介有效的"卖点"，而网络媒介所表现出的原始兴奋和冲动更加显著。媒介"泛性化"的概念就是针对这一现象提出的，主要是指媒介在内容上表现出对性题材的有意识泛滥，在形式上表现为对性符号的无节制地传播，在观念上趋向对性道德浅薄化的认同。[③]

对于性与大众媒介的关系，不管是在传媒实践中，还是在理论界的探讨上，都不是刚刚出现的，而是早已有之。源于 19 世纪美国的黄色新闻就是以星、腥、性为噱头，20 世纪 30 年代《纽约先驱论坛报》采编主任斯坦利·沃克尔（Stanley Walker）提出，新闻建立在 3 个"W"

---

① Martin Barron, Michael Kimmel, "Sexual Violence in Three Pornographic Media: Toward a Sociological Explanation", *Journal of Sex Research*, 2000, 37 (2), pp. 161 – 168.
② 转引自陈勇《"艳照门"事件与传媒泛性化的误区》，《青年记者》2008 年第 11 期。
③ 同上。

基础上：women（女人）、wampum（钱财）、wrongdoing（坏事）。① 这甚至成为一种新闻报道和编辑的流派——黄色新闻学。

而对于性与媒介的理论研究也几乎与传媒实践一同产生，各个学科的研究者都对此有所探讨。在美国新闻学者华连提出的 10 条最重要的新闻价值要素中，"性的因素"居第 8 位。② 法国社会学家让·鲍德里亚在《消费社会》一书中也提到了大众传播领域的性化现象，"……它从多个方面不可思议地决定着大众传播的整个意义领域。一切……都公然地谱上性的颤音，一切……都染上了性暴露癖"。③ 而据心理学家弗洛伊德的观点，人的行为受本能支配，遵循快乐原则和现实原则。快乐原则因环境的制约而不能直接得到实现，因而就必须寻求一种替代性的满足，大众媒介中的性题材就是这样一种替代性满足，能产生"即时报偿"效应，取得立竿见影的市场效果。④ 这个观点与美国早期凯瑟家庭基金会的一项研究有异曲同工之处，认为性内容被媒介用于安抚渴求唤醒内容的受众。

研究性与媒介关系的落脚点在于大众媒介上的性内容对受众产生的影响，其中尤其受关注的是对青少年群体的影响。正如上述所说，网络媒介性化的现象较之传统媒体更加严重，而网络又是年轻一代最经常接触的媒介。从实际情况来看，近年来青少年在性早熟和性越轨方面的问题确实经常见诸报端，那么这些问题和现象是否和网络环境有关，网络环境的泛性化对青少年性价值观会产生何种影响，这是"网络环境泛性化对青少年性价值观影响的实证研究"这个课题所要探讨的。

（一）研究设计

1. 研究对象

本研究以百度作为网络环境的一个具体体现，依据主要有两个方面。

（1）网络环境与受众的网络行为

随着传播技术的不断发展，信息技术革命促使我们所身处的媒介环境变得越来越复杂。与过去口语传播时期、印刷媒介时期、电子媒介时

---

① 高钢：《新闻写作精要》，首都经济贸易大学出版社 2005 年版，第 27 页。
② 转引自徐耀魁主编《西方新闻理论评析》，新华出版社 1998 年版，第 147 页。
③ ［法］波德里亚：《消费社会》，刘成富、全志钢译，南京大学出版社 2000 年版，第 112 页。
④ 陈勇：《"艳照门"事件与传媒泛性化的误区》，《青年记者》2008 年第 11 期。

期相比，由于网络的出现，今天的媒介环境在内涵和外延上都要远远地超过过去任何一个时代，呈现出信息全球化、信息海量化、媒介网络化、形式视觉化和交流分离化的传播特征。① 网络以其多媒体的特征、交互性的功能迅速成为人们了解外部世界的主要媒介工具，网络环境因此也成为现在的人们，特别是青少年媒介环境中最主要的部分。

对于什么是"网络环境"，国内外学者有不同的理解方式。美国学者帕特·华莱士认为，网络是由"多个环境组成的，虽然在类型上彼此有些重合，但它们影响我们行为的基本特点是互不相同的"。② 他将网络环境进行了归类，分成七种具体的环境：万维网、电子邮件、非同步讨论论坛、同步聊天室、游戏空间、图示世界、互动的影像和声音。

万维网的特点是可以把它当成图书馆、杂志等信息数据库来用，通过输入某一网址找到我们所需的信息；电子邮件是网络中必不可少的用来沟通的工具性应用；非同步讨论论坛意味着可以随时随地参与到话题的讨论队伍中；同步聊天室则是同时上网的人进行的在线聊天，介绍自己、了解他人，这是一种摆脱空间限制，无限扩大范围的社会交往方式；游戏空间是以自我为原型的角色扮演、模拟现实的虚幻环境；图示世界是指丰富多彩的图片空间，或以生动、富有想象的符号来表达情绪等想法；互动的影像和声音是指网络两端的人能够看到对方的面貌，听到对方的声音，例如视频聊天。③

从上述可以看出，华莱士对于"网络环境"的解释是将网络看成独立的分析对象，依据网络应用自身的不同特性或用途来分解网络中的具体环境。但网络发展到今天已经比华莱士那个时代有了更多功能，例如社交网站、网络商务都相继兴起。因此如果从这个角度来分解网络环境的话，我们认为国内中国互联网信息中心（CNNIC）的分类更符合当下情况。中国互联网信息中心依据不同的应用类型将网络分为四类：信息获取、网络娱乐、社交应用和商务交易。信息获取是指通过信息检索工具获得新闻及满足其他信息需求的行为；网络娱乐应用包括网络音乐、网络视频、网络游戏和网络文学等；社交应用即用来交流沟通的工具，

---

① 刘荃：《浅析媒介环境对青少年社会交往的影响》，《新闻知识》2003 年第 1 期。

② ［美］Patricia Wallace：《互联网心理学》，谢影等译，中国轻工业出版社 2001 年版，第 5 页。

③ 同上书，第 5—8 页。

包括即时通信、微博、博客、个人空间、社交网站、电子邮件和论坛等；商务交易是指网络购物、网上支付、网上银行等应用。[1]

除了华莱士和中国互联网信息中心从网络自身出发来分解"网络环境"这种方法外，国内有学者将网络环境与受众行为联系起来，从受众网络行为的角度来理解"网络环境"。

国内学者刘京林运用德国心理学家勒温的"心理场论"中的"环境"概念，认为"网络环境"不是指纯粹的网络这一媒介及网络上的传播活动，而是使用者的心理环境，是指网民在使用过程中能满足其需要并在其心理实际发生影响的环境。[2] 因此，从这种理解方式来看，"网络环境"是与网络受众的行为相关的，不同个体对于同一个网络环境会产生不同的行为，同一个体在不同的情况下面对同一网络环境也会产生不同的行为。对于从不上网的人来说，就不存在所谓的"网络环境"；有人将网络主要用于聊天，那"网络环境"对于他来说就是一种社会交往、人际交流的场所；如果上网只是用来玩游戏，那"网络环境"就只是一种虚拟空间；网络如果被用来查询信息，那"网络环境"对用户而言就是一种网络信息环境。没有受众的网络行为，网络环境就没有意义。因此也可以说，研究网络环境，就需要研究受众的网络行为。研究青少年的网络环境，就需要研究青少年的网络行为。

总之，华莱士是依据不同的网络用途来分解网络环境，刘京林是根据受众的行为来理解网络环境，两者相比，本书采用刘京林教授的理解方式，根据青少年的网络行为来定义青少年的网络环境。

（2）青少年网络信息行为与搜索引擎的使用

根据中国互联网信息中心《2013 年中国青少年网络行为调查报告》显示，中国 25 周岁以下的青少年网民规模占青少年总体的 71.8%，这个比例在连年增长。报告认为，青少年群体的网络行为会对网络文化的走向和推广产生重要影响，但同时也正因为青少年网民活跃的网络使

---

① CNNIC（中国互联网络信息中心）：《2013 年中国青少年上网行为调查报告》，2014 年6 月 11 日发布。

② 陈卫星主编：《网络传播与社会发展》，北京广播学院出版社 2001 年版，第 331—334页。

用，使他们成为最可能受到网络不良信息影响的群体。①

这个调查报告将青少年的网络行为分为四类：信息获取、网络娱乐、社交应用和商务交易。这四类行为的定义已在上文中说过。

在这四类网络行为中，虽然不同年龄段的青少年在使用比例上存在差异，但是从总体上来说，信息获取是2007—2012年青少年最常使用的网络应用，使用率最高达84.1%，而且高于整体的网民水平，2013年略微有所下降，为80.5%。总之，"信息获取"是青少年最主要的网络行为。

中国互联网信息中心将"信息获取"分为搜索引擎和网络新闻。在使用搜索引擎这一行为上，从小学生到大学生，以及非在校的青少年网民，使用率都达到70%以上，高于使用门户网站获取信息的比例。②

国内研究者黄少华在一项针对东中西部青少年的问卷调查中，也证实过上述结论。他按照经济发展水平、人文发展状况和互联网普及程度，挑选了浙江、湖南、甘肃3个东、中、西部省份为代表，又以同样标准选择了3个省会城市、3个地级城市，以分层抽样方法选择问卷调查的学校和人数，调查对象为13—24岁的青少年。通过调查发现，网络确实已成为青少年获取信息的最主要方式，原因是使用网络查找信息更加方便，而且信息更加全面。从获取信息的工具上来说，搜索引擎是青少年网络信息行为中最常用的工具。③ 根据CNNIC的调查统计，国内使用率最高的搜索引擎是百度搜索，由于知名度高、使用面广，百度搜索引擎是青少年网络应用最集中的场所。

综上所述，根据刘京林教授对网络环境的定义，以及中国互联网信息中心对青少年网络行为的调查结果，本书将百度作为青少年网络环境的一个代表，并以其为研究对象进行性内容的量化分析。

2. 研究问题和方法

基于文献综述和媒介环境论、性社会学的视角，本研究通过对百度搜索引擎上的新闻、图片和视频进行内容分析来探讨以下问题：

（1）与性相关内容的比例和频率；

---

① CNNIC（中国互联网络信息中心）：《2013年中国青少年上网行为调查报告》，2014年6月11日发布。

② 同上。

③ 黄少华：《青少年网络信息搜寻行为研究》，《淮阴师范学院学报》2008年第5期。

（2）与性相关内容的社会意义及影响；

（3）以性化指数来表现性化程度和变化趋势。

按照国内外学者分析暴力和性内容的方式，本书的研究结果一部分通过描述性统计数据来看性内容的比例和频率，对性内容的特征进行总览；另一部分是运用性社会学和媒介环境学中的相关理论和观点来解读媒介中性内容的社会意义，例如性内容中反映的女性形象及其地位、女性身体和性感的意义，以及由此引发的社会控制、对于青少年的性教育等问题。从性社会学的角度看，性的问题充满文化和社会学意义，要在性的社会环境的框架下讨论。而性的媒介环境是性的社会环境最重要的组成部分，媒介上的性是对社会环境的反映，反之也影响社会的性观念和价值观。

此外，本书模仿格伯纳的暴力指数尝试拟合一个泛性化指数，来表示性内容的含量和性化程度。数值本身并没有特别的意义，最主要的是作为一种参照，来描述现象的变化趋势。某个时间点的数据具有单一性和偶然性，但在有条件的情况下多个时间点和多个对象的数据就可以表示出一种趋势或变化。

总之，本书的研究结论包括三个部分。第一部分描述性统计回答上述第一个问题；第二部分文本分析主要回答上述第二个问题；第三部分的泛性化指数是关于上述第三个问题。

本研究是"网络环境泛性化对青少年性价值观影响的实证研究"课题的一部分，任务是信息系统的内容分析，以为检验"媒介现实"和"观念现实"之间的关系做准备。因此，课题后续的研究还将根据内容分析的结果进行青少年受众的调查。

本书的研究方法是内容分析法，内容分析法是"一种对传播的明显内容进行客观、系统、定量描述的研究方法"。[1] 在网络传播的内容分析中，有许多有别于传统媒介内容分析的问题，例如多媒体信息的处理、广泛存在的超媒体链接，以及样本的获取等。但尽管如此，有关方法的基本步骤和问题仍然不变，例如抽样方法是什么，类目如何确定，

---

[1] ［美］辛格尔特里：《大众传播研究：现代方法与应用》，刘燕南等译，华夏出版社2000年版，第273页。

编码过程中有哪些争议、如何解决等。①

总之本书在运用内容分析法时一方面考虑网络的特点；另一方面结合本研究的需要进行抽样和分析，下节将对此进行具体说明。

3. 样本说明

（1）抽样方法

本书通过选取、分析百度搜索引擎上的内容来采集量化数据。

由于个人研究能力的限制，样本局限于百度的新闻、图片和视频三个部分，而忽略了音乐等其他内容的分析。但新闻、图片和视频分别代表了信息的三种基本形态——文字、图像和声像，因此这三类样本也具有代表性。

由于在网络中无法确定研究总体，因此本书以新闻、图片和视频首页显示的第一层链接内容为抽样框，样本收集时间为2014年5月1日至2014年6月30日。依据本研究的目的和需要，本书的抽样方法具体如下：

百度新闻 社会新闻和娱乐新闻是涉性内容的重灾区，因此以这两类新闻作为研究对象。首先将每天的社会新闻和娱乐新闻首页作为抽样框，结合随机数表和立意抽样在抽样日当晚20∶00进行抽样②，分别抽5条社会新闻和娱乐新闻，共获得610条新闻样本。

百度图片 首先以百度图片中每天的热门主题词为抽样框，利用随机数表每天选取一个主题词作为图片主题，然后在这个主题词下的图片库中再次按照随机数表选取图片，每个主题词选取5张图片，共获得305张图片样本。

百度视频 以百度视频首页为抽样框，以视频中的电影、电视剧、动漫、娱乐和综艺为研究对象，利用随机数表在每一类视频中分别选取一个样本，共获得305个视频样本。

总之本书以百度首页为抽样框，样本时间为两个月，通过简单随机抽样，共获得1220个样本量。

---

① 彭增军：《媒介内容分析法》，中国人民大学出版社2012年版，第127页。

② 安珊珊、杨伯溆：《中文BBS论坛中涉日议题的网络民族主义呈现》，《青年研究》2011年2月。百度新闻由机器自动搜索互联网新闻网站和频道选取，所以选取在网络活动最频繁的时间点机器筛选出的新闻相对而言更有代表性。百度新闻搜索源于互联网新闻网站和频道，系自动分类排列，百度不刊登或转载任何完整的新闻内容。

在本书样本分析完成之后，本研究的课题组又进行了第二轮的内容分析，重新抽取了 1156 份样本，其中图片类样本 300 份，视频类样本 256 份，文字类样本 600 份。因此在数据分析时将前后两次的统计结果进行比较，但以本书第一次样本统计结果的分析为主。

（2）内容分析的单元

百度新闻　新闻样本的抽样单元与编码单元重合，是首页上的每篇新闻报道，其背景单元为整篇文章和每个段落的上下文，分析单元为文章中的每个句子和关键词。背景单元为分析单元提供判断依据，避免因机械判别单一句子和词汇而出现错误。[1]

百度图片　图片样本的抽样单元是每个主题词，编码单元和分析单元都是主题词下的每张图片，其背景单元包括图片主题和图片中角色的神情、姿态等。在图片分析中，有时单凭图片人物的穿着等难以判断是否涉性，因此需要参照其他包含高级语义的信息进行判断。

百度视频　视频样本的抽样单元也与编码单元重合，为视频首页上的每个视频资料，其背景单元为整个视频和上下之间的镜头、场景，分析单元为每个场景。视频中的场景如果单个看的话，有时难以判断角色之间的关系或性内容性质、主题等，因此需要结合整个视频和上下场景来进行判断。

总之本书在对三类样本进行编码时，新闻是以每句话为编码对象，并把整篇文章和段落作为判断背景；图片是对每一张图片的内容进行编码，以图片主题和人物神态等作为判断依据；视频是以每个场景为编码对象，结合故事背景和上下场景进行判断。

4. 编码说明

（1）概念操作化

本书中最主要的一个操作化定义是何种内容属于性内容，这也是样本前测时最有分歧的一点。随着社会和时代观念、接受程度的变化，对于何种内容属于性有不同的标准。古有"男女授受不亲"的封建传统，而今对此早已司空见惯。不同的人对此看法也不同，例如男性、女性、老年人、青年人对于何种举动或言谈属于涉性，标准可能都不一样。

样本前测时编码员对于"牵手和拥抱是否属于性举动"存在争议，

---

①　彭增军：《媒介内容分析法》，中国人民大学出版社 2012 年版，第 56 页。

对此笔者认为属于，有如下三个理由。

首先，以两个场景为例。在一部韩国电视剧《不懂女人》里有这样一个场景：男主角和女主角在一条马路上散步，男主角试图牵起女主角的手，但女主角认为如果让别人看到了会不好意思。在一个中国综艺节目《完美告白》中，一个男嘉宾拥抱一个女嘉宾（非礼节性的拥抱）长达数秒，主持人提醒道："我们的节目有很多未成年观众。"

从中可以看出，即使是生活中常见的牵手、拥抱等平常举动也会有人认为是与性相关的举动。笔者觉得之所以有人认为牵手、拥抱算不上性，可能是因为现代社会对它的接受程度变高了，因而变得寻常，但观念的变化并不代表它就不是两性之间的行为举止，并不能否定它是性举动的本质。判断的标准只在于牵手、拥抱的人物关系，如果是出于礼节或父母与子女等关系之间，就不属于性；如果是发生在男女两性或同性之间，并且是出于非礼节性的牵手、拥抱，那就不能否认它包含"性"因素的本质。总之本研究中的"泛性"包含性化程度最浅到最深的所有广泛存在的与性相关的内容。

其次，从"大众媒介是人们培养认知最主要的渠道"这一观点来推断，对寻常性举动或言谈不再敏感恰恰说明经过长期耳濡目染，脱敏程度越来越高，可见大众媒介性化对人的影响是不言而喻的。

最后，美国学者理查德·哈里斯等在论述"媒介中性内容的影响"时认为，性内容是比一般意义上的"色情内容"更为广泛的对象，在研究媒介性内容及其影响时，不能仅仅局限于"色情内容"，除了明显的暴力或非暴力性内容，还包括一般性行为举止、性兴趣和性动机的表现或暗示。[①]

因此，综上所述，本书将性内容解释为两性或同性之间并非出于礼节性以及亲情、友情目的或意味的行为举止、言论或表现。

2. 类目建构

本研究中的分析类目主要是借鉴国外学者的研究，同时根据本研究的目的和需要，以及对样本初步检测时的归纳和提炼，对国外学者的类目进行修正和补充。具体编码表见附录。

---

① ［美］布莱恩特主编：《媒介效果：理论与研究前沿》，石义彬译，华夏出版社2009年版，第227页。

编码表分成三类：一是文字内容分析编码表；二是图片内容分析编码表；三是视频内容分析编码表。

编码表总体上包括三个部分：第一部分是管理信息，包括编码员姓名和时间；第二部分是资料的组织信息，包括新闻标题、图片主题、节目名称、时长、新闻类型等；第二部分是文本信息，包括分析的各个维度和指标。①

主要维度和指标的设计意图及编码说明如下：

视频的主要维度包括性内容背景、性内容类型、性内容性质、性内容主题。

第一，性内容背景。这个维度体现的是涉性人物之间的关系，根据前人研究和实际情况分为已确定的婚姻关系、已确定的未婚关系、婚外情、非情侣关系、非法关系以及其他6类。② 性内容背景的重要性在于，涉性人物之间的关系可能会形塑受众对于性关系状态、忠诚和婚姻制度的观念。如果媒介中涉性的人物关系经常表现为不稳定、背弃婚姻、离婚、堕胎、非婚怀孕等，有可能会使观众认为真实的世界与媒介中描述的一样。

第二，性内容类型。这个维度反映的是性内容的表现方式，是通过人物的行为举止表现出来，还是通过口头讨论表现出来。③ 性行为举止在国外研究中有不同的定义，有研究将它分为13个种类，从性化程度最大的身体亲密行为（性交）到随意、偶然的行为（牵手、拥抱）都囊括其中。④ 但有的研究将这13类合并归类成6个种类。⑤ 综合这些观点，本研究将性行为举止分为肢体型调情、牵手、拥抱、亲吻、暗示性行为、明显性行为以及其他7类。与性相关的口头讨论分为对性兴趣的评论、对发生过的性活动的讨论、讨论性犯罪、与性相关的专家意见以及其他5类。

第三，性内容性质。这个维度反映的是性内容中描述了些什么，是仅仅展现了关于"性"的过程和场景，还是在其中表现了关于"性"

---

① 转引自彭增军《媒介内容分析法》，中国人民大学出版社2012年版，第80页。
② 转引自 Barrie Gunter, *Media Sex：What Are the Issues?* Lawrence Erlbaum Associates，2002，p. 32。
③ 同上书，p. 26。
④ 同上书，p. 53。
⑤ 同上书，p. 28。

的风险和责任因素。① 性的风险和责任因素是指通过人物的讨论或行为
传达出性行为可能会带来消极后果或不利影响的信息，例如堕胎、离
婚、犯罪的风险，并对此采取某种措施和处理方式，例如避孕、防范
等。如果性内容中包含了这些风险和责任因素，那么媒介反而在引导、
教育青少年有关"性"的方面能起到良性作用。国外有学者认为，关
注媒介性内容都描述了些什么比仅仅关注描述了多少性内容更重要。②
这一因素对青少年而言尤其重要，因此，风险和责任因素也是测量性内
容的一个关键的背景特征。

　　第四，性内容主题。这个维度反映的是性内容表达的模式和规范，
通过人物传达如何看待性的问题，包括标准模式、暴力模式和理想模式
三类。③ 标准模式强调的是性的生理性方面，很少触及主人公的情感或
心理，性被描述成仅仅是娱乐或快乐的活动。暴力模式强调性活动中的
暴力因素，通常女性处于被强迫地位，并且施暴者很少受到非议或惩
罚。理想模式涉及性活动中的情感因素，性的生理性方面则往往融入故
事情节中，营造的是浓重的浪漫气息或情感背景，衬托出主人公之间的
感情。④

　　图片的主要维度包括性内容类型、是否暴露及其明显程度、背景
关系。

　　第一，性内容类型。结合图片文本特点和前人的研究，把图片性内
容的表现形式分为人物之间存在互动的性行为举止、不存在互动的身体
外在表现以及其他 3 个指标。存在互动的性行为举止又分为牵手、拥
抱、抚摸、亲吻、暗示性行为以及其他 6 类。⑤ 不存在互动的身体外在
表现包括服饰、整体外貌和身体部位 3 类，服饰是指图片的着眼点和落
脚点为角色的服装，例如"镂空装"；整体外貌是指从整体上表现角色
的身材形象；身体部位是指具体的性别特征。这三者以受众看图片时的

　　① 转引自 Barrie Gunter, *Media Sex: What Are the Issues?* Lawrence Erlbaum Associates, 2002, p. 26.

　　② http://www.kff.org/content/2001/3087.

　　③ 转引自 Barrie Gunter, *Media Sex: What Are the Issues?* Lawrence Erlbaum Associates, 2002, p. 16。

　　④ Barrie Gunter, *Media Sex: What Are the Issues?* Lawrence Erlbaum Associates, 2002, p. 17.

　　⑤ Ibid., p. 32.

视觉中心为评判依据，即图片中最吸引眼球的部分。①

第二，是否暴露及其明显程度。涉性图片最重要的一个特点是包含有裸露人体，即存在皮肤暴露。暴露的明显程度结合 Kunkel 等 1999 年的研究和实际的可操作性从低到高分为服饰虚设、部分皮肤暴露、大面积皮肤暴露、性别特征暴露以及人体裸露 5 个级别。

上述判断标准结合计算机图片识别技术手段的低级特征和图像表达的高级语义。计算机识别对暴露的判定标准是皮肤裸露区域大于图片中人体面积的 10%，或最大皮肤裸露区域大于图片中人体面积的 5%。非性别特征区域皮肤裸露小于人体面积的 1/2，视为部分皮肤暴露；裸露面积在 1/2—3/4，则为大面积皮肤暴露；包含性别特征的大面积皮肤裸露则视为性别特征裸露；人体裸露是指接近色情的裸体图片；服饰虚设是指服装形同虚设，虽没有皮肤裸露，但可以辨认人体躯干。②

但仅仅根据计算机识别的裸露比例还无法完全判定一张图片是否涉性，因此还需要人为判断图像内容的倾向和内涵是否包含不良信息。如果只对照图像的低级特征来判别，可能会因机械性的标准误判或漏掉一些有问题的图片，例如有些图片虽然没有大面积皮肤裸露，但可以依据其身体状态、姿势等判定为涉性图片。总之，要将暴露的比例标准和主观判断图片内涵结合起来考察暴露及其明显程度。

第三，背景关系。背景关系包括无背景、背景虚化和具体场景。国内有研究者分析男性杂志的封面图片时认为，背景关系在更深层次的程度上暗示了女性的社会地位。无背景和背景虚化的图片更加突出了女性的身体和外貌，进一步将之符号化。而即使是有具体场景的背景，女性暴露的衣着、姿态和神情也不曾改变。③ 因此，背景与图片性内容中的女性形象有关。

文字的主要维度包括性内容性质、性内容类型。

---

① 罗赟喆:《审美歧视在男性杂志中的表现——以〈男人装〉为例》,《苏州教育学院学报》2013 年第 30 卷第 6 期。

② 江志伟:《基于内容的 WEB 图像过滤技术研究》,博士学位论文,浙江大学,2007 年,第 23—47 页。

③ 罗赟喆:《审美歧视在男性杂志中的表现——以〈男人装〉为例》,《苏州教育学院学报》2013 年第 30 卷第 6 期。

第一，性内容性质。反映的是新闻中所报道事件的性质，是否有暴力、是否越轨，据此分为非暴力性行为、非暴力越轨行为、暴力性行为、暴力越轨行为以及其他 5 类。暴力性行为是指性行为举止中包含明显的肢体暴力元素；越轨性行为是指与当下社会价值观不符的行为，如婚外情、偷窥、强奸、卖淫等；非暴力性行为是指不包含暴力和越轨的一般性行为举止。国外研究者认为，性内容中的暴力是一个重要的考察因素，因为带有暴力成分的性内容危害性更大，性与暴力的结合比任何一种单一的性内容都更具消极影响。[①] 观察目前的社会新闻，近几年关于未成年人的猥亵、卖淫等新闻层出不穷，基于心理学中的学习理论以及新闻的模范效应等理论，这种特点也值得分析和关注。

第二，性内容类型。结合初步测样的结果和前人研究，将文字中的内容类型分为与性相关的行为举止、身体描述、相关知识和观念以及性心理描述 4 类指标。以标题、句子及所用词汇为判断依据，如出现牵手、拥抱等一类行为动词则视为与性相关的行为举止，如果是关于身体或性别特征的一类名词或形容词则为身体描述，以教育和引导为目的的对与性相关事情、事物的讨论为第三类范畴，描述当事人或其他人性心理尤其是不良心理的为第四类范畴。

3. 信度检验

本书采用人工编码的方式对所有样本进行编码。在正式编码前，进行了样本的初步测验和信度检验。样本的初步测验是为了在最大限度上修正编码指标，以提高信度系数。

正式的信度检验是以总体样本为样本框，随机抽出分样本来进行信度检验。分样本的数量通常的做法是，总体样本量大于 500 时，取 10%；总体样本量小于 500 时，取 20%。[②] 因此，本研究分别随机选取了 61 份新闻样本、图片样本和视频样本，由两名编码员进行独立编码，将编码结果进行汇总，计算平均相互同意度（信度）。

本书通过 SPSS 来自动计算信度系数（Kappa）值。

经计算新闻样本的一致率为 0.63，如表 3.1 所示。

---

① ［美］布莱恩特主编：《媒介效果：理论与研究前沿》，石义彬译，华夏出版社 2009 年版，第 235 页。

② 彭增军：《媒介内容分析法》，中国人民大学出版社 2012 年版，第 91 页。

表 3.1 新闻样本的一至率对称度量

	值	渐进标准误差[a]	近似值 T[b]	近似值 Sig.
一致性度量 Kappa	0.630	0.061	8.487	0.000
有效案例中的 N	61			

a. 不假定零假设。

b. 使用渐进标准误差假定零假设。

图片文本的一致率为 0.785，如表 3.2 所示。

表 3.2 图片样本的一致率对称度量

	值	渐进标准误差[a]	近似值 T[b]	近似值 Sig.
一致性度量 Kappa	0.785	0.071	8.234	0.000
有效案例中的 N	61			

a. 不假定零假设。

b. 使用渐进标准误差假定零假设。

视频样本的一致率为 0.806，如表 3.3 所示。

表 3.3 视频样本的一致率对称度量

	值	渐进标准误差[a]	近似值 T[b]	近似值 Sig.
一致性度量 Kappa	0.806	0.092	6.415	0.000
有效案例中的 N	61			

a. 不假定零假设。

b. 使用渐进标准误差假定零假设。

根据丹尼尔·里夫等在《内容分析法：媒介信息量化研究技巧》中所说，通过简单百分比得出的平均相互同意度通常应不低于 0.8，[1] 信度系数（Kappa）的取值在 -1 到 +1 之间，越接近 +1 说明一致性越高。Kappa 值小于 0.2 表示极低的一致性，0.2—0.4 表示一致性一般，

---

① ［美］丹尼尔·里夫：《内容分析法：媒介信息量化研究技巧》，嵇美云译，清华大学出版社 2010 年版，第 150 页。

0.4—0.75 表示中等的一致性，大于 0.75 表示一致性较高。

根据信度系数（Kappa）的标准本书样本的信度都在可接受的范围内。

（二）结果分析与发现

1. 新闻文本的分析

（1）描述性统计数据分析

首先，从"整篇文章"这一分析单元来看社会新闻和娱乐新闻两类各自的涉性比例数，以及它们与样本总体的比较；其次，在每一篇文章里，以"每个句子"为分析单元统计其涉性比例状况。

本研究各分析了 305 篇社会新闻和娱乐新闻，共计 610 篇文字新闻。就总体而言，包含涉性内容的新闻有 515 篇，占所有新闻总数的 84.43%。其中在 305 篇社会新闻中，涉性的新闻数量有 249 篇，占比 81.64%；在 305 篇娱乐新闻中，涉性的新闻数量有 266 篇，占比 87.21%。两种新闻类型相比较，娱乐新闻较之社会新闻涉及更多与性相关的内容；在总体涉性新闻的比重中，娱乐新闻的贡献更大，这一类型的新闻涉性比例也超过了总体，如图 3.2 所示。

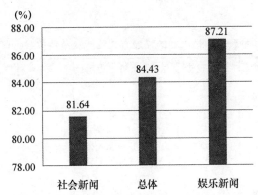

图 3.2　社会新闻和娱乐新闻的涉性比例及与总体的比较

在 610 篇新闻中，包含或描写性内容的句子数量共有 3045 个，平均每篇新闻包含 5.0 个涉性句子。其中在 305 篇社会新闻中，涉性的句子数有 1708 个，平均每篇社会新闻包含 5.6 个涉性句子；在 305 篇娱乐新闻中，涉性的句子数量共有 1337 个，平均每篇娱乐新闻包含 4.4

个涉性句子。据统计，中文里平均每句话大概有 24 个字左右①，即一篇 500 字的文章大约有 21 个句子。在这里，假设一篇新闻消息 500 字左右，那么意味着平均每篇新闻有 1/4 内容直接或间接涉及性信息，如图 3.3 所示。

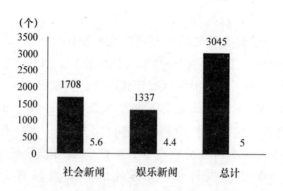

图 3.3　社会新闻和娱乐新闻涉性句子总数及频率

新闻分析中其他变量的数据如表 3.4 所示。

表 3.4　　　　　文字新闻中性内容的描述方式及涉及角色关系一览

性内容性质	非性暴力行为 56.45%	非暴力越轨行为 24.08%	性暴力行为 1.93%	性暴力越轨行为 17.53%			
施暴者	成年男性 88%	成年女性 11%	未成年男性 0	未成年女性 1%			
受害者	成年男性 5.94%	成年女性 57.43%	未成年男性 0.99%	未成年女性 35.64%			
性内容类型	性行为举止描述 66.79%	身体描述 27.27%	性相关知识描述 4.45%	性心理和观念描述 1.48%			

---

① 黄国营、陈墨：《BBS 不同 ID 的字频和标点符号频率的研究》，《语言研究》2004 年 12 月第 24 卷特刊，转引自北大中文论坛专题讨论区"语言文字漫谈"（http：//www.pkucn.com/thread－268086－2－1.html）。

性行为 举止描述	牵手 2.28%	拥抱 6.58%	抚摸 3.04%	亲吻 10.89%	暗示性行为 44.30%	明显性行为 18.23%	其他 14.68%
身体描述	整体外貌 52.35%	身体状态 18.12%	身体部位 29.53%				
参与角色	成年男性 41.72%	成年女性 51.51%	未成年男性 0.61%	未成年女性 6.17%			
主动者角色	男性 49.20%	女性 49.82%	不确定 0.98%				
被动者角色	男性 22.80%	女性 52.09%	不确定 25.11%				

注：以上各类百分比，有的是因为小数点四舍五入的问题，会导致总体总例不足100%，特此说明。

从表3.4可以看出，在"性内容性质"这一指标上，新闻中与性相关的内容更多的还是"非性暴力行为"，这一类型的比例超过一半（56.45%）。但从社会新闻和娱乐新闻两类各自的数据来看，娱乐新闻中"非性暴力行为"的比例达到了80.45%，而社会新闻中"非性暴力行为"的比例只有31.73%。所以"非性暴力行为"这一变量的比例在总体样本中之所以突出，是因为娱乐新闻中常以娱乐明星的非暴力花边新闻为主引起的。

以"暴力"和"非暴力"为分界来看，同属于"非暴力"性质的"非性暴力行为"和"非暴力越轨行为"两种加起来的比例也是最大的（约80%），只有约20%的性内容是包含"暴力"元素的，说明从本次分析的样本来看，百度新闻中还是以刺激性较弱的非暴力新闻为主。而以是否是"越轨行为"为分界来看，"非暴力越轨行为"和"暴力越轨行为"两种加起来的比例为42%左右，低于"非越轨行为"的比例（58%），说明在目前的新闻报道中，虽然对越轨行为的报道并未占主流，但数量也已不少。

比较前后两次内容分析的结果，发现既不含暴力元素、也非越轨的"一般性行为"是新闻涉性内容中的主要部分，即新闻中常出现的是两性之间的亲密性行为举止。其他三类"非暴力越轨行为""暴力越轨行为"和"性暴力行为"的比例分布也大致相似。总体而言，可以看出网络新闻以娱乐、戏谑、供他人围观的猎奇、花边新闻为主，而骇人听闻的暴力新闻比较少。

　　"施暴者"和"受害者"角色的统计分析仅针对"性暴力行为"和"暴力越轨行为"这两类包含暴力元素的行为而言。从表 3.4 可以看出，与性相关的暴力行为中，作为"施暴者"比例最大的是"成年男性"（88%），其次是"成年女性"（11%），"未成年人"作为"施暴者"的情况几乎没有出现。这也证明了成年男性的确处于性关系上的主导地位，而且经常是暴力行为的实施者。

　　但在"受害者"角色分布中可以看到，比例最大的受害者是"成年女性"，其次是"未成年女性"，女性受害者的总体比例达到 93%；而"成年男性"和"未成年男性"作为"受害者"的概率比较低。说明我们从百度新闻呈现的性暴力行为中所看到的媒介现实是，女性通常处于被迫害的弱势地位。这个结果可以证明许多研究者认为"在性关系中，女性仍然处于男权主义秩序的控制之下，并且经常成为暴力的承受者"的观点。

　　从表 3.4 中还可以看出，"未成年女性"作为"受害者"的比例虽然不是最多的，但数量也不容忽视，达到了约 36%，即假设有 10 个性暴力受害者，其中有近 4 人都是未成年女性。这可能与 2015 年以来新闻报道中突然集中关注猥亵未成年少女、强迫未成年少女卖淫等事件有关。

　　在第二次的内容分析中，"施暴者"和"受害者"的比例关系与此次相似，即"施暴者"主要是"成年男性"，"受害者"主要是"成年女性"。但在具体分布上，"成年女性"施暴的比例有所下降，而"未成年男性"作为施暴者的比例有所上升；在"受害者"一类中，"成年女性"的比例略有上升，而"未成年女性"的比例下降了 15%，这也证明了这种比例的分布受一段时期内新闻事件报道量的影响，例如当出现一则"猥亵未成年少女"的新闻时，其后就会出现大量类似的新闻报道，因而使"未成年少女"作为"受害者"的比例上升，也使得这一问题受到广泛关注。

　　从表 3.4 可以看出，与性相关的内容中更多涉及"性行为举止"，这一类型的比例超过一半，达到 66.79%；其次是有关"人物身体部位、身材、外貌"的描述，占 27.27%。这两种类型的性内容在多数研究中也都是比例最高的，而以"介绍性知识、引导正确性观念为目的"的相关内容比例较低，只有 4.45%。

这一指标的比例分布在第二次内容分析中几乎没什么变化，"性行为举止"的描述在所有性内容类型中都是占60%左右，其次有30%左右的内容是"身体描述"，"性知识"和"性心理"共占5%左右。这说明"性"作为一个新闻价值要素出现在社会新闻和娱乐新闻里，仅仅是为了通过描述或展现这一行为以吸引受众眼球，新闻性化的同时，性也被娱乐化。

"性行为举止"和"身体描述"都属于性内容中最常见的类型，将两张表统一起来看，可以看出网络在描述这两种类型的性内容时更突出什么，这一定程度上能说明性内容描述的总体关注点所在。

将具体的"性行为举止"按程度轻重进行分解，从表3.4中可以看出，比例最大的是"暗示性行为"（44.3%）和"明显性行为"（18.23%），其次是"其他"（14.68%）和"亲吻"（10.89%）。"其他"项的比例之所以较大，是因为在新闻中出现较多无法用上述一般的可进行区分的行为来归类的情况，例如偷窥、偷盗女性内衣等行为，类似的情况无法穷尽，只好将之归为"其他"类，从结果来看，这一类行为的比例也不在少数。

从数据中可以看出，社会新闻和娱乐新闻中描述性化程度最深的性行为的比例较大，其中不乏使用露骨、赤裸的词语和句子；"暗示性行为"是指虽然没有具体描述性行为，但使用了暗示性的词语，能够引发受众想象。网络中存在的许多涉性的人身攻击即是使用这样一类暗示性明显的词语，甚至许多青少年也模仿学习之。从整体来看，可以说文字新闻中有关"性行为举止"的描述都属于程度较深的性行为描写，程度较浅的牵手、拥抱等行为出现得不太多。

在关于"身体、身材、身体部位"的描述方面，"整体外貌"得到了更多的关注（52.35%），在社会新闻和娱乐新闻各自的数据中，这一类型的内容也是占最大比例，也就是说，有一半的文章用"性感""身材火辣"等词描绘了人物尤其是女性的身体外貌。其次是"身体部位"（29.53%），这一类型的内容往往在文章标题中就加以突出，通常都指向女性的性别器官以吸引网民点击。

在第二次内容分析中同样是"明显性行为"和"暗示性行为"占最多数，两种类型的比例加起来超过60%。说明较之图片和视频，文字描述的性化程度更加严重，对性内容的描述更加露骨。

本书将涉及性内容的角色按性别和年龄来区分，从表3.4可以看出在所有参与角色中，比例最大的是"成年女性"，达到总数的一半（51.51%），其次是"成年男性"（41.72%）。这两类成年人的比例合起来超过90%，说明在新闻中，性内容的发生大多数时候还是限制在成年人身上，而较少涉及未成年人。只是从2015年以来，涉及未成年女性的猥亵、诱奸等新闻突然得到频繁的曝光，因此"未成年女性"的比例也达到了6.17%。虽然比例较低，但与"未成年男性"的比例相比，还是能说明"未成年女性"这一群体比前者更多地卷入了性内容中。

本书将参与角色区分出"主动"和"被动"，是为了更清楚地看出涉及性内容的角色之间的相对地位和关系。从表3.4可以看出，在"主动者"一类中，男性和女性的比例几乎一致，这一点在第二次内容分析的结果中也是一样的，说明男性和女性在性关系中都可能占据主动地位，主动实施行为；但观察两次内容分析中"被动者"的数据都发现，女性被动者是男性的2倍左右，说明女性在主动地位上有可能跟男性一样平等，但在被动地位上却比男性更容易成为性关系中的被动者。"不确定"一类之所以出现较大的比例，是因为在娱乐新闻中经常出现男性或女性在公众场合主动展示自己的身体或身材，但无法确定或判断受众是谁。但这"不确定"的数据也间接反映了有大量"主动行为"是属于主动地展示自己的身体外貌。

（2）新闻性内容的文本解读

以上针对文本的总体特征进行了描述性分析，主要是从大的方面和概括性的维度上进行描述，例如把"暴力越轨行为"作为一类来分析，那么暴力越轨行为中具体都包含了哪些行为呢，这类行为中涉及的角色，尤其是女性，他们处于怎样的媒介地位，以及获得怎样的社会对待呢。下面我们将从细节上对上节描述性分析进行补充和延伸，例如"身体描述"这一维度，那么这个维度中的一些具体词汇，例如"身体""身材""性感""女性的胸部"等词具有哪些特殊意义。

采用的方法是通过筛选出频率较高的关键词并结合句子和文章进行解读。首先，通过汉语自动分词软件对610篇文章组成的大文档进行自动语义分词工作，得到每个独立的词语及它们的频次，共得到22649个独立词语。这么多词语中有许多是与本书无关的助词、代词及其他词汇，还有些词语虽与本书主题有关，但频次太低，因此没有列入筛选范畴。通过筛选，按词语频次高低将出现 10 次以上与性相关的词语进行排列，最终共筛选出 256 个与性相关的词语。然后再将所有筛选出的词语进行归类处理，归类的方式包括两种：一是个别字眼不同，但意思一样的词语，频次相加，归为一类，如"裸"和"裸露"合并；二是根据词语所表达的意思和内涵，以及本研究的需要，形成由关键词组成的三个主题簇，将"强奸""卖淫"等归为性越轨行为一类，"裸露""亲吻"等归为与性相关的非越轨行为一类，"性感""身材"等归为身体描述一类。归类处理之后，再用每一簇中频次最高的关键词通过编程开发工具（komodo IDE5.0）找出它们所在的句子和文章。

　　首先，表示"与性相关的越轨行为"一类，共有 35 个出现 10 次以上的词语，经过合并归类后，得到频次最高的 9 个词，如表 3.5 所示：

表 3.5　　　　　　　　　与性相关的越轨行为的关键词

关键词	强奸	卖淫	色情	性侵	偷窥	出轨	猥亵	同性恋	性骚扰
频数	374	351	131	123	113	74	58	22	15

　　上述所统计的"频数"并不是表示这个词的绝对频数，而是与其同类合并后的频数。例如，"强奸"一词频数 374，是包括几个同一意思的词语的频数总和。

　　将这一类中频次最高的 3 个关键词作为检索词，从文章中找出与之相关联的句子进行分析。部分句子如图 3.4 所示。

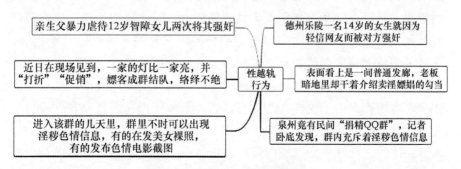

图 3.4　性越轨行为相关的新闻

　　社会学中将偏离"正常"行为规范和模式的行为称之为"越轨",因此本书借鉴这一概念将与当下主流性关系与行为模式不符的性行为举止称为"与性相关的越轨行为"。性社会学理论用"性的社会常模"来表示这种主流的性关系与行为模式,性越轨行为则是违反了性的社会常模。

　　性的社会常模的标准是由一个特定社会将占优势地位的性的社会阶层所遵守的性关系与行为模式规定为总人口的典范或准则。① 在中国传统社会价值观里,正人君子即是这样一类占优势地位的社会阶层,而失足者、流氓娼妓则是违反性社会常模的非主流社会阶层。在本书中对样本所筛选的各类性越轨行为,在中国传统和现代观念里都是不符合大多数人价值观的行为,其行为者也被归为应受批判和教化、挽救的一个社会群体和阶层。

　　从媒介眼球经济的角度来说,有理由认为网络上所充斥的这些违反性的社会常模的猎奇新闻是为了吸引点击量、博眼球。尤其是娱乐新闻中娱乐明星的花边新闻等,纯粹是在寻找各类事件中与性相关的元素,通过非普通人的不普通事使新闻学者华连所说的这一"性的价值"在新闻中无限放大,甚至引起网民狂欢,例如"艳照门"等事件。

　　但忽略这些新闻表面的围观戏谑意味,分析其反映的内容,我们可以从性社会学的角度来讨论一些问题。以出现频率最高的强奸、卖淫嫖娼以及色情产业为例,从中可以发现上述所说的性的社会阶层和群体问题。性阶层是以性方面的特征为划分标志,不同的性阶层在社会中的地位不同,社会对其采取的态度也不同。例如强奸行为的实施者是被批判、惩罚的一个阶层,这从新闻报道中也可以看出来,其中都提到法律的审判和处罚,只不过由于网络新闻重点强调了事件本身和过程,提到的犯罪与判决在文章中比例不大,不够突出,因此淡化了整个事件的严肃性和社会意义;作为这一类行为的受害者又是另一个性的社会群体,获得了同情和帮助,例如对于未成年少女由于约见网友、轻信网友而遭强奸的事实,文章的内容暗示了这样一种网络行为的危险性,在事实陈述完后也明确提出了这样一种观点,告诫未成年人在上网交友这一日益普遍的社会交往形式中,不能轻信网友,以防上当受骗。

　　在这些违反性社会常模的阶层和群体中,女性是一个特殊的社会阶

---

① 潘绥铭、黄盈盈:《性社会学》,中国人民大学出版社 2011 年版,第 90 页。

层和群体，既有主动的越轨行为实施者，也有被动的越轨行为受害者，这在卖淫与色情产业这类事件中表现得最为突出。国际上有多种理论来解释卖淫这个行为和产业，我们从新闻内容中也可以找到对应这些理论的事实。从女性视角出发，包括婚姻家庭层面的家庭残缺论、社会阶层层面的贫困卖淫论、社会底层天生卖淫论，还有女权主义中"权利"视角的自愿职业论、性工作也是工作论等。①

以最后这个女权主义中"权利"视角的自愿职业论为例可以探讨两个问题：一是中西方对于卖淫这个行为及其产业的态度差异；二是在这个极度性化的现象中媒介所反映的女性形象和地位。西方将卖淫用"性工作"称之，这个词是由美国女权团体所创造，呼吁社会大众对性工作者重新认识，甚至从哲学的高度来思考性及其产业；在中国，娼妓也是一个古老的职业，但20世纪初之后就成为"扫黄"目标之一，我们从新闻中也可以看出此类事件通常都是嵌在法律的打击和道德的谴责鄙夷背景中。此外，卖淫和色情产业的问题一直都是女权主义的争论焦点。反对派的理论认为，这种极度性化的现象是对女性的奴役，"性的商品化是社会关系非人性化及暴力的表现"②。媒介上所反映的卖淫女性的形象要么是自甘堕落、道德沦丧的，要么就是亟待拯救的被动受害者。赞成派不主张禁娼，但也反对这种对于性工作者形象的媒介构建，认为性的商品化是性的众多合理形式之一，从事性工作和身体的性化是自由权利之一，自由权表现为从事性工作者的女性自愿、积极主动地介入这一行为。这一观点对媒介上从事性工作的女性形象的构建提出了反思，更深层次的却是对社会文化通过媒介反映将歧视性工作作为社会控制手段的批判。

其次，表示"与性相关的非越轨行为"一类，共有46个出现10次以上的词语，经过合并归类后，得到频次最高的9个词，如表3.6所示：

表3.6 **与性相关的非越轨行为的关键词**

关键词	裸露	性关系	亲吻	艳照	避孕	搂抱	脱	抚摸	调戏
频数	241	169	125	106	76	68	54	32	30

① 潘绥铭、黄盈盈：《性社会学》，中国人民大学出版社2011年版，第156页。
② 同上书，第158页。

选取这一类中频次最高的 3 个关键词作为检索词，从文章中找出相应的句子进行分析。部分关联句子如图 3.5 所示。

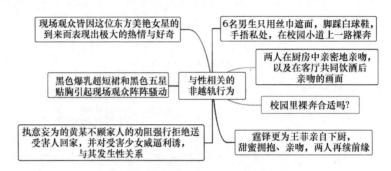

现场观众皆因这位东方美艳女星的到来而表现出极大的热情与好奇

6名男生只用丝巾遮面，脚踩白球鞋，手捂私处，在校园小道上一路裸奔

两人在厨房中亲密地亲吻，以及在客厅共同饮酒后亲吻的画面

黑色爆乳超短裙和黑色五星贴胸引起现场观众阵阵骚动

与性相关的非越轨行为

校园里裸奔合适吗？

执意妄为的黄某不顾家人的劝阻强行拒绝送受害人回家，并对受害少女威逼利诱，与其发生性关系

霆铎更为王菲亲自下厨，甜蜜拥抱、亲吻，两人再续前缘

图 3.5   与性相关的非越轨行为的新闻

这一维度主要分析"与性相关的非越轨行为"。与上一类强奸、卖淫、色情等"越轨行为"相比，这一类行为在公共场合中更加常见和公开化，例如裸露、艳照等在报纸杂志、网络上比比皆是，亲吻、拥抱不仅出现在网络上，在现实生活的公开场合中也经常能见到。从社会价值观的角度来说，越轨行为由于其违反社会公序良俗的特征因而更具有冒犯性，对人的心理刺激性也更大，而一般性的性行为举止因其不存在很大的伦理冲突和矛盾，不会引起严重的反感和公愤，因此在一个较为开放的社会文化中变得平常，公共场合的亲密行为通常只是在是否雅观、应不应该的范畴内讨论。

从第一节的描述性数据中可以看到，在"性内容的性质"上，像这一类没有体现出暴力或越轨因素的一般性新闻还是占多数的。非暴力性行为多于暴力性行为，非越轨行为也多于越轨行为。尤其是在娱乐新闻中，明星的裸露行为、模特的裸露、公众场合亲吻搂抱等花边新闻占据了报道主体。从另一角度的指标"性内容类型"上来说，也可以看到性行为举止和身体描述是两种最主要的性内容类型，分别占了 67% 和 27%。这一部分筛选出的频率最高的词"裸露""艳照""亲吻""搂抱""抚摸""性关系"等都体现了非暴力非越轨的一般性行为举止和身体描述在网络新闻描写中的广泛存在。

新闻中关于这一类行为的描写来自于对社会现象的反映，当今社会中裸露之风日益盛行，电影的宣传海报、产品的广告，甚至是国粹京剧也出现裸露，一些娱乐明星的出场在衣着服饰上以裸露、性感吸引眼球，媒介上所描写的也恰恰正是这一受众感兴趣的特点，例如"现场观众皆因这位东方美艳女星的到来而表现出极大的热情与好奇""黑色爆乳超短裙和黑色五星贴胸引起现场观众阵阵骚动"等，现实中对裸露的"围观""追捧"在网络上又形成另一种围观盛况。

除了社会本身评价标准和审美情趣表现出对"裸露""艳照"的围观猎奇外，媒介自身也在不断制造以资娱乐的与性相关的新闻点。例如报道中的"大学裸测事件""裸奔事件"等，对于引起社会和校园内学生广泛争议的事情当然有值得拿出来说一说的必要和价值，因为新闻的价值之一就在于新奇性，但因"裸"的隐晦含义及场合的不适宜，因此其最大的新奇性还是涉性。不论是为了争论还是新闻价值，我们都从中看出对这些事件的围观氛围和气息。在一些暗访涉性事件的调查类报道中，详细的细节描写更是引发网友围观，这从这类新闻下成千上万的网友评论数量和内容中可见一斑。

再次，与"身材""穿着"或"身体部位"相关的一类词在样本中出现得非常多，共有 61 个出现 10 次以上的词语，经过合并归类后，得到频次最高的 9 个词，如表 3.7 所示：

表 3.7 涉及"身材""穿着""身体部位"的关键词

关键词	性感	胸部	身材	脸	透视装	裙子	肌肤	双腿	腰
频数	441	213	205	93	88	80	79	74	57

分别选取描述身材、穿着、身体部位 3 类中频次最高的 1 个关键词作为检索词，从文章中找出相应的句子进行分析。部分关联句子如图 3.6 所示。

在本书所分析的新闻样本中，对于身体，尤其是关注女性身体的有关报道和描述也有很多，特别是在娱乐新闻中。与此相关的出现频次最高的词是"性感""胸部""身材""透视装"等，从文章整体立意来看，这些"身体"所表现的很显然无一例外都与性有关。

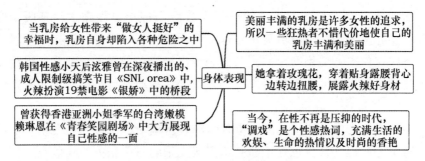

图 3.6　与身体表现相关的新闻

潘绥铭教授认为，性化的形式之一是把原来一些虽然与性相关却仍然可以明确区分的现象模糊化，甚至直接把它定义为性的范畴。① 例如"身体"，作为生理意义上的个人的"性别的身体"，虽然与性相关，但在过去不会理所当然地把它归入性的范畴。但在建构社会意义的媒介上，身体被表现成了一种象征，成为"性的身体"。尤其是女性身体与性的关系已成为"身体社会学"、后现代女性主义、心理学等领域都关注的前沿问题之一。

"性感"一词在同类词汇中出现的频率最高。这个主要用于描述女性身体外貌的词汇突出体现了性别差异中性的方面，年轻女性的身体与性感挂钩，以各个分解的身体部位"飘逸的长发""丰满的胸部""修长的腿部"和各种身体打扮为标准定义性感，从而使身体、性、性感画上了等号；从"性感"一词在中国语境下的意思变化也可以看出这种等同关系，从最早讽刺女性的风骚妖媚，变成现在的赞美恭维；从原本指代女性的女人味，变成了现在的"有性的吸引力"。②

与身体相类似的"身材"一词同样具有性的色彩。关注女性身体与性的研究者黄盈盈将以"身材"为关注点的身体定义为"呈现式身体"，与之对应的是以"健康"为关注点的"感受式身体"和以"气质"为关注点的"精神体现式身体"。③ 在这三种"身体"中，以"身材"为关注点的"呈现式身体"与性的表露直接相关。性别是个体的，

---

① 潘绥铭、黄盈盈：《性社会学》，中国人民大学出版社 2011 年版，第 29 页。
② 黄盈盈：《身体·性·性感——对中国城市年轻女性的日常生活研究》，社会科学文献出版社，第 112 页。
③ 同上书，第 63 页。

而性是社会的。当身材在媒介上被形塑并呈现时，身体也就成了社会的，成为一种性的象征符号。

身体部位作为身体的一部分，其意义也同样经历了从生理的性到社会的性的转变过程。例如典型的女性胸部的文化意义，从传统上的哺乳器官变成了现在的性器官。在网络上的娱乐新闻中，女性的性器官往往成为吸引网民点击的卖点和噱头，女性也因此成为媒介构建的具有浓厚性色彩的社会性别。

将身体与性结合的表现方式远不止这些，形式上除了充满想象力的文字之外，现在大多数网络新闻都采用图文并茂的形式，而且更具视觉冲击力的图片的作用有时超过文字，成为典型的性消费的表现和手段；而在文字内容上，用于表达的词汇日益增加，在本书样本的筛选中，共找出15个类似词汇，包括"性感""美貌""清纯""漂亮""甜美""火辣""美艳""妩媚""美人""香艳""妆容""姿色""优雅""惊艳""修长"等。这是媒介所构造的身体语言，用话语体系将身体变成能够跃然于纸上的"呈现式的性的身体"。

媒介塑造"性的身体"涉及的另一个问题是参与主体的问题，主体包括"作为被构建的女性"和"作为看客的男性"。国际女性主义所批判的是存在于男性目光中的女性身体，把女性及其身体视为奴役的"牺牲品""被消费的对象"，但也有很多研究强调了"女性能动的身体体验"，认为许多女性作为被展示的个体确实因为自己的"呈现式身体"而感受到快乐。这从所分析的网络新闻中有关女性身体的展示中也能够看出来，其表情、状态等心理意愿是一方面，自觉地使用与性产生联想的"透视装"和装扮来表达自我是另一方面。这正是吉吉·杜勒姆在描述西方脱衣舞文化和洛丽塔效应时所说的，女性以一种意想不到的方式在接受自身的性化，自己定义和表现自身身体的性感，而越来越多的未成年女性也正在模仿这样一种行为，以性感、白皙、妖艳为时尚标准，从而出现过早的性社会化。

本节关于新闻文本的描述性统计主要分为两个部分：一是从总体来说社会新闻和娱乐新闻的涉性比例，以及涉性句子的比例；二是文本中性内容其他具体特征的描述，主要分为5个类目：性内容性质、性内容类型、性行为举止、身体描述和参与的角色性别。

第一，对两类新闻共610个样本分析统计显示，共有515个样本包含与性相关的内容，占总体样本的84.43%。其中社会新闻和娱乐新闻在各自的样本中涉性比例分别占81.64%和87.21%。娱乐新闻的涉性比例高于社会新闻的涉性比例，也高于总体的平均比例，可以看出娱乐新闻中包含更多涉性内容，一些娱乐明星的花边新闻做了很大贡献。社会新闻虽然涉性的篇数比娱乐新闻少，但每篇涉性的新闻中涉性的篇幅却比娱乐新闻多，平均每篇社会新闻有1/4的内容涉性，娱乐新闻有1/5的内容涉性，这与娱乐新闻更常用图片来表现涉性内容，而文字较简单有关。

第二，非暴力性行为的内容占首位，这一特征的原因是因为娱乐新闻中涉性的内容大多数是关于公众人物一些不存在暴力冲突的一般性行为举止。暴力性行为的内容并不是很多，主要出现在社会新闻诸如强奸等事件的报道中。从"越轨行为"这一特征来看，非越轨行为的比例高于越轨行为，说明目前的新闻中违背伦理、社会规范的越轨行为还未占主流，但数量却已不少，占了42%。总之，总体上以冲突性较低、心理刺激性较小、违反社会公序良俗程度较低的非暴力、非越轨的一般性行为举止为主，但一些耸人听闻的暴力越轨行为的报道也不在少数，无法忽略。

第三，在暴力行为中，有88%的施暴者都是成年男性，但不管是成年男性还是未成年男性，作为受害者的概率却极低。而成年女性虽然偶尔也会成为暴力的实施者，但更多的是作为受害者的形象出现，其次是未成年女性也经常成为暴力性活动的受害者。男性作为施暴者，自己就是暴力性活动的行为主体，这一点与女性作为施暴者不同，女性施暴者是通过暴力强迫他人成为性活动的主体。从中可以看出男性的确处于性关系中的主导地位，女性仍然处于男权主义秩序的控制之下，并且经常成为暴力的承受者。

第四，性内容的描写中关于性行为举止和身体描述的分别占前两位，共占了94%，而关于与性相关的知识和心理描写却很少。说明在社会新闻和娱乐新闻中仅仅是将"性"作为一种能吸引眼球的新闻价值要素进行呈现，而并非是以提高性认知、引导正确性观念为目的。对于性行为举止，从整体来看，属于较深程度的明显性行为和暗示性行为描写比较多，程度较浅的牵手、拥抱等行为较少，说明新闻文本的性化程度是比较严重的。

2. 图片文本的分析

（1）描述性统计数据分析

本书首先以主题词为参照选取和分析图片，共选取了61个主题词，这些主题词的作用类似新闻标题，指向某一事件、事物和人物。百度图片主题词页面如图 3.7 所示：

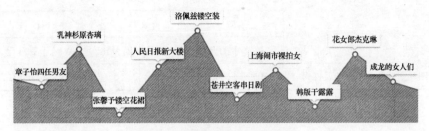

图 3.7 百度图片主题词关注度

统计发现，样本中大多数图片主题是指向人物的，例如"复旦学霸女神""美女博士"等。主题指向人物的图片频率超过样本总量的一半，有 55.74%；指向事件的主题如"海监船撞越南船""美国遭极地寒流"等，这类频率为 26.23%；以事物为主题的图片如"人民日报新大楼"等一类最少，只有 18.03%。本次统计的 305 张照片各种主题频率分布如图 3.8 所示。

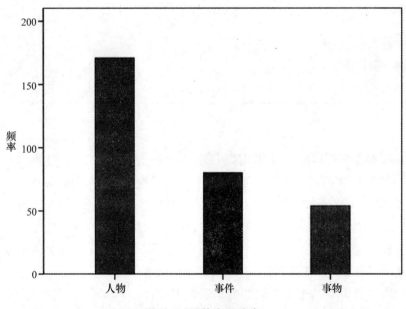

图 3.8 图片主题分类

表3.8 图片的主题分布数据汇总

	案例					
	有效		缺失		合计	
	N	百分比	N	百分比	N	百分比
图片主题分类是否涉及性内容	305	100.0%	0	0	305	100.0

从表3.8可以看出，在每一个主题词下，都包含各种各样的图片，有些即使主题词中不包含性内容，但打开链接之后的图片中也会展现出许多涉性图片。在本研究所分析的共305张图片中，涉性图片有267张，占样本总量的87.54%。以每个主题下选5张图片计，平均53.4个主题都涉及性内容，占主题样本量的87.54%。

表3.9 图片主题分类和是否涉及性内容相关性卡方检验

	值	df	渐进 Sig.（双侧）
Pearson 卡方	1.652	2	0.438
似然比	1.601	2	0.449
线性和线性组给	0.649	1	0.420
有效案例中的 N	305		

从表3.9可以看出，根据皮尔逊卡方检验，图片"主题分类"和"是否涉及性内容"两者之间并不存在统计学上的显著相关性（$x^2 = 1.652$，$df = 2$，$p > 0.05$）。也就是说，图片主题与是否包含性内容无关，正如上文所说，即使是主题词中没有涉及性内容，打开链接之后的图片库中也会包含大量的涉性图片，而并非只有诸如"美女博士"这种暗示性较强、直接指向人物的主题才会出现涉性图片。

图片分析中其他变量的数据如表3.10所示。

表 3. 10 图片中性内容的描述方式及比例一览

性内容性质	性行为举止描述 18%	牵手 20.83%	拥抱 43.75%	抚摸 4.17%	亲吻 27.08%	暗示性行为 0.00%	其他 4.17%
	身体外在表现 82%	服饰 0.46%	整体外貌 57.80%	身体部位 41.74%			
暴露明显程度	服饰虚设 1.28%	部分皮肤暴露 32.34%	大面积皮肤暴露 44.26%	性别特征暴露 20.00%	人体裸露 2.13%		
背景关系	无背景 15.36%	背景虚化 44.57%	具体场景 40.07%				
角色性别	未成年女性 4.79%	青年女性 76.68%	中老年女性 2.88%	未成年男性 0.00%	青年男性 13.74%	中老年男性 1.91%	
主动者角色性别	男性 8.27%	女性 86.47%	不确定 5.26%				
被动者角色性别	男性 5.24%	女性 7.12%	不确定 87.64%				

说明：以上各类百分比，有的是因为小数点四舍五入的问题，会导致体总例不足100%，特此说明。

从表 3. 10 可以看出，在图片的"性内容性质"这一维度中，比例最大的是"身体外在表现"，为 82%，远远超过"性行为举止描述"的比例（18%）。也就是说，图片经常被用于展现个人或群体的外貌、身材、妆容等，意在表现图片主体吸引人的形象，而两性之间的行为举止在图片中表现得并不突出。第二次内容分析的结果也具有此特征，但"涉性的行为举止"比例增多，"表现人物身体"的图片有减少。

就"性行为举止"这一项来看，比例最大的是"拥抱"（43.75%），其次是"亲吻"（27.08%）和"牵手"（20.83%），图片中出现"暗示性行为"的频率为 0，说明从现有样本来看，与性相关的行为举止还属于大多数人可接受的程度。将这几类行为举止按顺序进行从 1~6 的赋值，可以发现平均值为 2.54，即性行为举止平均分布在"拥抱"和"抚摸"之间；标准差 >1，偏度 >0，分布趋向于非正态分布，具有正偏离，变量更多集中在平均值左侧，即性行为举止主要表现为性化程度较低的"牵手""拥抱"等。第二次内容分析的结果也表明 80% 的性行为举止为"拥抱""亲吻"，但"暗示性行为"的比例从 0 上升到 13%，说明图片的性化程度在加深。

从表 3. 10 中可以看出，"身体外在表现"这一项中比例最大的是"整体外貌"（57.8%），其次是"身体部位"（41.74%）。两者的区别在于出现在图片框中的身体面积和视觉中心，从统计结果来看更多的还是表现整个人体的外貌，但用中景、近景，甚至特写表现人物身体部位的也不少，占了1/4。将各类身体外在表现按顺序从1~3赋值，得出平均值为2.4，即身体外在表现更集中在"整体外貌"这一类上；其标准差为0.5，偏度0.2，虽然也非标准正态分布，但与"性行为举止"这一指标相比，离散和偏离程度更低。

与此次内容分析相比，第二次分析中"身体部位"的频率超过一半，为55.8%，"整体外貌"为44.2%，说明在此后的时间里网络图片专区中更多的图片聚焦人物的身体部位，性化程度加深。

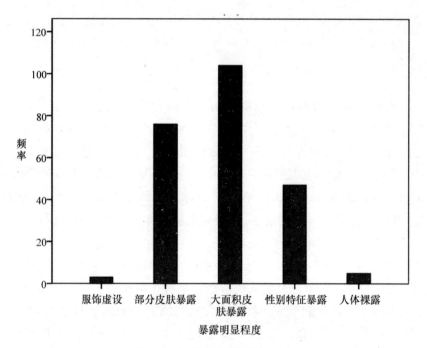

图3.9 暴露明显程度的分布

从图3.9可以看出，在所有涉性图片中，具有身体暴露特征的图片频率为88%。按暴露程度的分布来看，最多的是"大面积皮肤暴露"，其次是"部分皮肤暴露"和"性别特征暴露"，接近色情程度的裸体图片数量不多。从某种程度上说，网络的规制、管控从中有迹可循。

大面积皮肤暴露如比基尼图片，其实从保守的角度来说，与人体裸露也相差无几，对于视觉的冲击同样显著。如果将这二者统一起来，可以认为图片中存在大量的具有直接诱导想象作用的性图片。

将各种程度的暴露图片进行1~5赋值，得出平均值为2.89，即暴露明显程度倾向于第3类"大面积皮肤暴露"；其标准差为0.8，偏度0.2，接近于正态分布，变量主要分布在第2类至第4类之间，与百分比的分布一致。

从表3.10来看，背景关系中"背景虚化"的频率最大（44.57%），有明显可见的"具体场景"的背景次之（40.07%），背景为"空白"的图片频率最低（15.36%）。这一结果与罗赟喆（2013）分析男性杂志封面图片时的发现一致，即"背景虚化"的频率最高，说明在图片拍摄中经常采用背景虚化的方式衬托、突出人物形象、人体部位等。

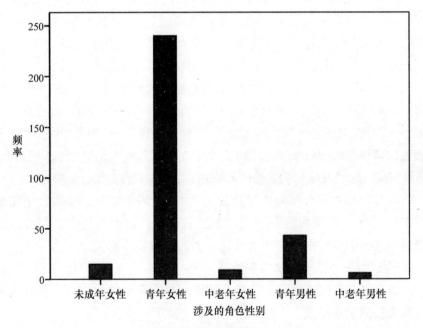

图3.10 角色性别分布

但网络图片不似杂志那么具有专用性和美感，而是更具有随意性，因此在本研究的样本中，除了常用"背景虚化"的方式来展现暴露图片外，有"具体场景"的图片频率与之也相差无几。这一点在第二次内容分析中更加明显，第二次分析结果显示50%的图片背景都为"具体场景"，超过"背景虚化"的图片。暴露图片的具体场景中有许多是公共场合，这证明了学者所认为的"'公共'和'私密'的界限正在模糊"的观点是有道理的。

图片中出现的各种角色的频率可以从图3.10中看出，总体来说，"女性角色"要比"男性角色"出现得更频繁。在各年龄段女性中，"青年女性"的频率最高（76.68%），其次是"青年男性"（13.74%），但"青年女性"的数量大大超过"青年男性"的数量。这与许多研究的结论都是一致的，即媒介更喜欢塑造青年女性形象，尤其是把年轻女性塑造成性对象来吸引眼球。青年男性也是另一个被构建成性符号的对象，但从分析结果来看频率不算高，"男色消费"的出现对于提升女性地位和女性性别意识的作用并不明显。[1]

按"成年人"和"未成年人"来划分，可以发现未成年人的频率很少，未成年人中也仅仅出现"未成年女性"，"未成年男性"的频率为0。这与现在网络上存在大量未成年女性过早性社会化的行为有关，例如上传自己的性感照片，模仿成年人的妆容、穿着等。

在这一指标上，前后两次的内容分析结果大致相似。涉性图片中90%以上的角色为"成年人"；成年人中又以"女性"居多；而且，"女性"作为单一性别出现的频率也远远超过"男性"作为单一性别出现的频率，分别为52%和4%。从这一角度可以认为，"女性"相对而言性化的程度较之男性更高，即"女色"消费仍然是网络图片专区中的主流趋势。

将各种角色进行赋值，平均值为2.47，偏度1.73，即角色平均分布在第二类"青年女性"一侧，偏度右偏离，以女性居多，与百分比趋势一致，但这可能与青年女性这一类的数量突出有关。

（2）图片性内容的文本解读

本节将结合描述性统计数据，选择图片中典型的性内容表现方式进行价值性的文本解读。

第一，性别角色。从性内容所涉及的角色来说，涉性图片中经常出现的角色形象是女性，女性形象的频率远远超过男性形象的频率，未成年女性、青年女性和中老年女性三个年龄段加起来，频率达到84.35%，而男性只占15.66%。在这三个年龄段中，又以青年女性出

---

[1] 卢芸：《"男色消费"：消费社会中的女权回归?》，《新闻天地》2009年第7期。

现得更多，占 90.91%。这说明，在网络媒介中仍然将女性作为一种展示符号，用她们的姿色和性感制造强烈的视觉效果，吸引受众。从另一方面来说，近年来"男色风"似乎正在兴起，以男明星为代表的男性角色也在以暴露身体作为一种消费诉求，因此有人认为女性"被消费"的性别文化将要改变。但从本书的样本来看，涉及性内容的图片中男性角色的人数并不多，从目前来看至少在两种形象比较之间，"女色消费"仍然比"男色消费"来得高。

在传统的眼光中，女性历来是作为"被观赏"的对象的。在许多古典文学作品里，女性都被作为美的化身来描写，例如《红楼梦》中所描绘的女性形象以及借主人公贾宝玉之口对女性的称赞，都是一种通过男性眼光对女性形象的构建，但当时的这种"眼光"所看到的女性通常可以用"端庄得体""美丽优雅""贤妻良母"来概括。而伴随着现代社会性观念和性态度的开放，女性形象也发生了很大的变化，网络媒介中以性暗示为目的所构建的女性形象就是一个明证。

如上述所说，在年龄段上，百度图片中出现最多的是青年女性，不管是图片设置者还是搜索的网民都更青睐青年女性，这暗示了年轻的女性更有价值。[1] 这类女性以拥有年轻美丽、性感优雅的外表为形象特征，实际上与现实世界中女性分布的真实情况并不相符。但在媒介中，青年女性往往是吸引眼球的卖点和有力武器。

第二，女性议题。就针对青年女性这一对象分析其关注点，可以发现网络和网民最关注她们的什么特征，这一定程度上能够反映出女性在媒介视域和大众眼中是一种什么样的形象。样本主题词中出现的议题大致可以涵盖行为、成就、身体和服饰几类，可以发现出现最多的主题词是女性身体，有些图片虽然着眼点在服饰和行为，但归根结底其最终诉求仍是女性身体，例如"镂空装""短裙"等吸引人的无一不是女性身体，其目的都是为了塑造一个可供眼球消费的女性意象。女性的"成就"几乎没有，可想而知在供娱乐消遣的图片平台上也是不可能出现女性的这类主题的。即使是卓有成就的女运动员，也是那些能强调女性身体特征的、具有观赏性的体育项目的女运动员才会受到关注，而且图片中刻意突出的不是其获胜或获奖场景，仍是其外貌身材。

---

[1]　马静：《以女性主义视角审视电视广告中的"女色消费"》，《新闻世界》2009 年第 11 期。

不仅如此，作为女性完整个体意义的形象被肢解，通过特写镜头定格在身体部位上。我们所能想到的关于"美女"的定义通常来自于媒介所构建和强调的特性：修长美腿、身体曲线、飘逸长发……拼凑的片断组合成一个具有性观赏价值的对象。在这种图片符号体系中，女性性感的　面被极度渲染，将之作为充满欲望的性对象来塑造，这是对现实女性形象的片面化描述，所呈现的只是目标观众所需要的、所喜欢的"女性"，实际上是一种"客观女性话语的缺失和对女性形象的异化"。①

异化女性形象的另一个表现是，图片中的女性似乎很乐于展现自己的身体，呈现出来的是一种充满性欲望的角色。在消费女性的游戏中，女性有意或无意地接受了这种媒介呈现，并热衷于把自身当作男性的视觉对象，"她们以男性对待她们的方式来对待自己，她们像男性般审视自己的女性气质"。② 这也是女性形象被进一步扭曲的原因。

第三，女性身份。从那些涉性图片的女性身份来看，出现最多的是一些从事表演工作的女性，大多数都是女演员、模特等，此外还有一些是"学生"一类，但这些被贴在网上和被搜索的学生也都以"美女"冠之，尽是"高校美女""大学校花"，属于普通底层女性的形象在这样一个平台几乎不可见。从中可以看出，网络上展现的女性身份并不全面，分布不均，从"百度图片"来看不仅是舞台上的表演女性居多，而且其他行业的女性选择也都是以外表光鲜亮丽为标准。图片符号能使女性形象更好地得到展现，而女性的"可观赏性"也通过图片符号更加放大，成为女性能进入大众视野的一个最重要的条件，也是男性世界里对女性形成片面定义的原因。

有些研究者认为，网络给女性争取自由提供了机会，网络为实现两性平等创造了可能的空间。③ 但就本书所研究的"百度图片"而言，其中所呈现的女性形象更接近于吴志翔在《肆虐的狂欢——传媒美学谈》中所说的"被看价值"和"性价值"，④ 不但女权主义倡导的"现代职业女性"等新女性形象很难看到，传统文化中的"贤妻良母"形象也

---

① 宋佳仪：《浅析〈男人装〉杂志中的女性角色》，《新闻天地》2010 年第 10 期。

② [美] 约翰·伯格：《观看之道》，戴行钺译，广西师范大学出版社 2005 年版，第 67 页。

③ 刘红、昌蕾、辛凤：《网络新闻图片中的伭族女性形象分析》，《东南传播》2012 年第 10 期。

④ 吴志翔：《肆虐的狂欢——传媒美学谈》，武汉大学出版社 2006 年版，第 4 页。

被弱化，女性性化的身体形象占据着绝对主导。这从图片中集中展示的偏年轻化女性、舞台上表演的性感女性以及热衷捕捉女性身体部位就可看出，媒介借助富有表现力的符号将女性形象构建成了具有性吸引力、充满消费欲望和能力的性别。

就作为性别生理特征的身体而言，展现女性身体也并不都暗含着性化的意味。法国社会学家让·克鲁德·考夫曼曾对海滩上晒体女性的裸露行为进行研究，他主要研究了同一海滩上的男性是如何看待女性的这种裸露行为。在他的研究结果中提出了女性的"三种身体"：平常性、性、美，这三种"身体"糅合在一起表现出一种"模糊性"的整体，在不同的情景下某一种"身体"会凸显而掩盖另外两种"身体"，而这取决于男性以何种"目光"来看待女性。在海滩这一特定的场域中，"放松"和"宽容"是主导规则，因此大多数男性都会选择以"平常性"的目光去观看，"性"和"美"的目光处于从属地位，身体的各个部位只是身体的一个器官而已，而不再带有其他的含义。①

但在媒介上，特别是网络空间中以吸引眼球为目的的图片专区，图片设置者却是以展现女性"性"和"美"的一面为准，而观看图片的男性也是以"性"和"美"的目光去看待女性。在这种情境下，女性的第二种和第三种"身体"凸显成为主导的"身体"，使之具有了人为构建和社会塑造的意义，掩盖了第一种只是作为性别生理特征的"平常性"的身体，女性因此成了一种特殊的社会性别。

（3）讨论

第一，在网络图片平台上，许多图片的标题或名称都是以年轻女性为中心词的，而且冠以描述外貌、身体部位的形容词，例如"美女博士""性感女神"等。图片标题是吸引受众点击、观看的入口，因此图片的性化从图片标题就已经开始了。另外一些与人物无关的事件类图片中，即使从标题上看不涉及性内容，但打开链接之后的图片中也会展现出许多涉及性内容的图片。总之，由于网络的无边界和开放性，类似"百度图片"这样的网络图片区是网络中性化程度最高的区域之一。

第二，图片中"身体外在表现"的比例最大，超过性行为举止的比

---

① ［法］让·克鲁德·考夫曼：《女人的身体男人的目光：裸乳社会学》，谢强、马月译，社会科学文献出版社2001年版，第198页。

例，身体外在表现涉及的角色以年轻美丽性感的女性为主，说明图片最主要的功能是用来发挥视觉表现力，展现女性的外貌、妆容、身材、身体部位。在网络图片的环境和气氛中，女性成为被看者，以展现"性"和"美"为目的，观看者也以"性"和"美"的目光去看待女性，掩盖了身体只是作为性别生理特征的"平常性"的本质，女性因此成为一种特殊的社会性别。

第三，虽然网络图片区中大多数图片都涉及性内容，但从最直接体现性化的"暴露程度"这一特征来看，性化程度最高的人物裸体图片还比较少，数量最多的是大面积皮肤暴露，如女性身着比基尼的图片。从保守的角度来说，这类图片其实与人体裸露也相差无几，对于视觉的冲击同样显著，存在直接诱导想象的作用。但忽略这种考虑，其实可以从中看出中国对于网络管控、规制的存在和作用，毕竟限制了许多裸体图片的传播，一定程度上降低了性化程度。

3．视频文本的分析

（1）描述性统计数据分析

首先从节目这一分析单元来看电视剧、电影、动漫、娱乐、综艺五类视频各自的节目涉性比例，以及他们与样本总体的比较；其次，在每一类节目中，以每个场景为分析单元，统计其涉性比例状况。

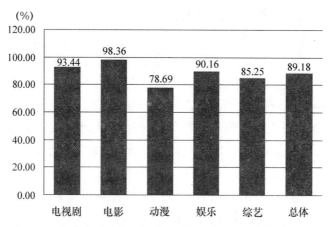

图 3.11　各种类型中涉及性内容节目的比例及与总体的比较

本研究共抽取 305 个视频影像资料，包含电视剧、电影、动漫、娱乐和综艺类的节目。在所有样本总体中，涉及性内容的视频有 272 个，占样本总体的 89.18%，详见图 3.11 所示。

从各类型节目来看，涉性节目比例最大的是电影，占所有电影样本的 98.36%，即几乎所有电影中都多多少少会出现一些与性相关的言行举止或表现身体的场景；

居于第二位的是电视剧，在 61 个样本中包含性内容的电视剧节目有 57 个，占电视剧总体的 93.44%，略低于电影的比例；

居于第三位的是娱乐节目，涉性节目比例为 90.16%，这与娱乐节目中多涉及娱乐明星的绯闻花边新闻有关；

第四是综艺类节目，涉性节目比例为 85.25%，这可能与近年来婚恋类综艺节目的增长有关，节目中出现较多表现女嘉宾身体、外貌的场景；

比例最低的是动漫节目，为 78.69%，动漫虽然时间短、面向青少年，但仍然有很多关于青春爱恋、同性恋等题材的节目。

在所有 305 个视频节目中，总计时长为 228.15 小时，其中共有 1995 个场景涉及性内容。以时间为单位来算平均每小时有 8.7 个场景涉性，以节目为单位则每个节目有 6.5 个场景涉性。

从各类型节目来看，电影的时长最长，总计 102.9 小时，涉性场景也最多，有 670 个，平均每小时包含 6.5 个与性相关的场景，每个电影包含 10.9 个涉性场景。

其次是综艺节目，时长总计 60.8 小时，共有 477 个场景涉性，平均每小时和每个节目的涉性频率都为 7.8 个场景，这类节目的涉性场景大多数是嘉宾的身体表现；

电视剧的时长不长，但涉性场景也比较多，共有 358 个，平均每小时包含 9.1 个与性相关的场景，每个节目包含 5.9 个涉性场景；

动漫和娱乐类节目每集播出的时间和电影、电视剧比起来要短得多，动漫每集为 30 分钟左右，娱乐节目时间更短，所以动漫的总计时长只有 22.8 小时，共有 180 个场景涉性，平均每小时 8.0 个涉性场景，每个娱乐节目每小时 3.0 个涉性场景；

娱乐视频节目总计只有 2.3 小时，但每个节目几乎在所有播出时间里都涉及性，以每个镜头为一个场景来算，时间短但场景多，平均每小时包含 134 个场景，每个节目 3.1 个场景。

五类视频在时间和节目单位上的涉性频率比较如下所示：

时间单位上的涉性频率：娱乐 > 电视剧 > 动漫 > 综艺 > 电影

节目单位上的涉性频率：电影 > 综艺 > 电视剧 > 娱乐 > 动漫

从这一比较中可以看出，节目单位上的涉性频率和时间单位上没有相关性。电影虽然几乎每一个节目都有涉及性内容，场景的总数也是五类视频中最多的，但由于电影的持续时间长，所以平均下来在时间上每小时的涉性频率反而是最低的，也就是说，当观众在观看一个电影时，在同样的单位时间内，所看到的涉性内容不如电视剧等那么频繁。

视频分析中其他变量的数据如表 3.11 所示。

表 3.11　　视频节目中性内容的描述方式及涉及角色关系一览

性内容背景	已确定的婚姻关系 8.95%	已确定的未婚关系 17.99%	婚外情 1.25%	非情侣关系 51.77%	非法关系 3.05%	不确定或其他 16.99%			
性内容类型	性行为举止描述 65.46%	肢体型调情 20.04%	牵手 14.75%	拥抱 31.59%	抚摸 6.86%	亲吻 15.28%	暗示性行为 5.44%	明显性行为 1.27%	其他 4.77%
	相关的口头讨论 21.51%	对自己或他人性兴趣的评论 25.17%	对已发生的性行为举止的讨论 25.85%	讨论性犯罪 2.95%	与"性"相关的专家意见 0.00%	讨论"性" 45.58%	其他 0.45%		
	身体外貌表现 13.02%								
性内容性质	单纯表现"性" 96.60%	包含风险和责任因素 3.40%							
性内容主题	标准模式 61.68%	暴力模式 2.67%	理想模式 27.94%	其他 7.70%					
角色性别	成年男性 53.82%	成年女性 45.9%	未成年男性 0.14%	未成年女性 0.14%					
主动者角色性别	男性 54.85%	女性 43.53%	不确定 1.63%						
被动者角色性别	男性 37.85%	女性 51.91%	不确定 10.24%						

性内容背景是指涉及性行为举止或讨论的人物之间的关系。从表

3.11 中可以看出比例最大的是"非情侣关系"（51.77%），说明从此次样本分析来看，视频类节目中有一半与性相关的场景发生在没有感情基础的朋友、陌生人等人际关系之中，主要出现在影视中的故事前期和综艺类节目中。这一关系虽然不如表中的"婚外情""非法关系"来得负面，但也会形成现代社会性观念和价值观开放的印象和证明。之所以将它们分开，是因为这三种关系的本质还是有所区别的。从表中可以看出，不符合道德和法律规范的"婚外情""非法关系"在视频节目中还是出现得比较少，分别只有 1.25% 和 3.05%，说明描述的主要还是一种有序、规范的世界。

与传统婚恋观相符的"已确定的夫妻关系"和"已确定的未婚关系"比例也不太高，分别为 8.95% 和 17.99%。性场景发生在未婚的男女朋友间的比例仅次于非情侣关系，这可能与视频的热播榜单上往往是言情偶像剧占前几位、样本中多出现年轻情侣或非情侣的现象有关。而在夫妻关系中多以日常生活场景为主，较少涉及与性相关的内容。"不确定"这一类别比例之所以也较高（17%），是因为一些场景涉及单一人物的身体表现或心理状态，无法判断人物关系。

在本研究第二次的内容分析中，这一指标的分布情况与此次大致相似，依次为非情侣关系（46.1%）> 已确定的未婚关系（28.5%）> 夫妻（14.5%）> 婚外情（4.3%）> 非法关系（1.6%）。

可见，网络视频中反映的涉性人物之间的关系如上分析，主要发生在普通朋友和情侣之间。

在表 3.11 中，视频节目中表现的性内容，有 65.5% 属于"性行为举止"这一类型，有 21.5% 的内容属于"与性相关的口头讨论"，还有 13% 的内容属于"表现人物身体"的类型。视频主要是通过人物的言谈举止来传达信息的，其中又以行为为主。

在"与性相关的行为举止"上，从表 3.11 可以看出"拥抱"这一行为占最多数，有 32%；其次是"肢体型调情"，占 20%；"牵手"和"亲吻"，都在 15% 左右。这几种类型的性行为举止都属于视频类节目中经常出现的，也是许多人都能接受的或者认为不能算是涉性的行为举止。容易引起争议的，甚至涉及色情的"明显性行为"或"暗示性行为"比例较低，为 1% 和 5%，即在所有 305 个视频中，有 3 个场景涉及较明显的性行为，有 15 个场景涉及暗示性行为。这说明视频类节目的性化程度还属于浅层次的，现在青少年接触广泛的热播剧中出现的与性相关的内容还较少涉及敏感场景。当然这也与国内影视节目的严格审查有关。

本研究第二次内容分析显示，在"性行为举止"方面，"拥抱"的比例同样是最高的，随后是"亲吻"和"肢体型调情"，但第二次分析中发现"暗示性行为"和"明显性行为"的比例有所上升，分别有13.9%和9.9%，说明与此前比起来，视频的性化程度有所加深。

在表3.11中，视频类节目中另一种广泛的涉性形式是通过言语来表现。将"与性相关的口头讨论"进行细化归类，在5种具体的类型中，比例最大的是"讨论性"这一类，占46%，接近一半，其次是"对发生过的性内容"和"对自己或他人性兴趣的评论"，都占25%左右。

这三者之间似有重复的地方，但在具体分析时以后两种类型为参照，如果讨论的内容属于后两种类型中的其中一种，就归入后两种；如果讨论的既不是已发生的性内容，也不是人物的性兴趣，而只是属于广泛的与性相关的问题，则归入"讨论性"这一类。

从分析来看，在影视剧中这几种口头讨论的类型随着故事情节而出现，或者仅仅是以之为噱头，所以通常是以性为内容、也以性为意图的最直接明显的涉性类型。而由性问题产生的关于性犯罪的讨论只有3%，与性相关的专家意见在此次样本中没有观测到。这两种最能体现和反映性的负面性和正面性的内容比较少，说明影视节目中关于性的口头讨论更多的不是以思考或映射为目的，而是为讨论而讨论。

第二次内容分析中，"讨论性"的比例为38.9%，"对性兴趣的评论"占35.2%，"对已发生的性行为的讨论"占16.7%。说明言谈中主要是各种广泛的与性相关的隐晦话题，但直接、露骨地讨论"性兴趣"和"性行为"的比例在上升。

在表3.11中，性内容性质是指"描述了些什么"的问题，是由于故事需要或作为噱头而仅仅展现了涉性过程和场景，还是为了引出关于"性"的风险和责任因素，后者是指描述有关性的消极后果或不利影响，并对此采取的措施和处理方式。从表3.11中可以看出，97%与性相关的内容属于"单纯表现性"，即几乎所有观测的性场景都是单一地呈现拥抱、亲吻等性行为举止或讨论，这一过程并没有任何"有关性风险或与此相关的责任问题"的暗示或传达；只有3%的场景有表现出例如等待双方关系的成熟和都做好准备的性耐心，或者采取措施防止艾滋病、其他性传播疾病等的性防范。

这一部分原因可能是由于大多数影视综艺类节目并不是以讨论、引导与性相关的严肃问题为目的的，而是为了收视率以此吸引受众，导致出现大量其实没有必要的涉性场景，更遑论这些场景中会包含性风险和责任因素。一位演员在接受采访时说"不这么做，投资方就不会给钱"，也说明单纯表现性内容本身就是影视营销的一种手段。

如表 3.11 所示，性内容表达的模式是关于涉性人物"表现出何种心理状态和态度观念"的问题。从分析来看，有62%的内容属于"标准模式"，即超过一半的性行为举止或口头讨论在发生时，人物之间没有存在深刻的感情或爱情基础，通常是在戏谑、随意、轻松、娱乐的环境或背景下产生，甚至在有些场景中人物只追求性的一面，把它当成一种娱乐活动。

与之相对的另一种模式是"理想模式"，有28%的性内容属于这一模式，即如性社会学中本质主义视角所认为的，性因爱而产生，在一种浪漫气息或情感背景下，烘托的是人物的深刻情感。在第二次内容分析中，这一模式的比例上升到43%，"标准模式"下降到48.8%，说明表现性娱乐态度的场景在减少，更多阐述性与情感的依存关系。

"暴力模式"是国外研究中比例较大的一种模式，但在本书的两次分析中比例都很小，视频节目中很少用观感较强的镜头来描述一个性暴力活动，只有3%的性场景涉及强奸等性犯罪、性暴力活动。说明国内影视节目中一方面是小心翼翼地描述性；另一方面反映并塑造了亲密关系领域的一种开放空间。[1]

如表 3.11 所示，在所有涉及性内容的性别角色中，成年男性比例为54%，成年女性为46%，两者差别不大。说明仅从总体数量上来说，在与性相关的场景中，男性与女性被展现出来的机会差不多是一致的。但不同的节目类型中这一比例有所不同，在电影电视中涉性的成年男性要比成年女性多。电影中涉性的成年男性为58%，成年女性为41%；电视剧中涉性的成年男性为59%，成年女性为40%。尤其是在角色数量较多，男女主角人物不是十分明确的情况下，男性人数通常会比女性人数多。但在娱乐、综艺节目中，涉性成年女性的比例要高于成年男性，娱乐节目中涉性成年女性为56%，成年男性为44%；综艺节目中成年女性为53%，成

---

①　潘绥铭、黄盈盈：《性社会学》，中国人民大学出版社 2011 年版，第 172 页。

年男性为47%。说明在一个故事性较强、较完整的事件中，以男性表现为主，男性较女性更加突出，有强烈的存在感；而在以娱乐、评论为主的综艺、娱乐类节目中，则多以女性为塑造和评价对象，女性卷入与性相关的事件或话题的机会更多。与成年人相比，两次内容分析结果都显示，涉性场景中几乎没有涉及未成年人，从现实情况来说，视频上也是不可能会出现涉性未成年人的。但性内容对于未成年人的影响不在于他们自身是否有卷入，而是他们从这些内容中习得的过程。

主动和被动的区分在于反映涉性角色之间的相对地位和关系。从表中可以看出，总体上在主动者中，男性占55%，女性占43%，男性高于女性。但与上述参与角色中的分布相似的是，只有在电影电视中男性主动者要比女性主动者比例高，在娱乐综艺节目中女性主动者比男性主动者高。即在影视节目中，涉性的男性不仅在人数比例上高于女性，而且多占据主动和主导地位，女性多处于被动地位；在娱乐综艺节目中，则以女性主动展现自己的身体外貌等为主，男性通常作为这一主动行为的对立面而出现。

（2）视频性内容的文本解读

本节将借用性社会学和媒介环境学的相关观点，从本质主义视角之性、女性之性的自我建构，以及媒介之性教育、社会控制等角度对影像类节目中的特点及其影响进行讨论。

上文中提到在编码时编码员曾对性的定义，即种内容能算为性存在分歧。从性社会学本质主义的视角来看，性的本质与爱情这种情感的本质一致，即爱的根源和本质是性，在爱情关系下的一切行为都可以追溯到性，这种成分使爱情区别于爱的其他形式。只不过在对性内容进行量化时，只能观测到最明显、最表面的内容，例如行为、话语，而停留在气氛及心理感受上的性之成分无法测量。因此从这个角度来说，即使是最平常的牵手、拥抱也应该将其理解为是性内容，只是性化的程度有所不同。这之所以重要的另一个原因是，爱情和性成为现在影视作品中惯用的一个元素，尤其是在以主人公之间的感情发展和纠葛为故事主线的言情偶像类的电视剧中更是如此，而这对于青少年尤其是未成年人已经产生了无法让人忽略的影响。当社会还在小心翼翼地探讨如何对青少年进行性教育的时候，媒介和人的性化已经远远地走在了性教育之前。下面这个例子可以部分反映这种现象。

2015 年 1 月 8 日，一位小学教师所发的一条微博引起广泛关注，该班一位 3 年级的小学生写了一篇关于王子和公主的想象文。看完这篇作文，让人感到震惊的是，故事的主要情节是关于三角恋，公主发生婚外情怀孕，接着打胎的过程，细节之具体令人不寒而栗。其次，这篇小学生作文所用的语言与其年龄不相符合，文章里充满了成人化和网络化的语言，字里行间"透着一股浓浓的琼瑶味"。很多人都认为，是因为现在的小孩电视肥皂剧看得太多了。①

笔者也曾遇到过类似的情况，在与小学女生交流时，小女孩向笔者推荐她正在看的偶像剧，并且描述了男女主人公之间的言情细节，包括人物之间的性行为举止。在辅导她组词时，小女孩经常用电视剧中女主人公的名字来组词。在其穿着打扮上，询问之下发现她是在模仿偶像剧女主角的风格。

媒介技术的发展带来了传播方式的变革，这一变革对于性内容所产生的影响比内容本身更耐人寻味。从文字未出现之前到今天的声像时代，任何形式的性文本与以视频为代表的影像比起来都不及万分之一。接近于重现的直观表现使性内容褪去文字的抽象而直接进行。同时，影像不仅重构了性内容的表现方式，也影响了观看者，它划破了文字的限制，使任何年龄层的人都可以通过直接观看获得信息，这将产生比文字、图片传播更为广泛的影响。网络视频的随时易得性更是使网上无穷无尽的性信息能迅速地到达青少年。在这种情况下，媒介对于性教育与青少年的性问题负有什么责任，该以何种方式来表现性内容也引起了很多研究者的思考。本书在分析时引用国外研究者考虑的"性内容性质"这一类目，就是为了看看节目内容是仅仅简单地呈现了性，还是包含了性的责任和风险因素。后者被认为是性教育的一个部分。

视频影像节目之于性教育的另一个问题涉及社会控制。从"性内容性质"这一类目的分析来看，96% 的内容仅仅是呈现性，并没有任何引导、教育的作用。因此当媒介自身无法承担起性教育的责任和作用时，社会控制就成为性教育的一种手段，在现实中表现为政府对视频中性内容的严格审查，例如之前广电总局要求《武媚娘》电视连续剧删减尺度较大及脖子以下镜头的办法。不仅是中国，2014 年 9 月韩国演员也

---

① 腾讯新闻《三年级孩童作文出现公主为王子"打胎"细节》，2015 年 1 月 8 日。

因在舞台上的穿着暴露、表演尺度过大问题被要求整改，以符合所有年龄层的观众观看。但类似于"灭火器"一样的政府控制并不能独自完成"灭火"的使命，媒介性化之火由许多原因造成，例如性革命、性解放的兴起，媒介经济利益与受众性消费的相互促进等。

视频影像类节目较之文字、图片还存在另一个突出的问题，即对于性的表达方式更加丰富，包括肢体动作、口头语言和身体特写，特别是从中解读女性之性的建构的研究有很多。女性在有关性内容的场景中，是如何通过肢体动作来主动或被动地表达性信息、如何通过谈论用语言来表达性，又是如何用自己"呈现式的身体"来表达性等，这些都是我们通过媒介所认识到的女性之性形象的一个根源。从受众角度而言，认知的形成是社会习得的过程，青少年对于性的认知、态度和观念的形成很大部分来自于内容丰富的媒介呈现，因此产生了趋同于媒介现实的观念现实和过早的性社会化。

首先，从所有共305个视频样本来看，涉性的视频占了样本总体的89%，可以说几乎所有视频多多少少都会有与性相关的场景出现。也就是说，目前我们在网络上接触到的视频基本上都能看到性内容，对于青少年来说这无疑已是改变性认知的一个最重要的渠道。从现实中青少年的性化表现也能证明这一点。

其次，综艺类节目因其现场谈话，直播或观众在场的特点，所以这类节目的涉性内容并不是很多，主要以镜头表现女性的身体外貌为主，并且大多数是中景或近景，总体而言性化程度比较低。但在电影、电视剧中，以讲述故事为目的，所以常常出现所谓情节或故事需要的性场景，貌似因故事情节而必须存在，但实际上有许多性场景对影视剧的完整性和故事的发展并没有重要的作用，也就是说这只是商业炒作或噱头的一个必备手段而已。但对受众尤其是青少年而言，并不起重要作用的性场景可能对于他们的吸引力或冲突、影响反而更大。总而言之，影视剧往往是各类节目中性化程度较高的一种类型。

再次，从具体的性内容类型来说，声像节目通常更适于表现行为动作，因此性行为举止的比例要高于其他类型。从总体分析来看，视频中的性行为举止还限于性化程度较低的牵手、拥抱，较之性化更深一级的是亲吻和肢体型调情，但性化程度最深的接近色情的明显或暗示性行为的场景比较少。由于网络视频大多数来源于传统电视，因此国内对影视节目的严格审查也决定了网络视频虽然性化普遍存在，但程度不可能太严重。

最后，总体而言，网络上的性内容表现出一种以娱乐、快乐、戏谑为目的的性价值观。从涉性的人物关系中可以看出，大多数性内容发生在非情侣的普通关系之间，除了明显的性行为举止和口头讨论性之外，一些暧昧不清的场景究其本质也与性相关。性内容很少包含风险和责任因素，只是为了性而表现性。表现模式大多是一种标准的单纯追求性愉悦或性快感的模式。

随着社会的发展，表现现代人的情感、观念、行为方式的影视剧越来越多，一方面，媒介作为一种反映现实的介质如实反映了现代人的性价值观；另一方面，也是一种导向的介质，所呈现的内容成为受众模仿的源头。这从现实中许多青少年不分场合、不顾后果的涉性行为，及他们开放的性价值观就可看出这种影响。

4. 泛性化指数的拟合

格伯纳在研究暴力问题时，除了描绘暴力特征以揭示其背后的社会意义外，还通过设计暴力指数的计算公式，对不同时间段、不同媒体、不同节目类型的暴力含量进行比较，以描绘出一种变化趋势。指数由暴力普及率、暴力比例和角色比例构成。格伯纳认为，数值本身并不是暴力的本质特征，而只是一种简单估算，为持续的监测和检验提供一个参照标准。[1]

因此，本书在描绘百度网页上的性内容时，除了上述的统计学上的描述性分析和文本解读外，也借鉴格伯纳的暴力指数公式，尝试合成出一个表示性化含量的指数。因为在本课题后续的研究中，还将继续对网络上其他的信息类型以及百度等其他网站的性内容进行抽样分析，因此可以通过数值的变化对不同的媒介和信息类型的性化程度进行对比。

在本书性化指数的构成上，主要模仿暴力指数的计算公式，并结合本研究的样本特点，由内容比率（Content Score）和角色比率（Role Score）构成。内容比率包括涉性样本的比例，即在样本总量中，有多少样本涉及性内容；还包括涉性内容的比例，即在每一个涉性的样本中，性内容含量有多少。角色比例包括涉及性内容的女性角色比例和涉及性内容的男性角色比例。每种信息类型的具体数值如下：

---

① George Gerbner, Larry Gross, Michael Eleey, "TV violence profile no. 8: the highlights", *Journal of Communication*, Spring, 1977.

文　　字：SI ＝ CS + RS = C1[①] + C2[②] + R1[③] + R2[④]

社会新闻：SI ＝ 81.6 + 5.6 + 40.0 + 34.5 = 161.7

娱乐新闻：SI ＝ 87.2 + 4.4 + 49.9 + 30.7 = 172.2

总　　体：SI ＝ 84.4 + 5.0 + 45.3 + 33.1 = 167.8

图　　片：SI ＝ CS + RS = C1[⑤] + C2[⑥] + R1[⑦] + R2[⑧]

SI ＝ 87.5 + 4.3 + 84.4 + 15.7 = 191.9

视　　频：SI ＝ CS + RS = C1[⑨] + C2[⑩] + R1[⑪] + R2[⑫]

电 视 剧：SI ＝ 93.4 + 5.9 + 9.1 + 33.1 + 49.3 = 208.8

电　　影：SI ＝ 98.4 + 11.0 + 6.5 + 29.0 + 41.1 = 216

动　　漫：SI ＝ 78.7 + 3.0 + 8.0 + 32.2 + 28.5 = 150.4

娱　　乐：SI ＝ 90.2 + 5.1 + 134 + 37.3 + 29.8 = 296.4

综　　艺：SI ＝ 85.3 + 7.8 + 7.8 + 32.6 + 29.8 = 163.3

总　　体：SI ＝ 89.2 + 6.5 + 32.1 + 37.7 = 165.5

从本书小范围样本内的初步比较可以看出，文字类样本中，娱乐新闻的性化指数略高于社会新闻，即娱乐新闻中性内容数量稍微比社会新闻多一些；由于此次图片的分析比较单一，没有分类，所以暂时无从比较；在视频类节目样本中，可以看出性化指数是娱乐 > 电影 > 电视剧 > 综艺 > 动漫，说明在影视类节目中，包含性内容的数量较之其他类型的节目更多一些。

在分别比较各类型样本的性化指数的同时，也将所有指数整合起来合成一个总的指数，以代表此次分析百度网页性内容数量的结果。由于文字、图片、视频之间的信息类型不同，所以无法将各自的指数简单相

---

① C1 表示在文字类样本总量中，涉及性内容的样本数量的比例。

② C2 表示每个文字类样本中，涉及性内容的句子数量比例。

③ R1 表示涉及性内容的女性角色数量比例。

④ R2 表示涉及性内容的男性角色数量比例。

⑤ C1 表示在图片主题总量中，涉及性内容的图片主题数量比例。

⑥ C2 表示每个图片主题中，涉及性内容的图片数量比例。

⑦ R1 表示涉及性内容的女性角色数量比例。

⑧ R2 表示涉及性内容的男性角色数量比例。

⑨ C1 表示在视频类样本总量中，涉及性内容的视频节目数量比例。

⑩ C2 表示每个视频类节目中，涉及性内容的场景数量比例。

⑪ R1 表示涉及性内容的女性角色数量比例。

⑫ R2 表示涉及性内容的男性角色数量比例。

加，因此采用权重分配，按比例将三者的性化指数进行拟合。这三者的权重以"百度指数"为依据。

根据百度指数，百度新闻（2013 – 01 – 01 至 2013 – 12 – 31）在过去一年的搜索指数在整体上（PC 端和移动端）最高达 16200，最低达 7800，平均值为 12000，且分布较为集中，主要集中于 10600—13400。百度图片在 2013 年的搜索指数在整体上最高达 13800，最低达 6000，平均值为 9900，主要集中在 7000—9900。百度视频在 2013 年的整体搜索指数最高达 71000，最低达 16000，平均值为 43500，且分布较为集中，主要集中在 36000—50000。所以从网民搜索的整体数据来看，百度视频的权重最高，次之为百度新闻，权重最小的为百度图片。按照三者搜索指数的平均值，将比例分配为 19%：15%：66%。因此，本书此次分析的百度网页的性化指数可以计算为

$$167.8 \times 0.19 + 191.9 \times 0.15 + 165.5 \times 0.66 = 169.9$$

这一指数是从可量化的数量上来看某一段时间内网络泛性化的状况，如果指数不断变高，至少说明网络上广泛存在打着色情的擦边球、边缘性、隐晦的性内容，例如新闻中有更多的涉性报道或涉性描写，图片专区中目所及处都是涉性和暴露图片，每播一个电影电视剧必有涉性场景，这种情况下性化将成为网络环境的一个显著特征，青少年在使用网络过程中，接触到性内容的机会和可能性也就越来越多。反之，若指数变低，说明我们常接触的主要网络内容中涉性内容的数量在减少，这也是网络性化程度降低的一个表现。

在后续的研究中，经过相同的计算可以将不同的数值进行比较，来描述网络性化的变化趋势。

（三）结论

1. 研究结论

（1）"百度搜索"网络环境泛性化的基本情况

第一，涉性内容比例较大，从数量上来说体现了网络性内容较为普遍的特点。

从本章的描述性统计中可以看出，新闻、图片、视频样本中涉及性内容的比例都接近 90%，也就是说大部分样本都多多少少包含涉性的句子、暗示性意图、图片或场景等，较少样本没有涉及性内容。从数量上来说，这与国外学者所认为的当今媒介上性内容普遍存在的状况可以

说是一致的，网络性内容的泛滥尤为明显。

第二，总体而言，性化程度不太严重，但三种类型的内容之间性化程度有差异。

从性化程度上来看，国内情况没有国外学者研究中的那么严重。国外研究中常常涉及情色或色情等性化程度极高的内容，但从此次分析可以看出，较多的性内容描述为性化程度较低的牵手、拥抱，以及性化程度更深一些的亲吻。但不同的信息类型之间也有差异，这三者中的性化程度从高到低为文字＞图片＞视频。视频是声像媒介，因此对于性内容的描述较之文字和图片会更为谨慎、保守，整体性化程度偏低，表现为其中"明显性行为"和"暗示性行为"比例低，直白露骨的讨论少，而边缘性、暗示性内容居多；其次是图片，图片中"部分裸露"和"性别特征裸露"的比例较高，但较少接近色情的裸露和裸体图片；性化程度最高的要数文字，由于文字的隐蔽性和空间想象余地，实际上从字面上可看出涉及"明显性行为"和"暗示性行为"的比例是极高的。

第三，网络性内容表现出一种以娱乐、快乐、戏谑为目的的性价值观。

观察样本指标的比例分布，可以看出性态度上的一种娱乐化倾向。在两次内容分析中都发现，性内容更多地发生在非情侣的普通朋友关系或陌生人之间，以不涉及情感背景、追求性愉悦或性快感的标准模式来展现；性内容涉及的角色都乐于在公共空间中表现自己的性感、性经验、性行为举止；对于一些违反社会公序良俗和正确性价值观的事情持随意、追捧的态度，甚至效仿，表现出了国外学者所说的"钢管舞文化"的特征。

从内容发布的意图来看，以传播正确性认知、性价值观为目的的性知识比例很低，性内容中很少涉及风险和责任因素，绝大多数性内容都是一种吸引眼球的价值要素，被人为地从事件框架中加以提炼或强调突出以赚取点击率。

第四，女性是网络性内容建构的主要对象。

网络性内容中所表现的女性形象可以分为三个方面：第一，数量上女性比例要大于男性。以图片为例，女性出现的频率达到85%，只有15%涉及男性，同时女性作为单一性别出现的比例也高于男性；第二，女性的外貌、身体、性别特征是主要的关注点，这也成为女性被物化、被性化的证明之一；第三，新闻和视频中女性处于被动、受害者地位的比例高于男性，体现了女性在性关系中的弱者形象。

第五，未成年人较少涉及性内容，但不同类型的文本之间也有差异。

除了专门的儿童色情网站，在主流的、传播范围更广的内容中，性内容的参与角色为"未成年人"的比例较低，即未成年人很少卷入性内容。网络性化环境对他们更大的影响是接收、进而习得、模仿。但相比较而言，可能由于文字更易于描述，文字中关于未成年女性的性内容明显要多于图片和视频，主要涉及未成年女性卖淫、猥亵等事件。

（2）"百度搜索"网络环境泛性化的意义及影响

国外学者将"性化"概念分为文化、媒介和人三个方面，三者之间相互影响、相互作用。媒介的性化会导致人的性化，这两者的共同作用也会使整个文化表现出性化的特点。本书在分析过程中也发现了这一作用。

第一，人的主动性化和被动性化表现明显。

根据莱格·贝利的观点，人的主动性化即自身的言谈举止涉及性内容；人作为客体被性化的特点是与性相关的事情不恰当地附着在一个人身上。这两方面的现象在网络上随处可见，个人性信息的主动分享、对性问题的谈论评价等都体现了人的主动性化；另外，一些人被不恰当地性对象化，例如图片中所分析的女性运动员被冠以"美貌""巨乳""似苍井空"等标志，而掩盖了其真正的价值。

第二，"洛丽塔效应"在现实中确实存在，参与者低龄化。

虽然在文字、图片和视频的分析中未成年人涉及性内容的比例较低，但未成年人尤其是未成年受性内容影响的事实确实存在。Gigi Durham 将少女的性化称为"洛丽塔效应"，这种效应不仅能从网络上大量未成年少女的照片、言谈举止中看出来，如上文中所说的现实生活里也存在这一现象，如小学生关于三角恋的作文、对偶像剧的追捧、公交车上判若无人的性举止等。

第三，线上的性化引发线下的性化，使语言文化表现出性化倾向。

网络媒介中的性内容表现，包括语言和行为，都会使受众习得并在实际生活中模仿、使用，这表现在许多人的评论和表达中充斥着隐晦或明显的性词汇，一些行为隐藏着性暗示。这种习得和涵化的过程导致了人的性化，人的这种行为和语言特点久而久之会形成一种社会风气和习惯，从而使语言文化出现性化倾向。

2. 讨论

一切行为都是在社会环境中进行的。而性的社会环境就是个人性知识、性观念和性态度得以形成的所有非生物因素的总和。在这些因素中，性的媒介环境起到了最重要的作用。①

媒介环境学派的观点认为，每一种传播媒介都是一种符号环境，我们在媒介的符号环境中去思考、感知、言说或表征周围的世界，以媒介的符号世界作为参数来构建关于我们信念中的周围世界的概念。②

媒介对于性内容的描述和建构创造了性的媒介环境，把社会环境中性的社会舆论通过各种形式传输给社会大众，社会大众以此为根据形成了个人的性价值观。性的媒介环境对于个人性价值观具体发挥了三类作用。

一是性的传媒幻想的作用。一方面，人们认为媒介所反映的内容也正是自己的看法和所认识的世界，然后又将它反映到媒介上去，如此循环而产生"虚假的事实"。例如，网络娱乐新闻上津津乐道的娱乐圈"潜规则"事件，报道中真真假假的新闻与网友言之凿凿的评论互相作用，最终使"潜规则"成为理所当然的真实状况，加剧了那些女演员的性化。另一方面，媒介迎合大众的低级趣味而主动诱导甚至制造出大众需求，例如网络新闻有意在标题中以性为诱导吸引点击，网络图片热衷展示女性的性特征，影视节目总是要以爱情和性为噱头保证收视。媒介技术越发达，性的传媒幻象就越强大。

二是性的社会偶像的作用。这些偶像即性的社会阶层中占优势地位的正人君子，他们最重要的作用是将各种性的社会规则内化于道德，通过媒介传播使人们接受，变成全社会的行为规范。另外，媒介也会通过塑造、批判违反性的社会常模的坏偶像来贯彻与性相关的规则，例如出轨、卖淫嫖娼等越轨者的行为及其所受到的道德法律的审判。这是社会对于性的管理和控制的手段之一。

三是主体的积极加入。这个作用在网络环境下表现得尤为明显，不

---

① 潘绥铭、黄盈盈：《性社会学》，中国人民大学出版社 2011 年版，第 184 页。

② ［美］林文刚编：《媒介环境学：思想沿革与多维视野》，何道宽译，北京大学出版社 2007 年版，第 129 页。

管是搜索还是参与，人们对于性的关注在网络时代都更加表露无遗。①
这从网络上多种多样的性信息中可以看出，例如个人性信息的主动分
享、对性问题的谈论评价、社交媒体上的网络交往等。对于青少年来
说，网络使他们更便捷地获取性信息和成为参与者，这也是与青少年关
系最密切的网络性化问题之一。

3．后续研究

本章是"网络环境泛性化对青少年影响的实证研究"课题的一小部
分，研究的只是"百度搜索"引擎首页上的内容。对于整个网络环境
泛性化的问题，还需要研究网络上其他内容的性化特点，包括：

第一，青少年经常接触到的网络小说、网络游戏、社交媒体等其他
领域的性内容；

第二，研究一个长时间段内的性内容，或几个不同时间段的性内
容，以描述一种变化趋势；

第三，网络性内容对青少年的影响需要进行受众调查，以证实是否
会产生涵化效果。可以结合性内容分析的变量，制定一个类似格伯纳
"邪恶世界"一样的观念现实测量表，以检验性的媒介环境与青少年的
性价值观是否有重合之处。例如：你认为大部分关于性的亲密行为是发
生在婚姻关系中还是非婚关系中？你认为女性的最大价值是身体价值
吗？你认为女色消费是现代社会的趋势吗？等等。

4．研究不足

本研究的样本来自于网络，存在以下几个问题：

第一，在抽样上存在样本时间不够有代表性的问题。由于网络内容
处于随时的动态变化中，有些内容难以回溯，也无法保存，所以无法得
到一个时间跨度较长、能看出网络性化特征变化和指数对比的样本，只
能根据研究的进度选择适当时间段的样本进行研究。

第二，网络内容的总体无法确定，没有边界，没有清晰的抽样框，
受研究能力所限，抽样方法单一，只能选取首页上的内容进行分析，无
法顾及多层链接背后的内容。

第三，网络内容过于庞杂，各种弹出窗口、小广告充斥其中，无法
穷尽分析，只能舍弃它们去分析最主要的内容，但可能会因此略掉这些

---

① 潘绥铭、黄盈盈：《性社会学》，中国人民大学出版社 2011 年版，第 193 页。

小广告中更重要的性内容。

第四，用于编码的类目在后续的研究中需要进一步完善，以提高内容分析的信度和效度。

附录

文字内容分析编码表

编码员姓名＿＿＿＿＿＿＿＿　　　　样本编码＿＿＿＿＿＿＿＿

新闻类型：（1）社会新闻　　　　（2）娱乐新闻

1. 性内容性质：（1）一般性行为（2）非暴力越轨行为
　　　　　　　　（3）性暴力行为（4）暴力越轨行为（5）其他

如选（1）、（2）、（5）请跳转至 1.1；

如选（3）、（4），请跳转至 1.2

1.1　涉及的角色：（1）成年人　　（2）未成年人　　（3）都有

主动者性别：（1）男性　　（2）女性　　（3）不确定或无法判断

被动者性别：（1）男性　　（2）女性　　（3）不确定或无法判断

1.2　性暴力行为中的角色地位：

施暴者：（1）成年男性　　（2）成年女性　　（3）未成年男性
　　　　（4）未成年女性

受害者：（1）成年男性　　（2）成年女性　　（3）未成年男性
　　　　（4）未成年女性

2. 性内容类型：（1）性行为举止描述（2）身体描述
　　　　　　　　（3）性相关知识描述（4）性心理描述（按主题
　　　　　　　　单选）

如选（1）请跳转至 2.1；如选（2）请跳转至 2.2

2.1　性行为举止描述：（1）拥抱　　（2）亲吻
　　　　　　　　　　　（3）暗示性行为　　（4）明显性行为
　　　　　　　　　　　（5）其他＿＿＿＿＿＿＿＿（按主题单选）

2.2　身体描述：（1）身体状态　　（2）身材描写（按主题单选）

编码说明

1. 一般性行为：不含暴力元素，也不属于越轨行为的正常性行为举止。

2. 非暴力性越轨行为：与当下社会价值观不符，但不含暴力因素的行为，如婚外情、偷窥等。

3. 性暴力行为：涉性行为中包含明显的肢体暴力元素。

4. 暴力越轨行为：既含暴力元素，又与当下社会价值观不符的涉性行为。

5. 性行为举止描述：所用词语表示与"性"相关的一种动作、行为或活动。

6. 身体描述：所用词语表示一种状态，是身体或性别特征的展示。

7. 性相关知识描述：以教育和引导为目的对与"性"相关事物的讨论。

8. 性心理和观念描述：以教育和引导为目的讨论与"性"相关的心理和观念。

9. 暗示性行为：用词隐晦，是对"性"的暗示或讽喻；明显性行为：所用词语与性活动直接有关、明显直露。

10. 身体状态：强调身体的表现方式，例如"走光""裸露"，一般为动词。

11. 身材描写：描述整体外表或强调身体的某一部位或性别特征。

12. 未成年、成年：18 岁以下为未成年，18 岁以上为成年。

13. 主动者指主体具有行为或意识上的主动性；被动者指主体对于行为或意识的被动接受。

图片内容分析编码表

编码员姓名＿＿＿＿＿＿＿＿　　样本编号：＿＿＿＿＿＿＿＿

图片主题分类：（1）人物　　（2）事件　　（3）事物

1. 性内容类型：（1）与"性"相关的行为举止

　　　　　　　　（2）身体外在表现　　（3）其他＿＿＿＿＿＿

1.1　性行为举止描述：（1）拥抱（2）亲吻（3）暗示性行为（4）明显性行为（5）其他＿＿＿＿＿＿＿＿（按主题单选）

1.2　身体外在表现：（1）整体外貌（2）身体部位

2. 是否暴露：（1）是（2）否

2.1　暴露明显程度：（1）非性别特征暴露（2）性别特征部分暴露（3）性别特征大面积暴露（4）全裸

3. 背景关系：（1）无背景（2）背景虚化（3）背景为具体场景

4. 涉及的角色年龄：（1）未成年人　（2）成年人　（3）都有

　涉及的角色性别：（1）男性　　（2）女性　　（3）都有

编码说明

1. 与"性"相关的行为举止：指与"性"相关的肢体动作、行为或活动。

2. 身体外在表现：与具体的性活动无关，是身体或性别特征的静态展示。

3. 整体外貌指表现整体上的外表、形象；身体部位指具体的人体部位。两者以视觉中心为评判标准。

4. 是否暴露的标准：皮肤裸露区域大于图片中人体面积的10%，或最大皮肤裸露区域大于图片中人体面积的5%，则认为是暴露。

5. 非性别特征暴露：非性别特征区域皮肤裸露，如腿、胳膊。

6. 性别特征部分暴露：性别特征区域皮肤裸露，如胸。

7. 性别特征大面积暴露：包含性别特征的大面积皮肤裸露，如穿比基尼的模特。

8. 背景虚化：即模糊的背景，突出清晰的前景。

9. 具体场景：背景有清晰可辨认的场所、事物等。

10. 都有：图片中既有未成年又有成年人或者既有男性又有女性。

视频内容分析编码表

编码员姓名_____　　样本编号_____　　时长_____分钟

视频类型：（1）电视剧　　（2）电影

1. 涉性场景入点：

　　　　　　出点：

2. 性内容背景：（1）夫妻　　（2）情侣　　（3）普通关系　　（4）婚外情　　（5）非法（卖淫或嫖娼）　　（6）其他_____

3. 性内容类型：（1）与"性"相关的行为举止　　（2）与"性"相关的口头讨论

3.1　与"性"相关的行为举止：（1）肢体型调情　　（2）拥抱（3）亲吻　　（4）暗示性行为　　（5）明显性行为　　（6）其他_____

186

_____（按照最主要表现来选择）

3.2 与"性"相关的口头讨论：（1）对自己或他人性兴趣的评论（2）对已经发生过的性行为的讨论 （3）讨论"性" （4）其他

_____

4. 性内容主题：（1）标准模式 （2）暴力模式 （3）理想模式（4）其他_____

5. 涉及的角色年龄：（1）未成年人 （2）成年人 （3）都有

涉及的角色性别：（1）男性 （2）女性 （3）都有

5.1 主动者角色性别：（1）男性 （2）女性 （3）同时

5.2 被动者角色性别：（1）男性 （2）女性 （3）同时

编码说明

1. 与"性"相关的行为举止：指身体上的亲密接触或举动，其中包含一种可辨识的浪漫或非浪漫气氛，不包括出于礼仪所进行的亲密互动。

2. 与"性"相关的口头讨论：指任何有关"性"的叙述和评论，包括明显的以及暗示或讽喻的内容。

3. 暗示性行为：无明显可视的场景，但根据情节可判断暗示的性行为。

4. 明显性行为：有明显可视的性行为场景出现。

5. 讨论"性"：与"性"相关，但不属于 1.2 中前四类的议题或话题。

6. 标准模式：强调性的物理性方面，很少触及人物情感或心理关系，以快乐和娱乐为目的。

7. 暴力模式：性行为举止中包含暴力元素。

8. 理想模式：强调性行为举止中的情感因素，涉及人物情感背景。

9. 主动者指主体具有行为或意识上的主动性；被动者指主体对于行为或意识的被动接受。

二 第二次内容分析

李普曼在 1922 年出版的《舆论学》中提出"拟态环境"的概念，

自此引发了大众传播理论研究对于三个现实之间关系的讨论，其中三个现实是指：客观存在的社会现实、媒介有选择构建的符号现实以及受众在前两个现实的共同作用下在头脑中形成的主观现实。① 本研究便是试图借助量化分析对后两个现实进行描述，并结合比较，分析其中关联性即吻合度。本章将对网络媒介所构建的符号现实所做的概况进行扫描。

据一项调查显示，目前人们对社会基本原则和社会规则的把握，以及人生观、价值观的成型，超过90%的内容并非来自于传统社会、学校教育或者家庭，而是通过大众传媒来完成的。网络作为青少年了解世界、获取信息最重要的工具，自然也是其性价值观成型的重要完成路径。因此，对于网络环境中出现的泛性化状况进行扫描，充分了解媒介世界呈现的现实，诸如：网络中的性内容是否存在，以什么形式存在，出现频率如何等都是本研究首先要回答的问题。

上文提到，有关网络环境的泛性化探析，本课题已有研究成果。本研究在此阶段所做的正是在先前研究成果基础之上的反思拓展。

林玲在其研究中以百度搜索为主要取样途径，随机选取了1220个网络样本进行内容分析，时间范围截取在2014年5月1日至6月30日，样本种类覆盖新闻（社会新闻、娱乐新闻）、图片以及视频（电影、电视剧、综艺、动漫、娱乐），分别对应了文字、图像、声像三种信息传播形态。同时在大量翻阅国外学者有关领域研究的基础上，对类目进行补充和修正，形成三种内容分析编码表。最终通过描述性统计数据对网络环境的泛性化状况做出了整体的评估，同时在理论层面上分析性的社会意义及影响，并仿照格伯纳的暴力指数拟合网络泛性化指数，借以表现性化程度和其变化趋势。

在林玲有关内容分析研究的基础上，本课题研究组在暑假期间又展开了第二阶段的研究。此研究阶段，我们针对抽样方法和编码表做了一定的调整和改进，首先在抽取样本时摒弃了先前在所有样本中随机抽样的方法，只抽取涉及性内容的样本，以便对涉性样本的分析更加深入具体。同时为了更具有针对性，去掉了视频中的综艺、动漫、娱乐等样本种类，只保留了电影和电视剧两种。其次，对编码表也重新进行了调整和修改，去掉其中庸冗的部分，使其布局结构更为合理。所作修改具体

---

① ［美］沃尔特·李普曼：《舆论学》，林珊译，上海人民出版社2006年版。

包括：将性别和年龄分离成为两道题目勾选；从以电影部数或电视剧集数作为单位样本改为以涉性场景的出现为单位样本分析；选项语言更为通俗易懂。

此阶段收集样本时间限定于 2015 年 1 月 1 日至 3 月 1 日共 60 天，平均每天收集 5 篇社会新闻、5 篇娱乐新闻、5 张图片、0.16 部电影、1.28 集电视剧。共收集样本数 1156 份，其中图片类样本 300 份，视频类样本 256 份，包括电影 146 份（10 部），电视剧 110 份（2 部，77 集）；文字类样本 600 份，包括社会新闻 302 份，娱乐新闻 298 份。全部样本分别采用三种编码表进行量化分析。三个编码表分别采用 Cohen's Kappa 检验公式通过 SPSS 计算，其中新闻样本的一致率为 0.63，图片文本的一致率为 0.78，视频样本的一致率为 0.8，Kappa 值虽然都低于简单百分比 0.8 的最低值，但根据 Kappa 系数的标准，样本的信度都在可接受的范围内。本研究所有数据都通过 SPSS19.0 统计软件进行运算。

（一）研究分析

1. 新闻文本分析

本研究各分析了 302 篇社会新闻和 298 篇娱乐新闻，共计 600 篇文字新闻。

表 3.12　　　　　　　　　新闻文本各内容比例一览

性内容性质	一般性行为 55%	非暴力越轨行为 23.5%	性暴力行为 8.8%	暴力越轨行为 12.7%	
施暴者	成年男性 91.9%	成年女性 3.3%	未成年男性 4.1%	未成年女性 0.8%	
受害者	成年男性 11.6%	成年女性 62.8%	未成年男性 4.1%	未成年女性 21.5%	
性内容类型	性行为举止描述 62.9%	身体描述 32.2%	性相关知识描述 1.2%	性心理和观念描述 3.7%	
性行为举止描述	拥抱 13.8%	亲吻 11.9%	暗示性行为 27.2%	明显性行为 42.6%	不确定 4.5%
身体描述	身体状态 43%	身体部位 57%			
涉及角色	成年人 96%	未成年人 0.6%	都有 3.1%	不确定 0.3%	
主动者角色	男性 41.1%	女性 45.7%	不确定 13.2%		
被动者角色	男性 17.6%	女性 32.3%	不确定 50.1%		

如表 3.12 所示，与第一阶段的分析相同，第二阶段中"一般性行为"同样占据了性内容性质中最大的比重，而涉及暴力的性内容报道则占比最少，只占据了大约 21% 的比例（性暴力行为 8.8% + 暴力越轨行为 12.7%），可见从本次分析样本的结果来看，我国目前网络环境中有关性内容的报道，并没有过多地将暴力因素添加其中，"黄色新闻"现象还不算严重。然而值得注意的是，在一般性行为、暴力性行为和越轨性行为三者之中，越轨性行为共占据了 36.2%（非暴力越轨行为 23.5% + 暴力越轨行为 12.7%），排列第二，这一点与第一阶段的分析也相吻合。由此可见，除了对于男女之间有关性行为的亲密举动之外，网络环境中有关性内容的报道更多是与越轨行为联系在一起，这意味着虽然性内容的报道没有与性结合在一起，但网络环境中还充斥着很多不符合当下社会价值观甚至违法的行为，比如强奸、卖淫、偷窥以及婚外情等。

在暴力行为中，施暴者与受害者的角色比例与第一阶段的结果基本相同，都是成年男性占据了施暴者的绝大部分，而受害者角色主要由女性担当。这一统计结果再次印证了男性在性关系中处于主导地位，而女性更多处于男性控制之下的父权秩序现象。通过表 3.12 所得数据可见，受害者为未成年女性所占比例为 21.5%，同上次（35.64%）相比有所下降，出现这一现象的原因主要在于新闻样本的特殊时效性，然而即使 21.5% 这一数字未占主流，但推算至整体来看其数量也不在少数，尤其涉及对象是未成年群体，这一点足以引起我们的重视。

通过对性内容类型这一类目的分析，我们可以看出网络环境中有关性内容的报道绝大部分是在进行性行为举止的描述，即对于拥抱、亲吻、性行为等举止的描述。而在这一类目下，对青少年在性方面起着教育、引导作用的性知识相关描述却占有最小的比重，仅有 1.2%，与之前的分析结果 4.45% 相似。另外一项占比同样很少的类目为性心理和观念描述，即对当事人或他人的性心理活动所做的描写。可见，目前网络环境中有关性内容的新闻报道更多地通过对性行为或身体的单纯描述展现，触及内在深层次的探讨，如心理活动、知识背景等可谓凤毛麟角。

值得关注的是，在性行为举止描述的分类下，占比最多的描述分别为明显性行为（42.6%）和暗示性行为（27.3%）。这一点与第一阶段的分析结果也相吻合，网络环境中通过文字所承载的性内容表达多以露骨的性行为描述为主，这一比例远远超过图片和视频的性化程度。

在本次分析中，我们将涉及角色的年龄和性别分开编码，可以看到，单独涉及未成年人的报道很少，往往是与成年人共同出现。在性别类目上，两次分析结果也十分雷同，男女在性关系中的主动者承担上并无区别，然而在被动者角色上女性依然超过男性，更多地承担了被动者的角色，这一点也与之前的受害者多为女性而呼应。

2. 图片文本分析

本研究共分析了 300 张图片。

表 3.13　　　　　　　　　　**图片文本各内容比例一览**

性内容类型	性行为举止描述33%	身体外在表现66%	不确定1%		
性行为举止描述	拥抱44.4%	亲吻38.4%	暗示性性为13.1%	明显性行为4%	不确定0.1%
身体外在表现	整体外貌44.2%	身体部位55.8%			
暴露明显程度	非性别特征暴露30.4%	性别特征部分暴露46.1%	性别特征大面积暴露17.5%	全裸6%	
背景关系	无背景22%	背景虚化27.8%	背景为具体场景50.2%		
涉及的角色年龄	未成年人1.3%	成年人94.9%	都有3.7%	不确定0.1%	
涉及的角色性别	男性5.4%	女性52%	都有42.6%		

如表 3.13 所示，将第二阶段研究分析数据与先前研究对比来看，整体数据比例并没有出现太多的变化，然而由于此阶段样本抽取方法的不同（只抽取涉性内容样本），可以看到许多数据的涉性比例增大，性化程度加深。

从网络图片展现的性内容类型来看，身体外在表现形式占据所有包含性内容图片的66%，性行为举止描述占据33%。可见网络中涉及性内容的图片多以人物的身体外在表现为主。而在性行为举止描述的二级类目下，拥抱、亲吻是最常见的表现方式，占比超过80%。表明网络图片整体性化程度并不太严重，并没有对性行为举止有太过广泛、露骨的呈现，这一点与先前的研究结论一致。然而与第一阶段的性行为举止描述18%、身体外在表现82%相比，本阶段研究中的性行为举止描述占比大大增加（33%），同时在性行为举止描述的二级类目下，暗示性行为与明显性行为都由0增至13.1%和4%。可见，随着样本抽取方法的变化，样本数量无形中扩大，所得数据更为深入准确。

在所有涉性图片中，74.6%的图片涉及身体暴露，这与上文有关大部分图片以身体的外在表现展现性内容相互呼应。而通过表3.13数据可看到，在涉及身体暴露的图片中超过60%的暴露形式为性别特征暴露，比如以女性胸部、臀部为视觉中心的比基尼图片等。而对比两次研究数据发现，本研究中"全裸"这一类目占比由2%增至6%，虽然仍只占据极少的一部分，但足以对未成年人的身心健康构成危害。

在背景关系这一类目下，背景为具体场景所占比例最多，为50.2%，其次是背景虚化为27.8%，排在最后的是无背景为22.1%。第一阶段的研究中，背景虚化占比最多，林玲认为拍摄图片时采用虚化手法可进一步突出衬托人物形象和身体部位，同时也指出网络图片不同于我们在报纸杂志上所看到的，不需要专业和精致，而应更具有随意性，更能迎合大众的普遍审美情趣。[①] 因此，这一点更能对本阶段的研究结果进行阐释，将图片人物放置于一个更为具体的场景中，如床、沙发、汽车、浴缸等，这样的做法无疑极大地加大了观者现场感，通过联想加工将性化程度进一步加深。

由于本阶段编码表将年龄和性别两个类目分开编码，所得数据便更为清晰。可以看到网络图片中的人物呈现仍主要以成年人为主，未成年所占比例与前阶段分析结果一致，在5%左右，呈现形式更多以与成年人共同出现为主，同新闻文本分析结果一致，未成年人在性内容出现频率并不高，但仍小范围存在。值得关注的是，在图片人物性别分析上，女性出现比例达到了94.6%，其中52%以单独女性形象出现，42.6%以男女共同存在方式出现，同时，男性以单独形象出现的频率只达到了5.4%。这一结论与先前的研究结论基本保持一致，"女色"消费仍占

---

① 林玲：《青少年网络环境泛性化的实证研究——以百度搜索引擎为例》，硕士学位论文，中国青年政治学院，2015年。

据了含有性内容图片的主要地位。然而位居第二的两性共存涉性图片也不容忽视，这与上文中分析的性行为举止占比增加有着密切的关系，同样证明随着样本数量的扩大深入，网络图片性化程度加深。

（三）视频文本分析

本研究共分析了 10 部电影和 77 集电视剧，共计视频类样本256 份。

表 3.14　　　　　　　　　视频文本各内容比例一览

性内容背景	夫妻 14.5%	情侣 28.5%	普通关系 46.1%	婚外情 4.3%	非法关系 1.6%	
性内容类型	性行为举止 78.9%	口头讨论 21.1%				
性行为举止	肢体型调情 18.3%	拥抱 29.7%	亲吻 26.7%	暗示性行为 13.9%	明显性行为 9.9%	不确定 1.5%
口头讨论	对自己或他人性兴趣的评论 35.2%	对已发生的性行为举止的讨论 16.7%	讨论"性" 38.9%	其他 9.2%		
性内容主题	标准模式 48.8%	暴力模式 4.7%	理想模式 43%	其他 3.5%		
涉及角色年龄	成年人 99.2%	未成年人 0%	都有 0.8%			
涉及角色性别	男性 6.3%	女性 7%	都有 86.7%			
主动者角色性别	男性 44.9%	女性 21.9%	同时 33.2%			
被动者角色性别	男性 23.1%	女性 47.9%	不确定 29%			

第一阶段中为求样本范围种类多样，覆盖范围广泛，视频类样本共选取了电影、电视剧、娱乐、动漫、综艺五种形式进行研究，研究结果表明，涉性比例最大的分别是电影 98.36% 和电视剧 93.44%。因此，在本阶段的研究中，视频类样本压缩至只保留电影和电视剧两种形式，以便结果更为精准。

如表 3.14 所示，构建性内容背景这一类目的主要目的是探讨网络视频样本中涉及性的有关行为是发生在何种关系之上的。通过表 3.14 数据可看出，这一指标的分布情况与上一阶段分析结果大致相似，依次为普通关系（46.1%）＞情侣（28.5%）＞夫妻（14.5%）＞婚外情

（4.3%）＞非法关系（1.6%）。婚外情及非法关系只占据了其中很小的比例，这说明目前我国网络视频有关性内容的呈现还是构建在一个合理合法的背景下。但我们也可以看到，情侣和夫妻这样业已确定的关系所占比例也并不算很多，一半左右的性关系发生在普通朋友甚至于陌生人之间。因此，虽然网络视频中对于非法或不道德的性关系很少呈现，但随意、开放的性价值观依然广泛存在。

视频相比图像、文字而言又增加了听觉这一感官的参与，对于内容的呈现也更加多样生动。因此，在性内容类型中，我们加入了口头讨论这一表达方式。可见，本次分析结果与上次类似，视频中对于性内容的呈现更多采用更为直接的肢体行为，口头讨论只占21.1%。而在口头讨论的二级类目下，讨论"性"和对自己或他人性兴趣的评论占比相近，分别为38.9%和35.2%，对已发生的性行为举止的讨论占比最少，为16.7%。同时，在性行为举止的呈现上，拥抱、亲吻等浅层次的行为占比最多。这说明视频中对性内容的表现比较收敛，很少出现直接明显的表达，这一点与我国的监管机制有着密切的关系。然而，正确的性知识、性心理往往需要通过语言输出，因此虽然网络视频摒弃了露骨的性表达方式，但对于性知识的传递也并不在意。

纵观本研究中三种信息传播形式的统计数据，涉及角色年龄的类目占比基本保持一致，即大部分以成年人形象出现，未成年人以小比例存在。而观察涉及角色性别时，可以发现以图片形式呈现的性内容多以女性形象出现，其次是男女共存方式，最后才是男性单独出现。而视频中最多则以男女共存方式呈现，男性单独出现或女性单独出现形式几乎持平，分别都只占据了极少比例，详见表3.12—3.14所示。

（二）研究结论

纵观两次研究所得数据，我们可以看到，在我国的网络环境中，充斥着各种形式的性内容，包括文字形式的新闻报道、冲击视觉的静态或动态图片、以故事情节为依托的电影及电视剧等。总体看来，通过两次数据采集三种信息载体的分析，我们可以看到网络环境中对性内容呈现的一些共性。

首先，网络环境中虽然存在性内容普遍泛滥的情况，但受我国监管力度限制，性化程度并不十分严重。这是两次内容分析所共有的结论。无论是文字、图像或视频类信息，对性内容的呈现都并不存在十分露骨直白的表达方式，大多以浅层次的，如拥抱、牵手、部分性别特征裸露等方式呈现。然而，虽然网络环境中很少存在淫秽色情类信息，但同样没有承担起传播正确性知识、性责任意识、性道德教育等的义务，反而突出性的娱乐化目的。这对于我国青少年的性价值观形成几乎无法起到积极正确的指引作用。

其次，两次研究数据结果都表明，无论是何种载体形式，未成年人在其中出现的比例都只占据了很少的一部分（分别为新闻3.7%、图片5%、视频0.7%）。可见，网络环境对未成年人的卷入度并不高，然而，我们无法以此推断坐在计算机或手机屏幕前浏览这些涉性内容的未成年人比例，无法排除其通过网络环境对性内容的呈现进行模仿、学习，最终对自身的性价值观产生何种影响。

最后，在上文中我们提到，在第二次图片的内容分析中，性行为举止描述的一级、二级类目下，深层次性行为的呈现较上次更加露骨，占比更大。通过这一数据对比发现，两次内容分析中，第二次中的网络环境性化程度较前次相比更加严重。排除取样日期不同的一些偏差之外，这主要是因为二次取样的范围的差别，第二次的取样范围较第一次来说，更具有针对性。从开始的由整个网络环境取样，缩小至只收集涉及性内容的样本。这样一来，无形中扩大了样本数量，数据结果更为精准、深入。

总之，通过以上数据分析，我们可以对网络环境中的性内容呈现做出大致的描述，以了解网络环境所构建的媒介现实中出现的泛性化偏向，为本研究后半部分的受众调查提供依据。具体分析结果如下。

1. 不同信息形态下的性内容呈现

信息的三种基本形态，文字、图像和视频，在信息传递的过程中，各有各的特点，因此，同样是对于网络中性内容的展现，三种信息基本形态都不尽相同。视频可谓是依托网络技术而生的最新传播形式，集视觉与听觉为一体，受众代入感最强，对背景故事的讲述力、表现力也最为完整最具张力，再加上如今的明星效应，是最易吸引受众目光的传播形态。图像较之于视频失去了声像的传播功能，只以二维平面形式存在，无法以强烈的故事性吸引受众，但色彩、构图、光影等因素的组合依然能够带给观者视觉感官的享受。相比以上两种传播形态，文字要显得更为简朴，作为最为原始传统的信息承载形态，文字给读者留下的联

195

想空间最大，语言的魅力也使其表现方式最为丰富。因此，网络环境中有关性内容的呈现，也因三种信息形态各有的特点而不同。

我们可以看到，不同信息形态下，性化程度有所差别。以新闻为代表的文字传播形式中"明显性行为"占比最大，其次是"暗示性行为"，这一点与图像和视频的分析结果相比出现了极大的反差。由此我们可以推断，在网络环境中存在的各种信息传播方式中，文字形式是性化程度最为严重的。这一现象与文字形态本身特点是分不开的，在众多纷繁复杂的网络信息中，文字很难以"外表"吸引受众注意力，因此在语言的组织表达力上，便倾向于使用性化程度更深的词汇，以较为夸张露骨的方式表达性。同时，视频和图片由于视觉冲击力较强，对性的表达便倾向于更为含蓄隐喻的方式，避免踏入淫秽色情的旋涡中。

2. 媒介环境建构下的两性认知偏差

性别与性一直是密不可分的两个话题，要想树立正确积极的性价值观，首先要对男女两性有健康的认知。然而媒介环境中建构的两性形象及两性关系却存在一定偏差。这样的偏差表现在因性别差异带来的价值认同差异以及两性间关系的认知单一。

著名性学研究学者李银河曾提到："各类媒体全都致力于塑造不真实的性别理想类型。而在现实生活中，男性并非全都那么坚强、勇敢、成功；女性也并非全都那么苗条、漂亮、时髦。通过将人类身体的病理化，社会使正常的身体和身体功能变成有问题的，比如'超重的'体重……"[①] 网络媒介掌握着最先进的高端技术，但依然无法逃离媒体对两性形象的刻板印象塑造。通过本次研究中某些类目的数据分析，我们可以看到，网络媒介善用衣着暴露的女性作为图片中的最主要人物。而当我们将目光从样本数据转移到样本内容时，便可发现，大部分涉及女性的话题都与其外在身体价值勾连，即无论描述的主体内容是什么，该报道也总与其外貌身材或是家庭不可分割。

女性对美的追求是有史可循的，中国女性自古以小脚为美，尤其是上层社会的女人们从小就把脚缠起，以"三寸金莲"迎合当时社会规范对美的要求。欧洲女性也未幸免于难，自小就用束腰带把自己勒得喘

---

① 李银河：《两性关系》，华东师范大学出版社 2005 年版，第 148 页。

不过气，目的是能拥有最纤细的腰肢，以"丰乳肥臀"的身材获得社会认可。随着时代的更迭，人们的审美情趣在不停地变换，不变的只有不惜承担损伤健康的代价也要让自己变得更"美"的女性。在如今这个倡导男女平等的文明社会里，仍然有众多的女性为了苗条清瘦的骨感美，毫不犹豫地走上手术台甚至不惜营养不良罹患厌食症等。似乎女性的成功就是建立在外貌身材出挑的基础上，与社会上对男性的成功标准要求出现了极大的反差，这一点不可谓不与媒体对两性形象，尤其是女性形象的塑造偏差有极大的关系。

不仅在塑造男女形象上出现偏差，我们可以通过数据分析看出，网络媒介对两性关系，尤其是男女在两性关系中的角色担当，与传统两性观念十分一致，极具单一性。在传统的父权制社会中，男性一直在两性间占据主导地位，尤其有关性活动，女性普遍被看作被动的承受者。在涉及暴力的新闻报道中，施暴者——男性和受害者——女性似乎成为固定搭配。而在视频的角色分析中，主动者角色往往由男性承担，而被动者大部分是女性。

笔者认为，媒介对两性关系出现单一性呈现，可能会出现两种不良后果：一是可能造成女性的性压抑；二是忽视性侵对男性的危害。

两性平等的口号在当今的社会里不绝于耳，然而对性表现渴求的女性依然很少受到社会的认可，即使相识的男性较多或较频繁都会被打上"婊"的标签。女性依然是传统社会里不应有性欲望的贞烈女子，只有男性才能正大光明地表达并实现自己的性欲望。经过几千年男权社会文化的积淀，男女在性活动的道德标准本身便是不平等的，再加上媒介对此的宣扬鼓吹，这一现象只会愈演愈烈。网络中我们时常可以看到类似于"霸道总裁""壁咚"等新兴词汇，甚至微博上一则"聪明男人都知道，男人是吵不过女人的，抱住强吻就行了！"的帖子遭到了大家的一致认同。不可否认的是，这其中确实存在网友戏谑以及偶像剧的浪漫成分，但这种行为也充分彰显了男性的强势主导地位以及对女性的不尊重。

对两性关系中男性主动施暴身份以及女性被动受害身份的过多强调，不只会给女性带来伤害，男性也会成为两性地位单一的受害者。说起性侵害，大众的刻板印象往往是猥琐的成年男子对弱小的年轻女子，然而人们往往容易忽略，男性也很容易成为性侵的对象。性侵男性行为一直都是我国法律的一块空白，直至近几年才开始逐渐引发关注，除了法律保障不力之外，当事人往往也不愿立案声张。而出现这一现象便是受传统观念影响所致。男性遭遇性侵，不仅受到生理上的伤害，更加因为被冠上类似"懦弱"的称号而承受着巨大的心理压力，而一旦将此事公之于众，公众也往往以嘲讽和戏谑的心情看待，这样一来更加剧了被害者的心理阴影。可见，媒体应摒弃这样的单一性呈现，对两性认知起到良好积极的引导作用。

在上文中我们提到，要将内容分析所得结论与问卷调查相结合，以便探析两个现实之间的吻合度。因此，媒介对两性建构的偏差将作为一个重要变量呈现在之后的问卷调查中，通过掌握青少年对两性关系、两性形象等的具体认知，把握网络环境泛性化对青少年的影响。

3. 道德感缺位下的网络性内容呈现

性道德观是性价值观中不可缺少的一环，是指被个体认同和内化了的性行为准则和规范，是判断性行为的"是与非""善与恶""美与丑"的主观标准。若一个人的性道德观出现偏差，性价值观势必也会受到影响。通过本次对抽取样本的分析我们可以看到，目前网络环境中的性内容在呈现过程中，道德感缺位现象严重。

在关于新闻的文本分析中，暴力性内容占据约 20%，越轨性内容占据约 35%。在对样本编码时我们规定，暴力性行为是指性行为举止中包含明显的肢体暴力元素，越轨性行为是指与当下社会价值观不符的行为，如婚外情、偷窥、卖淫等。可见，由于我国法律监管力度加强，性与暴力的结合在我国网络环境中还并不常见，但性与越轨的组合却在并不触犯法律的前提下，一定程度上满足了观者的猎奇心理，起到吸引受众注意力的作用，而被更为广泛地利用。同时，在性内容类型这一类目的分析下，有关性知识或性心理观念的部分只占据了极少的一部分。可见，网络性内容的表达普遍忽略性道德、淡化性责任意识，打着法律的擦边球，却冒犯了道德的高地。

我国目前正面临着社会的转型期，多种价值观念奔涌而至，当西方的"性解放""性自由"流行在社会上时，人们倾向于片面地认为这代表着不负责任的性爱和无意义的性交。再来看本研究中对于视频中性内容的发生背景的分析，近一半的性内容发生在普通关系的男女之间，这一点对于社会中性责任意识淡漠具有不可忽视的启示作用。

同样，性道德观也将作为后期问卷调查中性价值观的一个维度呈现，观察青少年对恋爱关系甚至婚姻关系中的忠诚度、对性行为发生的责任感、对网络性内容在社会上造成的影响等。分析问卷调查结果与内容分析结果是否一致。

第三节　青少年的性价值观及影响

一　研究概述

21世纪是互联网的时代，随着技术一次次推进革新，我们的生活几乎无法"脱网"进行，从互联网这扇窗探出去，整个世界仿佛都近在咫尺，地理上的距离已不能再阻挡我们对这个世界的认知和探索。这似乎是继广播电视后，又一个对麦克卢汉"地球村"理论的现实佐证。麦克卢汉曾提出著名的"媒介是人的延伸"论点，他对于媒介有着异常广泛的定义，以至于人们对其范围无法把握，这或许正是因为他关注的更多的是技术层面，关注技术不断革新的媒介是如何从内而外地改变人们的生活。他在《理解媒介——论人的延伸》中提到："衣服是皮肤的延伸，眼镜是眼睛的延伸，自行车是脚的延伸。媒介的信息存在于它造成社会或文化变化的能力。"① 然而，这样的变化带来的是不容乐观的后果，麦克卢汉认为，媒介延伸人体，赋予它前所未有的力量，同时却瘫痪了被延伸的肢体。因此，技术既是对人体的延伸，也是对人体的"截除"。麦克卢汉悲观地认为，人们对媒介影响潜意识地温顺地接受，会使媒介成为囚禁其使用者的无墙的监狱。② 在如今这个时代，互联网带给我们的是前所未有的延伸体验，那么我们不禁需要思考这栋无墙的监狱是否以及如何"截除"了我们。

有关网络带给人们生活的弊端，许多学者对此进行了广泛且深刻的探讨。而本书旨在从网络中夹带的性内容深入探析其对青少年群体造成的影响和改变。目前，网络平台凭借日益革新的技术取代了电视，成为新一代青少年了解世界、获取信息最主要的大众传播路径。网络把人们的各个感官延伸至全世界、涵盖全领域，提供便捷、缩短距离以及提高

---

① ［加］马歇尔·麦克卢汉：《理解媒介——论人的延伸》，何道宽译，译林出版社2011年版，第23页。

② 同上。

效率的同时，也截除了人们的思维触角。在这个网络即信息的社会，网络已然成为青少年看世界最重要的一层介质。在这样一个秉承公开、公平、资源共享的平台上，各类信息充斥混杂，掺杂其中的性内容也不可避免地赤裸裸地袒露在外。在我国目前性教育尚不完善的今天，经网络夸张放大的性内容对青少年的性性价值形成可谓百害而无一利。因此，本研究试图对网络环境中出现的泛性化状况进行扫描，同时通过问卷方式了解青少年的性价值观。希冀为国家社会以及学校家庭等管理教育者，在如何规范网络环境，如何对青少年展开性方面的教育方面，提供一点有价值的建议和策略。

媒介对性内容的呈现正在日益引起人们的关注，由于媒介普遍具有力求最大限度吸引大众眼球以获取经济利益的特定性质，其对于性内容的呈现就不可避免地存在偏差，比如性内容泛滥、表现手法夸张、突出消费及享乐主义、淡化性责任及性知识意识等。这样的现象并非诞生于互联网时代，早在19世纪末期的美国，报纸作为最重要的大众传播媒介，黄色新闻现象就已发展至顶峰，色情、暴行、抢劫、凶杀等骇人听闻的内容广泛覆盖在主要版面上，用渲染、夸张、煽情的表达手法，不择手段地扩大报纸销路。时至今日，为规避黄色新闻现象，不少国家已然对媒介性内容的监管建立了相对成熟的规章制度，而相对网络的快速发展，国家层面的立法速度却远不能及，因此，网络便顺理成章地成为黄色新闻聚集的"重灾区"。2014年4月中旬，我国正式对网络中的淫秽色情信息开始了全国范围内的清扫治理。自20世纪末，"扫黄打非"工作小组正式成立后，调查对象也从书刊音像逐渐转移到如今的互联网上来。本次"扫黄打非·净网2014"专项行动本着保护青少年身心健康，营造绿色健康的互联网环境为主要目的，已查处了多家网站。

然而，网络信息庞大混杂，营造绿色健康的互联网环境并非朝夕之功。目前净网活动已过去了两年之久，笔者在百度新闻中分别以淫秽、色情、黄色新闻进行搜索，随即出现了大量的男女大面积裸露图片、色情网站链接、淫秽电影以及有关的各种新闻。而这些信息对于每一个青少年来讲都是近在咫尺的，这一现象不得不引起我们的重视。青少年群体正处于身体以及心理上性成熟的过渡阶段，也是互联网使用最为频繁的一个群体。受我国传统观念影响，家庭或学校往往无法及时对青少年的性价值观形成进行正确的引导，甚至有调查显示，我国青少年对性知识的获取途径绝大部分都来自于网络。

1996 年，媒介环境学派的第二代代表人物尼尔·波兹曼在《教育的终结：重新界定学校的价值》中提出："一切技术变革都是双刃剑，利弊同在，都是浮士德式的交易……每一种技术都有一种哲学理念，都对人产生深刻的影响……一种新技术并非仅仅是追加什么东西，而是改变一切。"① 由技术堆建而成的网络世界早已不只是单一线性的二维呈现，而是不规则的 3D 甚至 4D 立体构建。借助媒介环境学理论，我们把网络作为最新的媒介环境阐释，分析由全新技术带来的全新媒介环境，进而分析这一媒介环境对特定受众在某些方面的影响和改变。媒介环境学目前尚年轻，仍处于拓展阶段，本研究正是对此理论提供实证研究的补充案例。媒介环境学是极具人文主义和现实主义关怀的，其核心意义旨在使世界更加"平衡"或"健康"，使人享受更加"美好"的生活。这一点也正是本研究希冀达成的最终目的，通过研究使人们了解并正视互联网这一大众媒介传播平台出现的偏向，对此偏向造成的影响给予关注，并最终能使其趋于平衡。

将媒介视为一个整体环境，探讨置身其中的人们在观念、认知、情感及行为上受到的影响这一课题，一直都是新闻传播学领域学者研究的重点。如果说媒介环境学更多从理论意义上对此进行阐述，那么美国学者 G. 格伯纳提出的涵化理论便将着眼点主要放在了传播效果的研究上。涵化理论自提出以来经历了多样的衍生研究，其有关媒介接触程度以及邪恶世界综合征等核心观点也是本研究后半部分最为主要的理论支撑和借鉴来源。

除此之外，无论是心理学家班杜拉的社会学习理论（从社会层面分析人们对周围环境的观察模仿行为）、马尔库塞的单向度理论（从意识形态角度探讨人们批判精神的丧失）以及开篇提到的麦克卢汉的媒介技术论等都为本研究提供了丰富的理论支撑。

因此，本节旨在通过问卷调查的形式探讨其如何对我国青少年群体的性价值观产生影响，这是本研究的主体内容，也是目前社会上亟待解决的问题。

---

① Postman N. , *The end of education*：*Redefining the Value of school*，New York：Alfred A. Knopf，1996，pp. 192 – 193. 转引自郑燕《中国媒介环境学现状研究》，《东岳论丛》第 35 卷第 4 期，2014 年 4 月。

（一）文献回顾及主要概念

1. 媒介环境学

自 20 世纪初期，麦克卢汉、伊尼斯、刘易斯·芒福德等学者的研究成果便受到人们的热切关注，然而，媒介环境学作为这些学者共同的研究领域却并没有得到应有的重视。美国媒介环境学会的创始人之一林文刚在提到媒介环境学的起源时说道，想要讲述这个故事并不简单，原因就在于其中涉及的问题、视野和阐释太复杂、太枝蔓丛生。[①] 目前，学界对媒介环境学的起源，还存在一些争议，不过普遍认为该术语由尼尔·波斯曼在 20 世纪 60 年代首次公开使用，随后又正式发表于《改革后的英语课程》（*The reformed English Curriculum*）一文中。

作为媒介环境学派的创建人，尼尔·波斯曼曾在 1976—1977 学年的《纽约大学年报》里提到其理论实质和精神，即"媒介环境学研究人的交往、人交往的信息及信息系统……试图说明我们对媒介的预设，试图发现各种媒介迫使我们扮演的角色，并解释媒介如何给我们所见所闻的东西提供结构"[②]。具体来讲，这与美国学者大卫·阿什德在其著作中提到的媒介有两种环境的观点是一致的，阿什德所提出的两种媒介环境，即媒介赖以生存与发展的现实环境——物理的实在环境，与媒介通过其传播活动介入现实环境作用后所形成的已发生改变的环境——充满符号的互动的意义环境。[③] 而媒介环境学的兴趣就在于媒介的专属符号结构如何影响着人们的感知或意识。

在国内，有关媒介环境学的引进和研究最早可以说是在 1988 年由戴元光、邵培仁等学者在其著作《传播学原理与应用》中提出，该书当时专门针对"传播环境"进行讨论。随后，我国学者相继开始关注这一领域，将媒介、传播与环境、生态联系起来，展开探讨研究。孙旭培在 1997 年出版的《华夏传播论》一书中，也对环境与传播的关系问题展开讨论。2004 年所出版的《大众传播生态学》站在了传播生态学角度，围绕媒介的"拟态环境"和"大众传播的国际环境"这两个议题进行了分析研究。而其中最具有权威性和影响力的著作应属美国学者林文刚编著的

---

① ［美］林文刚编：《媒介环境学：思想沿革与多维视野》，何道宽译，北京大学出版社 2007 年版，第 53 页。

② 同上书，第 67 页。

③ 同上书，第 90 页。

《媒介环境学：思维沿革与多维视野》，这本书由何道宽先生翻译，书中共邀请了包括林文刚在内的12位学者分别从历史、理论和诠释的角度来讲述并解说媒介环境学的思想源头，是一本介绍媒介环境学的入门书。

媒介环境学尚年轻，如果说国外学者对其研究还处于反思整合和拓展阶段，那么媒介环境学在国内的发展只可算是处于起步阶段，自2012年起，有关它的研究成果数量才呈一定规模，并自此保持稳定上升之势。然而，纵观中国知网上的相关文献，大部分文章都是在对媒介环境学做简单的分析和思辨性的探讨，或是对媒介环境学派的思想起源及有关理论进行梳理和总结。可以说，国内对于媒介环境学的研究仍停留在宏观介绍的初级阶段。其中代表性文章包括：商娜红等学者在其刊登在新闻大学学报上的文章《北美媒介环境学派：范式、理论及反思》中，就对北美媒介环境学派先驱及三代代表人物的思想渊源做了详细的梳理，分析整理媒介环境学派的核心理论等；山东大学的郑燕、陈静也对中国媒介环境学的研究现状做了详细的文献综述，力图对我国媒介环境学的发展史做一个呈现。

媒介环境学派代表人之一保罗·莱文森也在其《新新媒介》一书中指出了媒介环境学未来的发展方向：即对社交网站、新闻网站、视频网站等新兴媒介形式的研究。可见，对互联网依托下的新媒介研究是媒介环境学日后的重要研究方向。这一趋势也可从目前最新发表的文献中看到，许多学者都以媒介环境学的视野，探讨新媒体对社会的影响，或与传统媒体进行对比，以便突出媒介技术带来的偏向。

上文提到过，媒介环境学是极具人文主义和现实主义关怀的，它的最终目标是推动人们思考，如何制衡各方力量，来消除媒介技术可能造成的偏向，使个人、社会乃至整个世界成为更加"平衡"或"健康"的状态。而这正契合了本研究的意义所在，即网络技术构建下的媒介环境出现了怎样的泛性化偏向，长期浸染其中的青少年群体的性价值观又如何受到它的影响及改变。希望此研究对国家社会上的相关人员以及学校及家庭的教育工作者等具有一定的现实借鉴意义，对以后网络环境的发展达到平衡状态起到些许推动作用。

2. 泛性化

"泛性化"这一概念在国内最先由陈勇在《"艳照门"事件与传媒泛性化的误区》中提出："所谓传媒的泛性化，是指传媒在内容上表现出对性题材的有意识泛滥，在形式上表现出对性符号的无节制地传播，在观念上趋向对性道德浅薄化的认同。"① "泛性化"这一概念还未被广泛知晓，目前对它的研究成果并不多，除了陈勇的文章和同在本课题下的两篇文章之外，目前只有两篇专门对此的研究，包括傅肖忆的《"泛性化"环境下的网络传播伦理冲突与出路》以及杨伟娜的《泛性化对青年男性、青年女性内隐态度的影响》。总之，从媒介环境学视野出发，泛性化现象可谓是在抢夺眼球、注意力经济下网络媒介发展至今所出现的"偏向"。它破坏了青少年原有的身心健康和社会的平衡状态。

自网络盛行以来，国内外学者们对媒介性内容对人们的影响研究就乐此不疲，无论采用定性或定量研究方法，学者们都验证了媒介性内容对接触的人们产生的负面影响，这样的影响作用在人们的认知、态度、价值观以及行为层面上，并且不同性质的性内容相比较，含有暴力的性内容危害更大。然而，许多学者面对媒介中出现性内容的现象时，便将其归类于网络色情传播而加以研究分析，而忽略了更为普遍存在、性化程度较浅的泛性化传播现象。而我国对网络色情管控还算严格，十分露骨的宣扬色情淫秽信息的网络内容在国内网站上极少存在。因此，对于我国网站的泛性化现象研究更加具有实在的现实意义。

3. 格伯纳的涵化理论

近年来，随着技术发展，大众传媒力量日益强大，从受众角度出发进行有关媒体传播效果研究的文章数量呈不断上升之势。而涵化理论可谓是大众传播效果研究的一座里程碑，也是本研究的理论支撑之一。涵化理论研究起源于格伯纳在 1968 年受邀负责电视暴力内容和受众关系的分析。通过内容分析，格伯纳小组调查得出的结论是：电视内容所呈现出的暴力性，与社会客观现实之间存在很大的差异。1973 年格伯纳在此基础之上开始了一个名为"文化指标研究"项目，其中包括："制度分析""信息系统分析"以及"涵化分析"三个方面。基于以上的研究，格伯纳小组提出了涵化理论的核心观点：电视内容所呈现的是主流的文化和价值观念，而受众头脑中的主观现实更接近于电视所呈现的符号现实，受众观看时间越长，这种相近性越高。同时，电视有关内容的呈现方式不是以说教而是以"报道事实""提供娱乐"等形式传达给受众的，以一种潜移默化的形式影响人们的现实社会观。

---

① 陈勇：《"艳照门"事件与传媒泛性化的误区》，《青年记者》2008 年 4 月 20 日。

　　涵化理论一经提出就引起了国外学者们的热烈讨论，并经历了一系列的反思与修正。而在国内却是在近十几年才开始逐渐受到学者们的重视。其中具有较大影响的当数龙耘在 2005 年所出版的著作《电视与暴力——中国媒介涵化效果的实证研究》，在此书中，龙耘通过大范围的详尽的实证调查分析验证涵化理论在中国的适用。如今，计算机、手机等设备依托网络发展已取代电视，成为受众覆盖面最广、影响力最大的传播平台。因此，借用涵化理论对网络平台的大众传播效果进行研究正是目前我国相关研究的趋势所在。这其中，大部分研究成果的研究形式和思路都是效仿格伯纳涵化理论的研究，即采用量化方法对某一具体涵化现象进行实证考察研究。包括：《网络暴力游戏对青少年的"涵化"影响——对上海市中学生的调查》《网络视频广告对受众的培养分析——以插播式广告为例》等。总之，涵化理论的研究在我国还处于刚刚起步的阶段，还有许多空白地等待开发。因此，本研究试图借助涵化理论的研究框架，分析"刺激"变量——网络环境泛性化的同时对"反应"变量——青少年性价值观做调查了解，考察两者是否存在吻合度。

　　4. 性价值观

　　被誉为"中国性学第一人"的性学教授潘绥铭曾对性价值观进行界定，他认为："性价值观是人对自身和他人的性活动的主观感受和评价。性活动包括性行为，也包括非直接肉体接触，但仍是以获得性高潮或性感受为目标的行为。"[①] 在他之后，不少学者也纷纷用自己的理解给性价值观做定义，其中包括彭晓辉、周运清、李颖等，但其核心理念与潘绥铭教授的观点并无太大差别，而本书对于性价值观的界定相较以上要更为广泛一些，除了对性活动的主观感受和评价之外，加入对两性间形象及地位的观点，主要探讨的是青少年的性道德观和两性观。

　　我国对"青少年 + 性"的研究领域自 2005 年起至今已有不少建树，其中大部分以受众调查的形式进行，涵盖了社会学、心理学、教育学及心理学等多个学科领域。学者们普遍认为，青少年们正处在一个对两性关系有着前所未有的好奇心和很强尝试欲望的年龄，再加上近年来西方

―――――――――――

　　① 潘绥铭、曾静:《中国当代大学生性观念与性行为》，商务印书馆 2000 年版，第 256 页。

"性自由"潮流的涌入、媒体中良莠不齐的性信息传播以及性教育的缺乏，青少年的性行为发生率呈逐年上涨趋势，[①] 是"性"领域研究一个不容忽视的群体。目前国内的相关研究可大致分为以下两类：一是单纯针对某一群体对其所持性态度、性观念、性价值观的调查分析。其中研究对象在身份上涉及中学生、中职生、中专生、大学生以及城市务工青少年等，地理所在也覆盖国内外，如北京、上海、武汉、日本、牙买加等。二是提出假设，以问卷或访谈形式验证其与调查对象的性态度、性价值观等是否存在关联性。如有学者针对大学生浏览黄色网站行为验证此举对其性行为、性态度的影响；[②] 或从香港、内地两个地区角度考量青少年性价值观的形成是否存在差异；[③] 或从家庭结构、教育等因素出发，探讨家庭对青少年性价值观的影响。[④]

对于国外有关青少年的性的研究，相比较国内而言，出现得更为早期，成果也更为丰富。除了将视角放在受众调查的影响研究上之外，国外学者也进行了许多更深层次的对性文化的探讨，从文化角度对青少年自身的性化倾向以及对文化和媒介性化的快速适应进行研究讨论。国外文献中所描述的青少年"性化"（sexualisation）一词是混合词，来自于"性的社会化"（sexual socialisation）。20世纪末，美国学者斯帕尼尔在"关于影响青少年在中学之后发生婚前性行为的可能性的家庭和教育背景"这一著名的社会学调查中提出了"性化"这个概念。他认为，"性化"是"性的社会化"的简称。主要指与性相关的欲望、经验、行为等，而社会化是指青少年时期适应某种文化的被动过程。青少年性化就是被动地适应文化性化，受媒介性化影响，在性认知、性态度、性观念上实现社会化的过程，性化由三个主要部分组成：性别认知的发展；性知识、性技巧和性价值观的获得；性态度和

---

① 彭彧华：《当代大学生性行为的特点及与性态度、性知识的关系》，《首都经济贸易大学学报》2009年第4期。

② 马瞧勤、丛黎明、潘晓红、蔡高峰：《大学生浏览黄色网站与性行为性态度的相关性》，《中国学校卫生》2011年第12期。

③ 邓欣媚、林佳：《广州、香港两地大学生性观念调查——性态度、性知识、行为发生可能性及双重标准》，《中国健康心理学杂志》2009年第1期。

④ 沃文芝：《社会变迁视角下家庭对青少年性价值观的影响》，《中国性科学》第22卷第5期，2013年5月。

行为处置的发展。①

通过以上对国内外有关领域研究成果的梳理和总结，我们可以看出目前学者对于网络传播效果以及青少年性方面的研究还是成果颇丰的，而本研究试图引入媒介环境学的主要理论以及涵化理论来分析网络环境泛性化对青少年性价值观的影响，将媒介现实与受众观念现实共同扫描测量，考察两者是否具有一定的吻合度，以此验证青少年性价值观受到了网络环境泛性化的影响，考察其影响方式等，如图3.12所示。

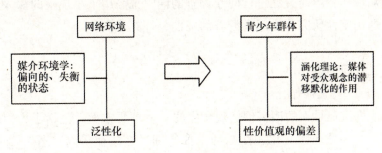

图3.12　研究构想

（二）研究问题与方法

1. 研究问题

基于上文对文献的研究分析以及本节主要研究目的，本研究主要着眼于以下两部分，试图弄清：

（1）以问卷调查及深度访谈的形式在全国范围内面向中学及大学生做受众调查，对青少年的性价值观有一个深入、全面的把握。

（2）结合以上内容分析及问卷调查研究结果，观察分析网络环境中的性内容对青少年性价值观造成的影响，在这个基础上提出一些看法和建议。

总之，本研究试图通过对媒介现实和受众现实的探究，分别得出一些结论，再将两者结合，对其吻合度进行考察。

2. 研究方法

本研究所用方法包括文献分析法、问卷调查法以及深度访谈法。其

---

① Robbie Duschinsky, "What does 'Sexualisation' mean", *Feminist Theory*, Vol. 14, 2013, pp. 255 – 264 (http://www. academia. edu/3284155/What_ does_ Sexualisation_ mean).

中文献分析法主要为整个研究的展开提供理论上的帮助，为研究目的及研究问题寻求理论支撑。同时，在相关问题的研究上，汲取前人的研究成果，站在这个基础之上，避开研究的重叠之处，力求推陈出新，形成新的研究成果。本研究中最主要的研究方法则是问卷调查法，它能够更加客观、全面地把握我们迫切想要了解的"主观现实"。问卷调查法是一种采用大样本量、科学、高效的量化研究方法。只要问卷设计科学，其结果便能较好地代表总体，有较强的说服力。① 同时，由于性价值观问题涉及隐私，对青少年来讲往往羞于表达，为了更加准确、深入地了解受众现实，本研究在进行问卷调查的同时也采用了小规模的深入访谈法，即用定性研究作为问卷调查的辅助、补充工具。

二 问卷设计

（一）概念操作化

性价值观是人的诸多价值观念中的一个重要方面，包括了人们对性生理、性心理、性文化、性活动、性伦理、性法律等与"性"有关的多层面的价值判断与取向。② 本研究的主题便是对青少年性价值观的探讨，而与性有关的话题又十分具有隐秘性，对青少年来讲更加羞于外露。因此，在问卷调查环节，如何通过有效合理地设计问卷题目，更精准地测量出答题者的性价值观，是我们亟须解决的问题。为解答这一问题，本研究在问卷中问题表达形式、提问方法等方面上，进行了探索、创新，告别以往传统的平铺直叙式的问卷提问方式。这一点也是本研究中的一个重要创新之处。

具体来讲，本研究对于问卷中性价值观的操作化处理，有这样三方面创新之处：

1. 剔除社会期望因素

学者卢汉龙在其文章中对问卷调查的意义提出了自己的思考和见解，他认为对不同的调查者来说，面对同样问题可能会产生不同解读，这样的差异主要由下列四个因素决定：（1）被调查者对问题字面意义

---

① 李永健：《传播研究方法》，浙江大学出版社 2009 年版，第 123 页。
② 杨继宏：《在性价值观多元化的现代怎样对大学生进行主导性价值观的引导》，《调查与研究》2007 年第 3 卷。

的理解；（2）被调查者对调查者的意图窥探；（3）被调查者认为社会对此问题的可能期望答案；（4）被调查者掌握的实际情况或实际想法。他认为，第 3 个社会期望因素往往由于受访者的从众心理导致，问卷设计者可以通过问题设置的技巧而消弭和控制①，使被调查者避开主流价值观或大多数人的想法，而选择自己真正倾向的意见。本研究为了更好地规避社会期望对问卷结果的不良影响，在对事情态度的选择上，采取了替代式问法。如：

丙认为类似上述新闻可能会对性知识的普及有一定作用。

丁却认为有的青少年在看过这样的新闻之后反而会产生性冲动。对于丙丁的看法，你更支持哪个？

　　　　丙　　　　丁

将每个态度变成甲乙丙丁——众多人们的其中之一，受访者只是在众多想法中选择一个最接近自己观点的，而不是在问卷中表达了自己的观点。这样简单的替代式问法，可以在一定程度上避免受访者由于社会期望因素影响，而怯于表达自己的真正想法。最大限度地剔除社会期望因素对问卷结果的影响。

2. 场景创设

在《大众传播学：影响研究范式》一书中有一个章节讲述了研究者如何更为有效地进行民意测验，用于对"沉默的螺旋"理论的推论。当时的研究者认为，人们害怕跟别人的意见不同而受到孤独的惩戒，因此首先要进行对孤独的考察，书中提到："虽然我们也已尝试过用直接的民意调查方法收集事实，如在一些调查中，被调查者被直接问道：'你害怕孤独么？很害怕——只是有一点怕——还是根本不怕？'但是此法并不可行，因为孤独的威慑和对孤独的恐惧感被看作是不可取的社会行为和反应模式，而且人们大都未意识到这一点。"② 自此，他们开始

---

① 卢汉龙：《调查问卷的意义界定》，《社会学研究》1987 年第 3 期。
② 常昌富，李依倩等编选《大众传播学：影响研究范式》，关世杰等译，中国社会科学出版社 2000 年版，第 141 页。

转变思路，将提问方式嵌入在一个具体的场景中。后来，来自梅因斯大学（Universing of Mainz）的米歇尔·哈莱曼（Michael Hallemann）与阿兰斯拔研究所合作，对"尴尬"进行了研究，他首先收集了人们所构想的令自己感到尴尬的场景，加以归纳整理之后，列举了一些场景，让被访者根据描述场景选择自己是否感到尴尬，其中几道题目包括：某人在公众场合下打你耳光；你被一位店员错误地指控入店行窃；你伤风时去看电影，但忘了带手帕，等等。① 根据这一思路，本研究也借鉴了场景创设这一问题设置技巧，在问卷中引入了一道五分量表题，其中描绘了许多具体的场景，要求被调查者根据所给场景进行有关熟悉度的五点评分（1 代表不常见，5 代表非常常见）。其中几道题目如下：

你在浏览网页时，不小心点到哪里，结果蹦出了一个黄色网站

你打开网页想搜点资料，搜索过程中看到衣着暴露的性感美女图

当面临与性有关的，难以当面向别人请教的东西时，可以在网上得到帮助

这样的问法比起传统的"你觉得网络中的黄色信息有多少？很多—不是很多—很少……"，更能得到被调查者更加真实的答案，问卷调查结果自然也更为精确。

3. 问题形式多样

除了上述两方面之外，本研究在问卷问题设置中还具备问题形式多样化的特点。由于性价值观中有些概念或不好表述，或表述起来容易掺杂褒贬色彩，因此，便在问卷中采用多种形式表达核心概念，比如节选网上一段新闻，采用新闻题的方式将性的社会观这一概念操作化；采用图片题的方式，根据被调查者对图片的解读，将两性关系、两性形象以及第三者这些概念操作化等。

如有关第三者态度的问题的图片题：

---

① 常昌富，李依倩等编选《大众传播学：影响研究范式》，关世杰等译，中国社会科学出版社 2000 年版，第 147 页。

如果你是图中最左边女性的好友，她对你说她和图中男性是真心相爱，希望得到你的支持，你是否会支持她？

A. 会　　B. 不会

（二）维度建构

本研究有关问卷维度的建构主要基于对以往有关文献整理及先前内容分析结论的基础上。问卷结构主要包括三大部分，分别为个人基本资料（包含现所在地、家乡、性别、年龄等人口统计学变量）、青少年上网情况以及性价值观。其中对于青少年性价值观的考察，由于本研究的研究目的在于两个现实的吻合度研究，因此在测量上并不力求全面，而主要是结合网络性内容环境而有针对性地测量。性价值观主要建构维度及说明如下：

两性观，此维度意在测量青少年分别对男性、女性的认知，以及对两性关系的认知。在内容分析中得知，网络媒体对男女在两性关系中扮演角色的设定较为单一、传统。因此，通过3.1.1题我们试图测量青少年对于两性中的主动者角色认知以及3.3.1题测量答题者对男性展现出强势行为的认同。同时，我们设置了3.1.2—3.1.4这三个题目，以测量青少年是否受到网络中充斥的"完美"男女形象所影响、影响程度如何，以及答题者由于性别不同是否在外表态度上存在观者与被观者心态的不同。最后，我们也在这个维度内考察了答题者对女性的认知，包括女性的内在价值（3.5.8.）及身体价值（3.5.9.）认同、洛丽塔效应（3.5.6.）这三个方面。

性道德观，由于网络性内容道德感缺位现象严重，我们试图通过此维度探究青少年性道德观的现状。性道德观是指被个体认同和内化了的性行为准则和规范，是判断性行为的"是与非""善与恶""美与丑"

的主观标准。① 具体包括性的社会观、性道德态度观、性爱统一观、责任观、忠诚观等。② 因此，本研究将性道德观分解为性的社会观、性的忠诚观以及性的责任观三个方面。其中性的忠诚观主要通过答题者对第三者的态度（3.2.1）以及对婚外情的态度（3.2.2）来测量，性的责任观分别由青少年对给出背景中两性关系的判断（3.3.3）以及性行为发生目的（3.5.7）构成，而性的社会观则以答题者有关网络性内容对个体影响（3.4.1）及在社会层面上的影响（3.4.3）两个题目组成。

现实世界，借鉴与格伯纳有关现实世界的研究，本书在问卷结构中设置了现实世界这一维度，试图了解青少年对网络性内容的认知及接触情况。这一维度也被分解成为三个部分，首先是测量答题者对网络的性化程度判断，其中又包含对网络整体的性化程度判断（3.5.1）、对网络新闻的性化程度判断（3.4.2）、对网络图片的性化程度判断（3.5.2）以及对视频的性化程度判断（3.5.4）。其次，我们在问卷中列举了网络中经常出现的一个场景，需要答题者回答此场景是否在真实生活中发生过，以测量受众认知中媒介现实的真实性（3.3.2）。最后，对受众从网络中获取性知识的习惯（3.5.3）以及获取结果（3.5.5）进行测量，以了解现实生活中，受众在网络上获取性知识的一些情况，详见表3.15所示。

（三）问卷的修订及发放情况

在问卷初稿编订完成后，为保证问卷质量，很好地达成研究目的，我们先进行了小规模的试答，即先向50名大学生发放纸质版问卷，最终回收有效问卷38份。根据这38份问卷所得数据以及答题者的意见反馈，我们将问卷进行了题目上的增减，改正了原先语意不详的题目。另外，由于考虑到中学生年龄较小，大部分都还未成年，因此我们将问卷改成两个版本，分别是针对大学生发放的大学版问卷和针对初高中生发放的中学版问卷，两版问卷除了第一部分个人基本资料上存在区别外，问卷中有关性场景的描述也做了一定修改，将中学版问卷中的场景描述进行删减，以免文字过于露骨。

---

① 易遵尧等：《大学生性道德价值观的结构及问卷编制》，《心理发展与教育》2007年第4期。
② 王进鑫：《性道德教育对青少年性道德价值观影响研究》，《中国青年研究》2011年第2期。

表 3.15　　　　　　　　　　　　**性价值观概念操作化**

性价值观	两性观	两性关系	主动者角色 3.1.1
			男性强势行为 3.3.1
		两性形象	对自身身材的态度 3.1.2
			对自身相貌的态度 3.1.3
			对异性外表的态度 3.1.4
		女性认知	女性内在价值 3.5.8
			女性身体价值 3.5.9
			洛丽塔效应 3.5.6
	性道德观	性的忠诚观	对第三者的态度 3.2.1
			对婚外情的态度 3.2.2
		性的责任观	两性关系的判断 3.3.3
			性行为发生目的 3.5.7
		性的社会观	网络性内容对个体影响 3.4.1
			网络性内容对社会影响 3.4.3
	现实世界	性化程度判断	网络整体的性化程度判断 3.5.1
			网络新闻的性化程度判断 3.4.2
			网络图片的性化程度判断 3.5.2
			视频的性化程度判断 3.5.4
		网络与真实生活	情景发生真实性 3.3.2
		网络与性知识	网络获取性知识习惯 3.5.3
			网络获取性知识结果 3.5.5

修订完成后，两版问卷开始正式发布，具体做法是在全国范围内随机选取几所学校，其中调查对象所在大学包括北京科技大学、北京林业大学、中国青年政治学院、国际关系学院等，中学包括新穗学校、宁夏艺术职业学院等。发放形式分为纸质问卷和网络问卷两种，纸质问卷的发放方法主要是将纸质版问卷直接发给学生，填好回收。而网络问卷的发放主要是通过问卷星网络平台方式，向答题者发放网页或微信链接，邀请其在电脑或手机上填答。其中大学版问卷共发放 1500 份，回收有

效问卷1307份，其中通过网络回收数量为1033份，纸质问卷回收数量为274份。中学版问卷共发放1500份，回收有效问卷984份，其中通过网络回收数量为470份，纸质问卷回收数量为514份。

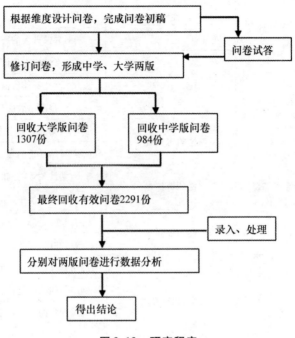

图 3.13　研究程序

（四）信度检验

1. 问卷来源一致性检验

由于本次问卷收集并非单一渠道，而是传统的现场发放纸质版问卷和以网络为平台，答题者通过手机或电脑填写。因此，在对问卷数据进一步处理之前，首先要对问卷的两种来源进行一致性的探讨，查看网络问卷和纸质问卷对相同类目是否具有一致性，一致性越高，问卷结果受到来源渠道的影响就越小，问卷来源因素对整体的影响则可以忽略不计；一致性越低，则问卷结果受到来源渠道的影响的可能性就越大，则需要我们在后期分析时将问卷来源作为变量考虑进去。

当采用内容分析法进行研究时，若样本量较大，则通常需要两个及两个以上研究者对样本进行编码分析，为了确保内容分析的结果可靠，具有较高的可信度，往往需要对内容分析结果进行信度分析，以检验参与编码的研究者对相同类目判断的一致性。在本研究中，我们借鉴了此方法，用来检验通过网络和纸质两种发放渠道所收集的问卷是否具有一致性，一致性高低如何。

当存在两名研究员时，内容分析的信度公式为：

$$R = \frac{n \times K}{1 + (n - 1) \times K}$$

$$K = \frac{2M}{N_1 + N_2}$$

其中 R 为信度，R 值越高则整体的一致性越高，结果越可靠。K 为平均相互同意度，是指两个研究员之间相互同意的程度，其中 M 为两者都完全同意的类目，N_1 为第一个研究员所分析的类目数，N_2 为第二个研究员所分析的类目数。

根据上述方法对大学版问卷数据进行问卷来源的一致性检验分析，首先将 SPSS 中的原始数据进行单因素分析，以问卷来源这一变量作为因子，所得数据表格如附录一所示，表格共包含 25 个类目，其中 7 个类目的 sig. 值小于 0. 05，即在这 7 个类目下，问卷来源对最终结果具有统计学上的显著性意义，不同问卷来源存在差异。另外 18 个类目的 sig. 值均大于 0. 05，即问卷来源在这 18 个类目下并不存在差异，不具有显著性意义。因此，根据内容分析法的信度公式，经计算可得，$K = 0. 72$，$R = 0. 84$，即大学版问卷的两种问卷来源的信度为 0. 84。接下来，对中学版问卷数据进行同样的一致性分析，所得数据表格如附录二所示，中学版问卷的 25 个类目中，其中 8 个 sig. 值小于 0. 05，存在差异，另外 17 个类目均不存在显著性差异。根据公式经计算可得，中学版问卷中的 K 值为 0. 68，信度值 R 为 0. 81。学者彭增军在其著作《媒介内容分析法》中也提到了信度的接受标准，他认为，信度值达到多少可以被接受并没有定论，如果是百分比计算，则 80% 以上都可以接受。[①] 因此，本研究中两个版本的问卷来源对问卷结果造成的影响均可以忽略不计。

2. 整体信度检验

根据上文的分析，我们剔除了问卷来源对于问卷可信度的影响。接

---

① 彭增军：《媒介内容分析法》，中国人民大学出版社 2012 年版，第 97 页。

下来，还需要对整体问卷进行信度检验。美国学者琼恩·基顿等在著作《传播研究方法》中提到，检验问卷信度时最常用的是内部信度，而内部信度一般以科隆巴赫阿尔法系数（Cronbach's alpha）表示，是一个处于0—1的数。0 意味着没有任何内部信度，问题间不存在一致性。而 1 则意味着受访者都用类似的方式回答了所有题目，但这种完美的内部信度是很少见的。[①]因此，我们利用 SPSS9.0 软件对所得数据进行 α 系数信度分析。

其中大学版问卷所得结果如表 3.16、表 3.17 所示：

表 3.16　　　　　　　　　　　　　案例处理汇总

		N	%
案例	有效	1289	98.6
	已排除[a]	18	1.4
	总计	1307	100.0

a. 在此程序中基于所有变量的列表方式删除。

表 3.17　　　　　　　　　　　　　可靠性统计量

科隆巴赫阿尔法系数	项数
0.604	25

中学版问卷所得结果如表 3.18、3.19 所示：

表 3.18　　　　　　　　　　　　　案例处理汇总

		N	%
案例	有效	593	60.3
	已排除[a]	391	39.7
	总计	984	100.0

a. 在此程序中基于所有变量的列表方式删除。

---

① [美] 琼恩·基顿、邓建国、张国良：《传播研究方法》，复旦大学出版社 2009 年版。

表 3.19　　　　　　　　　　　**可靠性统计量**

科隆巴赫阿尔法系数	项数
0.649	25

可见，大学版问卷整体可靠性分析的 α 系数为 0.604，中学版问卷整体可靠性分析的 α 系数为 0.649，两个问卷的内部信度属于中等偏上程度，证明两个问卷都具有一定的可靠性，可以回答我们想要测量的问题。

三　问卷数据分析

（一）大学版问卷分析

1. 描述性分析

（1）人口统计学变量描述

本次大学版问卷的调查对象均为全国范围内的大学生们，图 3.16 清晰地展现出参与本次调查的学生年级分布，其中大一年级学生占据了绝大部分，为 62.6%，其次是大二年级学生，占比为 18.8%，最少的是大四学生，仅有 4.1%。通过大学生的年龄分布，也可发现低年级、低年龄者占据了答题中的绝大部分人群。由图 3.14 可看到，18—20 岁的大学生占据了总数的 85% 左右。由于本研究的调查对象主要针对青少年展开，因此这一年级和年龄的分布正好契合研究要求。

图 3.14　大学生被调查者年级分布

另外，由于本研究是关于青少年性价值观的调查研究，因此，调查对象的性别是整个问卷中的一个很重要的自变量。本次调查对象的男女比例近似持平，达到了男生 52%、女生 48% 的分配。为后面的分析提供了很好的保障条件。

　(2) 网络亲密度

　问卷的第二部分旨在测量青少年对网络的使用情况，将此测量所得数据作为另一重要的自变量，与后面测量的性价值观做分析研究。首先，我们在问卷中列举了一个时下十分热门的娱乐新闻事件，希望通过一个具体事件获悉青少年的信息获取途径以及时效性。85.8% 的学生选择通过手机或电脑，即网络途径获取信息，其他选择通过传统大众媒体途径的为 3.6%、选择通过人际传播途径了解的为 5.7%。可见，网络是青少年目前对信息获取的最主要途径。

　根据中国互联网信息中心（CNNIC）的调查显示，到 2014 年 5 月 65% 的中国网民使用微信，第二位是 QQ。可见社交媒体的使用在当今已成为一种常态。因此，本研究选择了社交媒体中的微信这一利用率极高的网络工具，希望通过此变量探测大学生对社交媒体上信息的获取时效性，根据图 3.15 所示，选择"几个小时"和"几分钟"的时效区间占据了大多数，分别为 44.4% 和 33.4%，而"几天后"和"立即"这样的情况分别在 10% 左右。可见，大学生对于社交媒体的使用还是比较频繁的，微信朋友圈平均几十分钟内就要刷新一次。

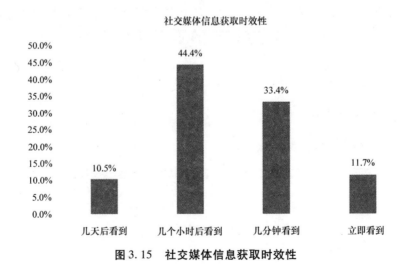

图 3.15　社交媒体信息获取时效性

　信息获取途径这一变量测量了青少年是否选择通过网络获取时下热

点信息，赋值范围为1—4，取值越高代表越倾向于从网络获取信息。而社交媒体信息获取时效性这一变量测量了青少年对社交媒体的使用情况，赋值范围为1—4，取值越高则代表使用社交媒体的频率越高。这两个变量的取值都在一定程度上代表青少年对网络的使用程度及依赖程度，因此，本研究将这两个变量相加拟合成为一个新的变量：网络亲密度。网络亲密度的取值范围在2—8，值越高则对网络越亲密，根据表3.20可看到，网络亲密度的均值为6.2，标准差为1.1，偏度为负值，则整体分布右偏，证明青少年具有较深的网络亲密度，习惯于从网络获取信息，依赖度较强。

表3.20 描述统计量

	N	均值	标准差	方差	偏度		峰度	
	统计量	统计量	统计量	统计量	统计量	标准误	统计量	标准误
网络亲密度	845	6.2201	1.13280	1.283	-0.856	0.084	1.400	0.168
有效的 N（列表状态）	845							

同时，在有关通过网络获取性知识的习惯上，大学生们的整体均值为3.07，在1—5的取值区间内，此均值处于中等偏高的水平，这说明青少年通过网络获取性知识具有一定的习惯和规模，需要引起我们的重视。

（3）性价值观

第一，两性观。

在对两性关系中主动者角色的判断上，男女比例近乎相同，其中选择男性为主动者的占比以57.4%略占优势。大学生对于两性关系中的主动者认知，已不再是传统观念中那样，男性是一切的主导拥有绝对的主动权，而在一定程度上接受了两性平等观念，女性也可以成为两性关系中的主导者。

由于我们在之前的内容分析部分中发现，目前网络中对女性形象的呈现在问卷调查中，往往集中在其身体价值上，而淡化其事业或别的成就。因此，在问卷调查中，我们将女性价值分为外表和事业两方面进行考量，分别要求学生对女性外表成就与事业成就的常见度打分，1代表不常见，5代表非常常见。所得结果如表3.21所示，从整体均值来看，两者基本相似，对外表的成就（3.35）略高于对事业的成就（3.03）。这代表目前大学生群体并没有单一地认为女性只存在身体价值，而对其内在价值也比较看重。

表3.21 描述统计量

	N	均值	标准差	方差	偏度		峰度	
	统计量	统计量	统计量	统计量	统计量	标准误	统计量	标准误
对外表成就的追求	1305	3.35	1.313	1.723	-0.322	0.068	-0.980	0.135
对事业成就的追求	1304	3.03	1.263	1.596	-0.059	0.068	-0.970	0.135
有效的 N	1304							

但通过下方两个变量的频率直方图图3.16呈现可以看到，学生对女性事业的成就近似对称分布，略向右偏，但偏度不大，左右比较对称。而下方的有关女性外表成就的追求却明显向右偏，取值为4、5的占比明显多于取值1、2的。这说明，虽然两个变量在均值上近似，大学生群体对女性内在价值有所关注，但对女性价值的判断，更多还是偏重于对女性身体价值的追求。与之前内容分析结果一致。

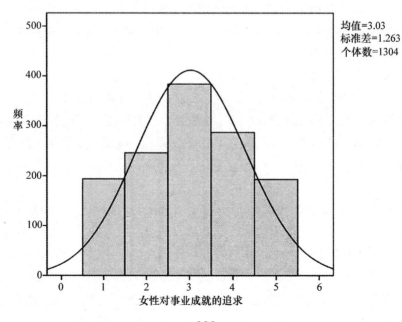

均值=3.03
标准差=1.263
个体数=1304

女性对事业成就的追求

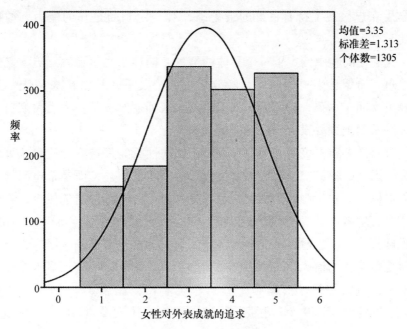

图3.16　大学生对女性价值判断直方图分布

根据前期内容分析结果发现，网络中对于男女形象的呈现，基本都很"完美"，这种完美主要是指一个人身材及相貌的外在体现，很多都依靠一些后期的技术手段，如P图、美图等。很多调查也表明，青少年在接受大量这样的"完美"形象后，会对自己的身材长相不够"完美"而感到烦恼，甚至有一些会采取一些比较极端的行为，包括绝食减肥、整容吃药等，给青少年的成长带来了极其恶劣的后果。

因此，本研究在问卷调查中设置了三个变量，以测量青少年群体对外在的看重程度，有72.3%的学生选择了不满意，然而在对伴侣的外在是否重要的选择上，大部分人选择了不是很重要，占比75.6%。这一数据说明，青少年普遍对自己的身材和相貌不够满意，并因此而烦恼，但当涉及对异性的选择标准上，外表便不再是那么重要了。

第二，性道德观。

为了了解大学生的性的忠诚观，本研究通过两个变量测量其对第三者的态度如何，其中，60%的大学生认为即使双方是真心相爱，第三者这种行为也不可以理解。在另一变量中，60%的学生认为无论是否涉及破坏婚姻，第三者插足的情况也不可以被谅解。可见，大部分大学生在忠诚观上持有良好的道德感，有一定判断是非的能力，原则性比较强。

我们在问卷中给定了一个具体的情景，描述了发生在一对男女之间的故事，希望学生根据描述判断故事主人公关系，其中60%以上的人选择男女朋友关系，40%左右的人选择了普通朋友关系。表明大家对于两性关系的把握并没有较为统一的倾向性。

目前许多调查表明，大部分人对于婚前性行为都持有开放和认可的态度，因此，本研究不再对婚前性行为做过多的赘述，而是希望测量大学生群体对以娱乐为目的的性行为态度，进而分析其性的责任观。此变量要求答题者对"性行为的发生是一时兴起，情之所至"这一情景的常见度打1—5的分数，1表示不常见，5表示非常常见，根据描述分析可得变量整体均值为2.57，标准差为1.25，偏度为0.31，整体分布趋于对称，偏向左侧。根据频率分析也可看出，如表3.22所示，选择"常见"的比例29.2%占据了最大部分，其次集中在"不常见"（26.2%）和"不太常见"（21.9%），这说明大学生群体对性行为娱乐化的概念处于中等偏下的接受水平，不是非常认同这一想法，具有一定的性责任观。

表3.22　　　　　　　　　以娱乐戏谑为目的的性行为　　　　　　　单位:%

		频率	百分比	有效百分比	累积百分比
有效	非常常见	111	8.5	8.5	8.5
	比较常见	185	14.2	14.2	22.7
	常见	381	29.2	29.2	51.9
	不太常见	285	21.8	21.9	73.8
	不常见	342	26.2	26.2	100.0
	合计	1304	99.8	100.0	
缺失	系统	3	0.2		
合计		1307	100.0		

有关网络中的性内容所造成的影响方面，47.5%的学生认为网上性信息会对青少年产生不良影响，甚至导致其性犯罪行为，另外52.5%的学生认为青少年的性犯罪行为主要是因为自身因素或管教问题而导致的，网络性内容只是次要因素。同时，65.9%的学生认为有关青少年性犯罪行为的新闻报道可能会对性知识的普及具有一定的积极意义，另外34%的学生认为类似新闻可能使青少年产生性冲动，从而做出犯罪行为。可见，大部分大学生目前并不认为网络中的性内容会对青少年产生太恶劣的影响，相反还对此持积极看法，认为其有利于青少年对性知识的了解。

当被要求根据所给新闻材料判断性化程度时，35%的学生认为新闻中对性行为的描述过于详细，其他大部分学生并不认为其中的性行为描述详细。同时，我们在问卷中，希望大学生们能够对整体网络环境、网络图片以及视频的性化程度做出判断，提问方式与上文一致，采用对给定情境的常见度打分，分值范围从1至5，1代表不常见，5代表非常常见，所得数据分析如表3.23所示，均值最高，即性化程度最为严重的是网络图片，为3.43，偏度为 -0.299，右偏也是三个变量中最为严重的一个。其次为网络的整体性化程度，均值为3.03，偏度为 -0.008，呈右偏，但偏向不大。最后是视频的性化程度，均值为2.55，只略高于中值，偏度为0.371，是三个变量中唯一呈左偏变量。

表3.23　　　　　　　　　　　　描述统计量

	N	均值	标准差	方差	偏度		峰度	
	统计量	统计量	统计量	统计量	统计量	标准误	统计量	标准误
整体网络性化程度	1304	3.03	1.327	1.761	-.008	.068	-1.066	.135
网络图片性化程度	1305	3.43	1.256	1.578	-.299	.068	-.920	.135
视频中的性化程度	1305	2.55	1.225	1.502	.371	.068	-.751	.135
有效的 N	1304							

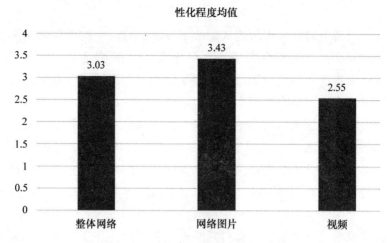

图 3.17　大学生对性化程度的判断

　　根据以上分析可见如图 3.17 所示，大学生群体普遍认为网络整体的性化属于中等偏严重的程度，其中文字、图像、声像三个信息载体比较而言，图片的性化程度最为严重，其次是视频和文字。

　　2. 探索性分析

　　（1）人口统计学变量与性价值观

　　一个人的价值观处于不断发展变化着的动态过程，是由每个人的家庭、性别、年龄、经历等因素多维决定的。在本研究中，我们也把被调查者的相关人口统计学变量考虑在内，考察这些因素对于青少年性价值观的影响。

　　第一，性别与性价值观。

　　首先性别这一变量在两性形象和对女性认知上存在差异。我们将"对自身身材的态度"和"对自身相貌的态度"两个变量相加，拟合为一个新的变量，即"对自身外在的看重程度"，取值范围在 2—4，值越小则对自身越不满意，对自身外在越看重。将拟合的新变量与性别变量做独立样本的 T 检验，可得数据如表 3.24、表 3.25 所示，两者方差不相等，对应 sig.（双侧）值为 0.000 小于 0.05，说明两者具有统计学上的显著性意义。根据均值数据显示，男性为 2.70 大于女性 2.39。可见，女性相较于男性而言，对自身的身材及相貌等外在呈现越为看重。

表3.24　　　　　　　　　　　　　　**组统计量**

	性别	N	均值	标准差	均值的标准误
自身外在看重程度	男	674	2.70	0.701	0.027
	女	627	2.39	0.578	0.023

表3.25　　　　　　　　　　　　　　**独立样本检验**

		方差方程的 Levene 检验		均值方程的 t 检验						
		F	Sig.	t	df	Sig.（双侧）	均值差值	标准误差值	差分的95%置信区间	
									下限	上限
自身外在看重程度	假设方差相等	36.269	0.000	8.781	1299	0.000	0.314	0.036	0.244	0.384
	假设方差不相等			8.842	1281.035	0.000	0.314	0.036	0.244	0.384

　　而当我们将"对异性外在的看重程度"这一变量与性别做独立样本的 T 检验时发现，如表3.26、表3.27所示，两者同样方差不等，而 sig.（双侧）值表明两者存在统计学上的显著意义。通过表3.26中均值可以看出，女性均值要略微高于男性，可见，在两性之间，男性较女性更看重对自己未来伴侣的身材和相貌，觉得外在更加重要。

表3.26　　　　　　　　　　　　　　**组统计量**

	性别	N	均值	标准差	均值的标准误
对异性外在的看重程度	男	676	1.71	0.454	0.017
	女	627	1.81	0.396	0.016

表 3. 27　　　　　　　　　　　　　　独立样本检验

		方差方程的 Levene 检验		均值方程的 t 检验					差分的95%置信区间	
		F	sig.	t	df	sig.（双侧）	均值差值	标准误差值	下限	上限
对异性外在的看重程度	假设方差相等	66. 811	0. 000	− 4. 026	1301	0. 000	− 0. 095	0. 024	− 0. 142	− 0. 049
	假设方差不相等			− 4. 047	1296. 209	0. 000	− 0. 095	0. 024	− 0. 142	− 0. 049

　　在对女性价值的认知上，性别与这两个变量均存在统计学上的显著意义：方差齐性，且 sig.（双侧）值均为 0. 000 小于 0. 05。同时，从均值上来看，对女性外在价值的认同要明显高于对内在价值的认同，女性的认同感普遍比男性的更强烈。并且，性别在对女性内在价值认同上均值差距更大。这一数据表明，男性相较女性来讲，对女性价值认同更不在意，尤其是对女性的内在价值方面（详见表 3. 28、表 3. 29）。

表 3. 28　　　　　　　　　　　　　　组统计量

	性别	N	均值	标准差	均值的标准误
女性对事业成就的追求	男	679	2. 86	1. 254	0. 048
	女	625	3. 22	1. 248	0. 050
女性对外表成就的追求	男	679	3. 23	1. 328	0. 051
	女	626	3. 49	1. 283	0. 051

表 3. 29　　　　　　　　　　　　　　独立样本检验

		方差方程的 Levene 检验		均值方程的 t 检验					差分的95%置信区间	
		F	显著性	t	df	显著性（双侧）	均值差值	标准误差值	下限	上限
女性对事业成就的追求	假设方差相等	0. 247	0. 619	− 5. 153	1302	0. 000	− 0. 357	0. 069	− 0. 493	− 0. 221
	假设方差不相等			− 5. 154	1294. 123	0. 000	− 0. 357	0. 069	− 0. 493	− 0. 221

		方差方程的Levene 检验		均值方程的 t 检验						
		F	显著性	t	df	显著性（双侧）	均值差值	标准误差值	差分的95%置信区间	
									下限	上限
女性对外表成就的追求	假设方差相等	0.107	0.744	-3.600	1303	0.000	-0.261	0.072	-0.403	-0.119
	假设方差不相等			-3.605	1300.187	0.000	-0.261	0.072	-0.402	-0.119

　　性别作为人口统计学的一个重要变量，同样在性道德观这一维度体现了差异。我们将"对第三者的态度"和"对婚外情的态度"两个变量相加可拟合为"性的忠诚观"这一新的变量，取值范围在 2 至 4 之间，值越高则性忠诚感越强，通过描述分析可得，大学生的性的忠诚观均值为3.37，标准差为 0.77，偏度为 -0.73，整体右偏。说明大学生群体的性忠诚观较为良好。将性别与该变量做独立样本的 t 检验，可得结果如表3.30、表 3.31 所示，两者方差不等的情况下，显著性（双侧）值小于0.05，且男性所得均值为 3.22 小于女性 3.53。说明两变量间存在显著性关系，女性相较于男性更不能接受第三者行为，拥有更好的性忠诚观。

表 3.30　　　　　　　　　　　　组统计量

	性别	N	均值	标准差	均值的标准误
性的忠诚观	男	673	3.22	0.803	0.031
	女	627	3.53	0.693	0.028

表 3.31　　　　　　　　　　　　独立样本检验

		方差方程的Levene 检验		均值方程的 t 检验						
		F	显著性	t	df	显著性（双侧）	均值差值	标准误差值	差分的95%置信区间	
									下限	上限
性的忠诚观	假设方差相等	27.782	0.000	-7.381	1298	0.000	-0.308	0.042	-0.390	-0.226
	假设方差不相等			-7.419	1290.523	0.000	-0.308	0.042	-0.389	-0.226

同时，我们也将"两性关系判断"和"对娱乐性行为的认同"两个变量进行处理，拟合为一个新的变量"性责任观"，取值范围在2—7，值越高则性责任感越强。根据独立样本的t检验结果可得，性别与性责任观两个变量之间方差相等，显著性（双侧）值为0.001，且均值男性4.92小于女性5.17，两者存在显著意义，男性相较女性而言，在性的责任方面意识更为淡薄，在两性间发生同等程度的亲昵行为时，女性比起男性更在乎关系的确定，更不能认同以娱乐戏谑为目的的性行为的发生，详见表3.32、表3.33所示。

表3.32 组统计量

	性别	N	均值	标准差	均值的标准误
性责任观	男	677	4.9173	1.35074	0.05191
	女	625	5.1696	1.30950	0.05238

表3.33 独立样本检验

		方差方程的Levene检验		均值方程的t检验					差分的95%置信区间	
		F	显著性	t	df	显著性（双侧）	均值差值	标准误差值	下限	上限
性责任观	假设方差相等	0.013	0.909	-3.417	1300	0.001	-0.25232	0.07384	-0.39717	-0.10746
	假设方差不相等			-3.421	1296.888	0.001	-0.25232	0.07375	-0.39699	-0.10764

第二，年级与性价值观。

我们将测量网络性内容在个体层面的影响态度和测量网络性内容在社会层面的影响态度的两个变量合二为一，成为一个新的变量，代表了大学生对网络性内容造成的影响所持态度，即性的社会观态度。根据表3.34数据显示，性的社会观与学生年级之间存在正向的相关性（等级相关系数 =0.170，显著性 =0.000），表明年级越高的学生，越认为网络性内容会造成不好的影响。

表 3.34　　　　　　　　　　　　相关系数

			年级	性的社会观
等级相关系数	年级	相关系数	1.000	0.170**
		显著性（双侧）	—	0.000
		N	1307	1293
	性的社会观	相关系数	0.170**	1.000
		显著性（双侧）	0.000	—
		N	1293	1293

注：*代表显著；**代表非常显著。

（2）网络亲密度与大学生的两性观

上文中提到，我们将两个原有的变量相加拟合为一个新的变量——网络亲密度，此变量通过对青少年对某一具体信息的获取渠道以及在社交媒体上获取信息的及时性的测量，在一定程度上能够代表被调查者与网络的亲密程度，包括传统意义上测量的上网频率、时长等。这一变量在本研究中可谓意义重大，因此接下来，我们将把网络亲密度作为因子，探究其对青少年性价值观的影响。

我们发现网络亲密度与大学生的两性观存在显著性关联。两性观这一维度中，包括被调查者对两性关系、两性形象以及女性价值的认知。如今的网络环境中，有很多热词、流行语，其中就包括风靡一时的"壁咚""霸道总裁"等。在娱乐调侃的同时，这背后的意义也值得我们关注。这两个热词，都在一定程度上表示了男性对女性霸道、强势地表达自己的方式，即使最终目的是出于爱，没有恶意，但这种打着对你好的旗号，不顾女性想法便硬把自己意图强加于人的做法，实在不值得广为传颂。这对于价值观尚未成熟的青少年来讲更是会造成不容忽视的误导，尤其是有关其两性关系的认知方面。大学版问卷数据分析结果表明，网络亲密度与大学生对两性关系中"男性强势行为认同"具有显著关联性（方差相等，显著性值为 0.001），且表示"赞同男性强势表达方式"的网络亲密度均值为 6.35 大于"不赞同"的 6.09，即与网络越为亲密的大学生，越对男性强势霸道的表达自己爱意的方式表示赞同；而与网络相对不那么亲密的同学，则越认为男性应更加尊重女性的意见。可见，网络亲密度与大学生对两性关系的认知具有一定的影响作用，详见表3.35、表3.36。

表3.35   组统计量

男性强势行为认同	N	均值	标准差	均值的标准误
网络亲密度	赞同男性强势的表达方式	420	6.3500	1.08312	0.05285
	不赞同，男性应更尊重女性	422	6.0948	1.16990	0.05695

表3.36   独立样本检验

		方差方程的Levene 检验		均值方程的t 检验						
		F	显著性	t	df	显著性（双侧）	均值差值	标准误差值	差分的95%置信区间	
									下限	上限
网络亲密度	假设方差相等	0.367	0.545	3.284	840	0.001	0.25521	0.07771	0.10269	0.40774
	假设方差不相等			3.285	835.647	0.001	0.25521	0.07769	0.10271	0.40771

　　我们将两性形象这一维度用一个变量来描述——"外在看重程度"，这一变量是由被调查者对自己身材的态度、对自己相貌的态度以及对异性外在的态度三个变量拟合而成。将这一变量与网络亲密度做相关性分析可得数据如表3.37所示，可见，网络亲密度与外在看重程度之间存在显著的负相关性，即与网络越亲密的大学生，对自己或异性的外在呈现越看重，越认为外在非常重要，详见表3.37所示。

表3.37   相关性

		外在看重程度	网络亲密度
外在看重程度	皮尔森相关性	1	-0.114**
	显著性（双侧）		0.001
	N	1300	838

续表

		外在看重程度	网络亲密度
网络亲密度	皮尔森相关性	-0.114**	1
	显著性（双侧）	0.001	
	N	838	845

注：*表示显著；**表示非常显著。

（3）网络亲密度与大学生的性道德观

本研究将性道德观分为性的忠诚观、责任观及社会观分别测量。通过数据分析结果我们可以看到，网络亲密度这一变量与性忠诚观有着显著的相关性。即网络亲密度的不同导致大学生所持性忠诚观的不同。本研究将对第三者的态度及对婚外情的态度相加拟合为性的忠诚观这一变量，旨在对青少年对恋爱对象以及性伴侣的认知有清晰的把握。从社交媒体获取信息的及时性来看，我们可以推断，越快获得信息则对社交媒体使用频率越高，对网络的亲密度则越高。因此，社交媒体信息获取的及时性这一变量可以很好地代表网络亲密度。通过表3.38数据显示，社交媒体信息获取的及时性与性的忠诚观呈负向的显著性相关性，这证明，社交媒体使用频率越高，网络亲密度越高，对性的忠诚性则越低；反之，社交媒体使用频率越低，网络亲密度越低，则对性的忠诚度越高。

表3.38   **相关系数**

			性的忠诚观	社交媒体信息获取的及时性
等级相关系数	性的忠诚观	相关系数	1.000	-0.105**
		显著性（双侧）	—	0.001
		N	1300	841
	社交媒体信息获取的及时性	相关系数	-0.105**	1.000
		显著性（双侧）	0.001	—
		N	841	845

注：*表示显著；**表示非常显著。

（二）中学版问卷分析

1. 描述性分析

（1）人口统计学变量描述

本次中学版问卷的调查对象为全国在读的初高中学生，其中高中生占比较大，为86.4%，初中生仅占比13.6%。年龄主要集中在15—17岁，占据了总数的80%以上。由于大学版问卷被调查者的年龄主要集中在18—20岁，因此本研究的大部分被调查者年龄便在15—20岁，年级主要在高中至大一，符合了大部分权威性意见对青少年的定义，也符合本研究对调查者年轻化的需求，详见图3.18。

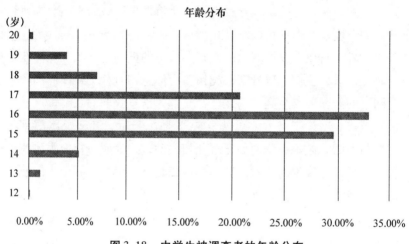

图3.18 中学生被调查者的年龄分布

中学版问卷中的男女比例不如大学版问卷达到近乎1:1的理想比例，而是女性在数量上稍多一些，其中男性占比为38.3%，女性为61.7%。近乎2:3的男女比例，仍处于可接受的范围。

（2）网络亲密度

两个年龄段的被调查者从网络使用情况上讲不存在太大的差异。对同样一个娱乐新闻事件，80%以上的中学生选择通过手机或电脑，即网络途径知道，通过传统媒体途径以及人际传播途径知道此消息的人几乎不成规模。而在信息获取的时效性上，也有超过70%的人是同步甚至在事情发生前就已经知道了相关信息。这一数据表明，无论在大学生还是中学生群体中，网络都是获取信息的一个最主要的途径，且信息获取的时效性很高。

通过对中学生微信朋友圈的使用情况，我们可以看到这一年龄段的青少年对于社交媒体的使用情况、亲密与否。从调查中我们可以得知，近一半的被调查者选择"几分钟看到"朋友圈的信息更新，28.7% 选择了立即看到。与大学生群体相比，中学生对微信朋友圈的刷新频率越高，则对社交媒体的使用度也更高。

如上文所说，本研究将信息获取途径与社交媒体信息获取时效性这两个变量相加，拟合成为一个新的变量——网络亲密度。这一变量代表了被调查者对网络的使用程度、亲密程度、依赖程度。根据表 3.39 可看到，中学生的网络亲密度均值为 6.417，标准差为 1.24，偏度为负值，则整体分布右偏。上文中大学生的网络亲密度均值为 6.2，则中学生较大学生群体而言，与网络更加亲密，更习惯于使用、依赖网络。

表 3.39　　　　　　　　　　　　　　描述统计量

	N	均值	标准差	方差	偏度		峰度	
	统计量	统计量	统计量	统计量	统计量	标准误	统计量	标准误
网络亲密度	621	6.4171	1.23718	1.531	−1.134	0.098	1.503	0.196
有效的 N（列表状态）	621							

（3）性价值观

第一，两性观。

在对主动者角色的判断中，相比大学生群体给出的近乎持平的男女比例（男 57.4%，女 42.6%），中学生问卷数据显示，更多的人选择男性为两性中的主动者角色（63.9%），另外 36.1% 的人选择女性为主动者。这在一定程度上表明，随着年龄、经历的减少，青少年对两性关系认知更趋向于传统观念。

同样与大学版问卷数据统计结果呈现出差异的还包括变量"对自身外在的看重程度"及"对异性外在的看重程度"。其中前一变量还分为对自己身材是否满意以及对自己相貌是否满意两方面测量。可见，70%

以上的中学生对自己的身材、相貌不满意，对异性的外在要求相对自身而言并不是很高。但相对大学版问卷数据来看，中学生群体对自己的身材表示不满足的人更多，而认为异性外在很重要的人也更多，多出近乎10个百分点。中学生仍处于身体发育的青春期，身材仍未成型，因此在这一年龄段便有更多的人对自己身材不满足。然而这一阶段正需要对营养的补充摄取和对健康的良好认知。若是因为一直抱有自己身材不如别人的想法而缺乏自信、盲目节食等，对青少年的损害不言而喻。同时，对异性外在的看重程度增多的数据也表明，中学生相较大学生群体而言，对两性形象认知更浅薄，更多停留在外表阶段，这与年龄有着很大关系。

在两性观中，对女性的认知是一个十分重要的方面。通过表3.40数据我们可以看到中学生被调查者对女性的认知。其中对女性事业成就追求的均值为3.10，对女性外表成就追求的均值为3.49。这一数据与大学版问卷结果并无太大差别。可见无论什么年龄段的青少年群体对女性价值的内外价值都有着认同感，并无十分明显的倾向。

表3.40   描述统计量

	N	均值	标准差	方差	偏度		峰度	
	统计量	统计量	统计量	统计量	统计量	标准误	统计量	标准误
女性对事业成就的追求	972	3.10	1.382	1.909	-0.071	0.078	-1.169	0.157
女性对外表成就的追求	974	3.49	1.439	2.069	-0.447	0.078	-1.137	0.157
有效的 N	972							

但通过两个变量的频率直方图（图3.21）可以看到，中学生问卷数据与大学生相似，对女性事业的成就近似对称分布，略向右偏，但偏度不大。而有关女性外表成就却明显偏右。这说明，虽然两个变量在均值上近似，似乎无明显差异，但从图3.19来看，女性身体价值的常见度依然要高于对女性内在价值的常见度。

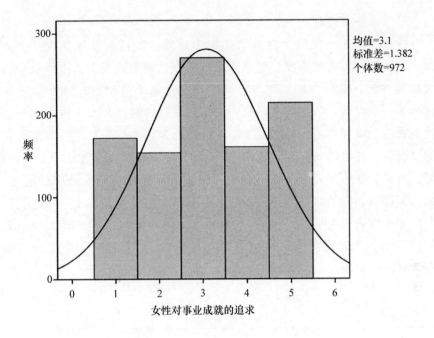

均值=3.1
标准差=1.382
个体数=972

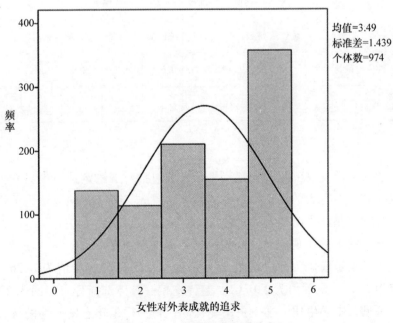

均值=3.49
标准差=1.439
个体数=974

图 3.19　女性价值直方图分布

第二，性道德观。

性道德观这一维度下包含了性的忠诚观、责任观及社会观三个方面。其中对第三者的态度，可以很好地代表性的忠诚观。当被问及是否可以理解第三者行为时，70.9%的中学生选择不会理解，另外29.1%选择了可以理解。当被问及婚姻中的第三者行为时，68.8%的人选择无论是否涉及婚姻都不可以被谅解，另外31.2%的人认为若不涉及婚姻的情况下，便可以谅解。这一数据与大学生问卷数据结果并无太大差异。可见，在第三者态度上，青少年群体拥有较好的判断是非的能力。如上文所说，将这两个变量相加拟合为"性的忠诚观"这一新变量，所得结果如表3.41所示，中学生性的忠诚观均值为3.40，较大学生的3.37略高，偏度为负值，说明曲线向右偏，可以看出，中学生普遍存在良好的性忠诚观。

表 3.41　　　　　　　　　　描述统计量

	N	均值	标准差	方差	偏度		峰度	
	统计量	统计量	统计量	统计量	统计量	标准误	统计量	标准误
性的忠诚观	980	3.3959	0.74843	0.560	-0.791	0.078	-0.797	0.156
有效的 N	980							

性的责任观也由两道问题测量，分别包括对于给定情境中男女关系的判断和对性行为的娱乐性目的的判断。首先，67.6%的人认为该场景中的男女是情侣关系，这一数据比大学生问卷结果（61%）略高，证明中学生的性责任观更强，对关系的确定也更加看重。

在以娱乐戏谑为目的的性行为态度上，常见度的均值为2.36，标准差为1.25，偏度值为正0.61，整体左偏。具体选择分布如图3.20所示。可见，中学生比大学生更不能认同性行为娱乐化态度，性的责任观更加良好。

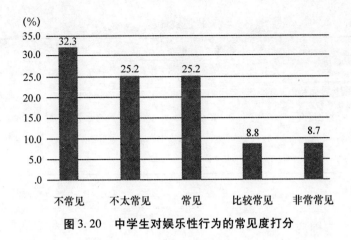

图 3.20　中学生对娱乐性行为的常见度打分

　　性的社会观主要测量被调查者对于网络性内容对人和社会的影响所持有的态度。其中，有关网络性内容对个人的影响，认为给定情境中的未成年人犯罪是由于网络淫秽内容导致的和自身原因的两个选项差距不大，而在社会层面来讲，近80%的中学生认为网络性内容具有一定的积极作用，能普及一定的性知识，而只有20%的人认为网络性内容会在一定程度上使青少年产生性冲动。这与大学版问卷结果比较一致，说明青少年目前并不认为网络性内容会在社会上产生严重的恶劣后果。

　　由于中学版问卷考虑被调查者年龄较小，因此在问卷中给出的新闻材料、场景材料等都经过删减，去掉了一些较为露骨的描写，因此在中学版问卷中便不将新闻性化程度的判断囊括其中，以保证中学版问卷与大学版的可比性。

　　在有关性化程度判断的几个题目中，所得数据如表3.42所示。与大学版问卷结果一样，网络图片的性化程度依然是最高的，为3.14；其次是整体的网络性化程度，为2.88；最后是视频中的性化程度，为2.58。其中只有图片的偏度为负值，向右偏，其他均为正值向左偏。除了视频之外，中学生对于网络性化程度的判断均低于大学生对网络环境的判断，这在一定程度上说明我国对于未成年人的网络性化管控具有一定的效果。

表 3. 42   **描述统计量**

	N	均值	标准差	方差	偏度		峰度	
	统计量	统计量	统计量	统计量	统计量	标准误	统计量	标准误
整体网络性化程度	974	2. 88	1. 334	1. 779	0. 166	0. 078	− 1. 028	0. 157
网络图片性化程度	974	3. 14	1. 326	1. 758	− 0. 017	0. 078	− 1. 082	0. 157
视频中的性化程度	972	2. 58	1. 265	1. 601	0. 462	0. 078	− 0. 670	0. 157
有效的 N	972							

2. 探索性分析

（1）人口统计学变量与性价值观

第一，性别与性价值观。

在中学版问卷中，性别这一变量也起到了不容忽视的差异性作用，与大学版大致相同。首先在两性观中，我们发现性别与"对自身外在的看重程度"这一变量之间存在显著关联性，显著性值为 0. 000，均值数据男性大于女性，证明中学版问卷结果显示与大学版问卷相同，都表明在两性之间，女性更加看重自身的身材及相貌等外在呈现，见表 3. 43、表 3. 44。

表 3. 43   **组统计量**

	性别	N	均值	标准差	均值的标准误
对自身外在的看重程度	男	373	2. 6917	0. 69085	0. 03577
	女	604	2. 4123	0. 58214	0. 02369

表 3. 44   **独立样本检验**

		方差方程的 Levene 检验		均值方程的 t 检验						
		F	显著性	t	df	显著性（双侧）	均值差值	标准误差值	差分的 95% 置信区间	
									下限	上限
对自身外在的看重程度	假设方差相等	20. 381	0. 000	6. 780	975	0. 000	0. 27944	0. 04121	0. 19856	0. 36032
	假设方差不相等			6. 513	688. 141	0. 000	0. 27944	0. 04290	0. 19520	0. 36367

　　同时，在将性别与"对异性外在的看重程度"做独立样本的 t 检验时发现，两个变量同样具有显著关联性，显著性值为 0.001，这也与大学版问卷呼应，同样说明，男性对自己未来伴侣的外在条件更加在意，见表 3.45、表 3.46。

表 3.45　　　　　　　　　　　　组统计量

	性别	N	均值	标准差	均值的标准误
对异性外在看重程度	男	376	1.61	0.489	0.025
	女	605	1.71	0.452	0.018

表 3.46　　　　　　　　　　　　独立样本检验

		方差方程的 Levene 检验		均值方程的 t 检验						
		F	显著性	t	df	显著性（双侧）	均值差值	标准误差值	差分的95%置信区间 下限	上限
对异性外在看重程度	假设方差相等	38.859	0.000	-3.428	979	0.001	-0.105	0.031	-0.165	-0.045
	假设方差不相等			-3.366	748.814	0.001	-0.105	0.031	-0.166	-0.044

　　上文我们提到，在大学版问卷结果中，女性价值认同上，男性表现得更加不在意，尤其是内在价值方面。但从中学版问卷结果中，并未发现这一佐证。中学生的性别因素与他们对女性价值认同方面（无论是内在价值还是外在）都并无显著性关系。

　　另外，在中学生群体中，性别的不同也给性道德观造成差异。通过描述分析可得，中学生的性忠诚观平均值为 3.39，标准差为 0.75，偏度为 -0.79，整体右偏。说明中学生群体的性忠诚观较为良好，所得数据与大学生相差无几。将性别与该变量做独立性样本的 t 检验，所得数据如表 3.47 所示，两者方差不等，显著性系数为 0.000，存在显著性意义，均值男性要小于女性。说明女性比男性更加忠诚，对第三者行为更加排斥，见表 3.47、表 3.48。

表 3.47　　　　　　　　　　　　　　组统计量

	性别	N	均值	标准差	均值的标准误
性的忠诚观	男	373	3.2466	0.78512	0.04065
	女	604	3.4917	0.70647	0.02875

表 3.48　　　　　　　　　　　　　　独立样本检验

		方差方程的 Levene 检验		均值方程的 t 检验						
		F	显著性	t	df	显著性（双侧）	均值差值	标准误差值	差分的95%置信区间	
									下限	上限
性的忠诚观	假设方差相等	9.350	0.002	-5.046	975	0.000	-0.24507	0.04856	-0.34038	-0.14977
	假设方差不相等			-4.922	725.169	0.000	-0.24507	0.04979	-0.34282	-0.14733

　　在性责任观层面上，根据独立样本的 t 检验分析，我们发现性别与以娱乐为目的的性行为之间存在显著性关联（方差不等，显著性 =0.001），均值取值男性低于女性，说明男性相较女性而言，在性的责任方面意识更为淡薄，更能够接受以娱乐或戏谑为目的的性行为的发生，见表 3.49、表 3.50。

表 3.49　　　　　　　　　　　　　　组统计量

	性别	N	均值	标准差	均值的标准误
以娱乐戏谑为目的的性行为	男	367	3.45	1.362	0.071
	女	600	3.75	1.166	0.048

表 3.50　　　　　　　　　　　　　　独立样本检验

		方差方程的 Levene 检验		均值方程的 t 检验						
		F	显著性	t	df	显著性（双侧）	均值差值	标准误差值	差分的95%置信区间	
									下限	上限
以娱乐戏谑为目的的性行为	假设方差相等	18.716	0.000	-3.590	965	0.000	-0.296	0.082	-0.458	-0.134
	假设方差不相等			-3.459	683.964	0.001	-0.296	0.086	-0.464	-0.128

第二，学历与性价值观。

被调查的中学生学历包括初中生和高中生两部分，不同学历的被调查者对网络的使用情况不同。从表3.51、表3.52数据可以看到，高中生对于一个信息的获取及时性比初中生要高，但对于社交媒体的信息获取而言，初中生则普遍要高于大学生，对微信朋友圈的刷新频率更高。

表3.51　　　　　　　　　　　　组统计量

	学历	N	均值	标准差	均值的标准误
信息获取时长	初中	126	2.44	1.197	0.107
	高中	847	3.25	0.990	0.034
网络信息获取时长	初中	98	3.14	0.760	0.077
	高中	522	2.68	0.848	0.037

表3.52　　　　　　　　　　　　独立样本检验

		方差方程的 Levene 检验		均值方程的 t 检验					差分的95% 置信区间	
		F	显著性	t	df	显著性（双侧）	均值差值	标准误差值	下限	上限
信息获取时长	假设方差相等	22.813	0.000	-8.365	971	0.000	-0.814	0.097	-1.005	-0.623
	假设方差不相等			-7.273	151.511	0.000	-0.814	0.112	-1.035	-0.593
网络信息获取时长	假设方差相等	9.306	0.002	5.080	618	0.000	0.467	0.092	0.286	0.647
	假设方差不相等			5.474	146.131	0.000	0.467	0.085	0.298	0.635

学历对于中学生形象认知方面也存在差异性作用，如表3.53、表3.54所示，两个变量间存在显著关联性，初中生较高中生更为注重自己的外在呈现，越在乎"完美"的外表形象。（见表3.53、表3.54）

表 3.53 组统计量

	学历	N	均值	标准差	均值的标准误
对自身外在的看重程度	初中	133	2.7143	0.69163	0.05997
	高中	845	2.4876	0.62636	0.02155

表 3.54 独立样本检验

		方差方程的 Levene 检验		均值方程的 t 检验					差分的 95% 置信区间	
		F	显著性	t	df	显著性（双侧）	均值差值	标准误差值	下限	上限
对自身外在的看重程度	假设方差相等	1.638	0.201	3.824	976	0.000	0.22671	0.05929	0.11036	0.34306
	假设方差不相等			3.558	167.842	0.000	0.22671	0.06373	0.10090	0.35252

将学历与性忠诚观和性责任观中的"以娱乐为目的的性行为"做独立样本的 t 检验可以看到，这两个变量分别与学历具有统计学上的显著意义。即学历越高，对性的忠诚感越强，越不能接受以娱乐为目的的性行为发生，见表 3.55、表 3.56。

表 3.55 组统计量

	学历	N	均值	标准差	均值的标准误
性的忠诚观	初中	132	3.1894	0.79245	0.06897
	高中	846	3.4291	0.73561	0.02529
以娱乐戏谑为目的的性行为	初中	130	3.02	1.441	0.126
	高中	838	3.73	1.192	0.041

表 3.56 独立样本检验

		方差方程的 Levene 检验		均值方程的 t 检验						
		F	显著性	t	df	显著性（双侧）	均值差值	标准误差值	差分的95%置信区间	
									下限	上限
性的忠诚观	假设方差相等	0.860	0.354	-3.445	976	0.001	-0.23968	0.06958	-0.37622	-0.10314
	假设方差不相等			-3.263	168.122	0.001	-0.23968	0.07346	-0.38472	-0.09465
以娱乐戏谑为目的的性行为	假设方差相等	8.620	0.003	-6.205	966	0.000	-0.719	0.116	-0.946	-0.491
	假设方差不相等			-5.404	157.565	0.000	-0.719	0.133	-0.981	-0.456

（2）网络亲密度与中学生的两性观

在中学版问卷中，我们发现网络亲密度与两性观中的两性形象存在显著性意义，并且这样的关联性主要体现在被调查者对自身相貌的态度认知上。在前文描述性分析中我们发现，中学生相较大学生而言，更为重视自己的外在形象呈现，并且对异性的形象要求也更加高。在对中学生问卷的探索性分析中，数据同样显示与网络越为亲密的中学生，越对自己的相貌不满意，见表 3.57、表 3.58。

表 3.57 组统计量

	对自己的外貌是否不满	N	均值	标准差	均值的标准误
网络亲密度	是	445	6.52	1.120	0.053
	不是	175	6.15	1.468	0.111

表 3.58 独立样本检验

		方差方程的 Levene 检验		均值方程的 t 检验						
		F	显著性	t	df	显著性（双侧）	均值差值	标准误差值	差分的95%置信区间	
									下限	上限
网络亲密度	假设方差相等	19.236	0.000	3.330	618	0.001	0.365	0.110	0.150	0.580
	假设方差不相等			2.966	257.543	0.003	0.365	0.123	0.123	0.607

（3）网络亲密度与中学生的性道德观

通过中学版问卷数据结果可以看到，网络亲密度对性道德观的影响主要体现在对忠诚观和责任观的影响上。首先，我们发现，中学生群体的网络亲密度与其对婚外情的态度有着关联性，卡方检验中的 P 值为0.003，两者具有统计学意义上的显著性关系，见表3.59。

表3.59   卡方检验

	值	df	渐进显著性（双侧）
皮尔逊卡方	19.915[a]	6	0.003
似然比	20.087	6	0.003
线性和线性组合	1.076	1	0.300
有效案例中的 N	619		

注：a.2 单元格（14.3%）的期望计数少于5，最小期望计数为1.98。

其次，在性行为发生的娱乐化目的的态度上，也与网络亲密度有着直接的关系。两者呈现负向的相关性，具有显著性意义。说明与网络越亲密的中学生越认为娱乐化的性行为目的非常常见，持有开放随意的性价值观，如表3.60所示。

表3.60   相关系数

			网络信息获取时长	以娱乐戏谑为目的的性行为
等级相关系数	网络信息获取时长	相关系数	1.000	-0.103**
		显著性（双侧）	—	0.002
		N	621	615
	以娱乐戏谑为目的的性行为	相关系数	-0.103**	1.000
		显著性（双侧）	0.002	—
		N	615	970

注：*表示显著；**表示非常显著。

（三）小结

上文中，我们对于大学版和中学版问卷的数据结果分别进行了描述性和探索性的分析。通过这些分析，我们可以对整个研究进行一个整体上的归纳和概述。

本研究所进行的调查对象年龄集中在 15—20 岁，年级主要为高中和大学一年级，性别分布较为平均，男女比例在 3:4 左右。取值范围从 2—8 的网络亲密度，均值为 6.3 左右，并呈现右偏特征，被调查者的网络亲密度处于较高的水平，青少年对网络具有较高的亲密度，比较习惯于从网络上获取信息。

在性价值观上，两个群体的结果呈现也有着异同之处。将两组数据合二为一，以"大学/中学"为因子做数据分析，我们发现两个群体中，大学生与网络更为亲密，获取信息更为及时，渠道也更倾向于网络。大学生群体与中学生群体间也在两性关系、女性价值以及性化程度判断上存在差异。中学生对于两性关系的认知普遍较为传统，更多停留在将男性看作主动者，女性看作被动者的阶段。而大学生的问卷结果中，对主动者的选择比较平均，不再固守男性主动的传统观念。有关女性价值认知上，中学版问卷结果表明，性别这一变量与女性价值变量之间并不存在显著性关系。而大学版中我们却发现男性较女性更倾向于在女性价值上打出较低的分数，尤其是内在价值。同时，我们也发现，中学生较大学生而言，更倾向于认为网络性化程度低，这可能与中学生更专注于学业、学校、家庭的管控力度较大有关。

总体来说，两者的相同点更为多些。首先，对于女性价值的认知，两个群体给出分数的均值相近，也都表现为对女性外在价值的认同大于其内在价值，且前者分布呈现极为右偏，而后者几乎为对称分布。同时，在两性形象中，两个群体均表现为对自己的外在普遍不满意（女性尤为不满意），而对于异性的外在却并不十分在意（女性在意程度更低）。但当我们将两个数据放在一起比较时发现，中学生较大学生而言，更注重对自己及异性外在方面，觉得外表呈现好坏更加重要。其次，在对性忠诚观的测量上，两者也呈现一致，均具有较好的忠诚观，大部分人对第三者的行为都表示不能接受（女性更为忠诚）。两个群体同时也普遍具有较好的性责任感，大部分同学表示对娱乐为目的的性行为并不熟悉（女性具有更强的性责任感），其中中学生的性责任感更为强烈。最后，两个群体的被调查者普遍认为网络性内容不会对青少年产生太恶劣的影响，反而认为网络涉性内容有时会起到普及性知识的积极作用，这其中，中学生比大学生更倾向于网络性内容对青少年有益无害的观点。

同时，通过数据分析我们也发现，在两个群体中，网络亲密度分别对学生对外在形象的认知、性的忠诚观和性责任观上起到了影响作用。即无论是中学生还是大学生，与网络越亲密，对自己或异性的外在呈现越看重，越认为一个人的外在好坏十分重要。与网络越亲密的学生，性的忠诚感越弱，越能够接受第三者的行为，也越熟悉以娱乐戏谑为目的的性行为的发生，性责任感越薄弱。另外，对大学生而言，网络亲密度还与两性关系有关。即与网络越亲密的大学生，越对男性强势霸道地表达自己爱意的方式表示赞同；而与网络相对不那么亲密的同学，则越认为男性应更加尊重女性的意见。

四 研究发现

（一）"媒介现实"与"主观现实"

1. 两个现实间的网络泛性化吻合度较高

在我们的两次前期内容分析中，均发现由于我国对网络的大力整治，网络环境整体性化程度并不十分严重，虽然普遍存在性内容泛滥的情况，但大都还是以并不十分露骨直白的方式表达，很少涉及色情淫秽信息。同时我们也发现，对于文字、图片、视频三种信息载体来说，文字的性化程度是最深的，表达也最为露骨，其次是图片，继而是视频。而我们在问卷调查中也对此进行了测量。在五点量表的分析中，我们希望被调查者对整体网络性化程度以及网络图片的性化程度打分，最终大学生的整体网络性化程度的均值为 3.03，中学生为 2.88，网络图片的性化程度为大学生 3.43，中学生 3.14。可见，图片是性化较深的集中地。在后期的访谈中，大部分受访者也都表示网络上的涉性内容基本是以图片的形式出现，其中还包括很多静态图片组成的动图形式，这些图片分布在网页的周围，或是弹出的广告中，让人觉得很厌烦。这一点与媒介现实比较吻合。

而我们同时发现，选择更习惯于以何种渠道在网络中获取信息（新闻、图片、视频）这一变量与对性化程度的认知变量之间，并不存在统计学上的显著性意义。因此，网络中的信息虽然因为载体的不同，性化程度有所区别，但受众接收到的是多种形式混杂在一起的信息。

我们在问卷中同时也测量了有关网络性知识获取的情况，分析发现，大学生比中学生普遍更习惯于在网络上获取性知识，而大学生群体也更加认为在网络上获取性知识的结果往往并不十分容易理解。我们在对大学版问卷的分析中发现，越习惯于从网络中获取性知识的人，越认同网络性知识的不准确性。同样，在有关"出现'少儿不宜'的场景或对话，你并不是十分理解"的常见度打分上，大学生比中学生给出了更高的常见度，则大学生群体虽然更习惯于从网络获取性知识，但对性知识更不那么有把握。这一点与媒介现实中的内容分析结果较为一致，即网络媒介在性的表达上往往并不注重对性知识的传播。

2. 两性认知的吻合度较高，中学生吻合度高于大学生

通过对网络样本的前期分析，我们发现媒体在建构两性形象、两性关系时存在社会刻板印象，它造成了媒介现实对两性的传播偏差，而受众头脑中的主观现实是否也体现出这样的偏差呢？

首先，我们发现媒介习惯于构建"完美"的两性形象，以博取众人的眼球，而从问卷显示结果来看，主观现实与媒介现实在这一点上比较吻合。70%以上的大学生表示对自己的身材、外貌不满意，这一比例在中学生群体中更为壮大。而有关媒介对女性形象构建的偏差，在问卷中也有体现。被调查者普遍认为女性更多地在意其身体价值而非内在价值。这一点在访谈中也得到了印证，在被问到对自己未来的异性伴侣有何种期待时，许多男性受访者将"美丽、漂亮、不要太胖"等放在了首位，而女性受访者大部分则将男方的"才华、幽默、个人能力"等看得最重要。在访谈中，我们将奶茶妹妹作为一个例子，让受访者谈谈对男性女性分别对"人生赢家"定义的看法。访谈结果表明，大部分女性认为男女在这一点上没什么区别，也没有什么硬性的指标，只要得到自己想要的就可以了。而大部分男性则认为对男性来说一定要有自己的事业，因为养家糊口是男性的基本责任，而女性最重要的首先是拥有一个美满的家庭，事业有成是锦上添花的事。

而青少年对两性关系的认知也与媒介建构的基本一致，且中学生比大学生的吻合度更高。在两性关系中的主动者选择上，青少年普遍认为男性更应为主动者，其中中学生选择男性为主动者的比例更高，多出近20%。而对于男性强势行为的认同，大部分中学生认为是合理的，可以效仿的，而大学生则更多认为此举在一定程度上违背女性意愿，不应推崇。可见，在两性关系的吻合度上，青少年的主观现实普遍与媒介现实

相吻合，并且中学生的吻合度要高于大学生。

3. 性道德观的吻合度不高，中学生性道德感更强烈

根据对网络涉性样本的大规模分析后我们可以看到，网络中的性内容虽无十分露骨直白的表达，但也极少存在有关性知识、性心理以及性教育的正面内容，普遍忽略性道德、淡化性责任意识，呈现出随意、开放、娱乐的性价值取向。例如我们在对视频样本分析中发现，性内容普遍发生在普通朋友关系中，对性的责任感强调很少。而调查问卷结果显示，青少年群体对男女关系的判断依然比较保守，更倾向于认为给定资料中的男女主人公是男女朋友关系，而非普通朋友。另外，根据被调查者对性行为的娱乐化目的的常见度打分显示，所得分数基本集中在2—3，即不太常见—常见之间。其中，中学生比大学生给出的分数更低，更不能接受娱乐、随意的性行为的发生。访谈结果也很好地印证了这一点，受访者均表示自己不会以娱乐目的发生性行为，一定要建立在两人一定感情基础之上。可见，在性道德观方面，主观现实的呈现与媒介现实的吻合度并不高。

（二）网络环境泛性化对青少年性价值观的影响

在上文的吻合度探析中，我们发现无论是媒介现实还是主观现实，网络环境都存在泛性化。而通过问卷调查分析，我们也能得知青少年群体对于网络的接触情况。青少年整体的网络亲密度偏高，表现在习惯从网络获取信息，获取信息的时效性很快，并且对社交媒体的依赖度也很高。其中中学生的网络亲密度大于大学生，与网络更为亲密，所受网络环境泛性化的影响自然也更高。在中学生群体中，高中生比初中生获取信息的时效性更高，但对社交媒体的使用率则不如初中生频繁。

通过上文中对问卷输出数据的分析，我们得知，青少年网络亲密度与其性价值观有着密切的关联，这种关联体现在性价值观的多个方面。

第一，网络亲密度在青少年的两性观上产生影响。

前文中我们提到，两性观可由对两性形象的认知和对两性关系的态度组成。两性形象构建的单一性正是我们在内容分析结果中得出的重要结论之一，也作为问卷调查中的一个重要维度进行测量。在两版问卷的结果中，我们共同发现了被调查者的网络亲密度与其对两性形象的认知具有显著意义的关联性，并且都表明与网络越亲密的被调查者，倾向于更加关注自己的外在形象，对异性的外表也更为注重，与网络媒介现实在两性形象上的呈现也更为相似。可见，青少年长期接触到网络环境中

的泛性化内容，其中存在的偏差会对其性价值观产生不良影响，首先造成的便是其对两性形象的传统、单一性认知。

另外，与网络越亲密的被调查者也呈现出与网络媒介现实更为相似的对两性关系的认知。在大学版问卷中，我们发现，大学生的网络亲密度与他们对男性强势行为认同存在显著意义的关联性。其中，与网络越亲密、接触越多的被调查者，越表现出对男性强势表达爱意行为的认同，反之，与网络接触越少的大学生，则越不赞同此类做法，认为应更尊重女性意见。男尊女卑、男外女内早已是过时的话题，然而这样的观念依然扎根在我国社会中间，隐藏在电影小说这些以网络为载体的文学作品中，悄然影响着人们的价值观念。

第二，网络亲密度在青少年的性道德观上存在差异。

在先前的内容分析中我们发现，网络媒介现实倾向于淡化性关系中的责任意识，强化性的娱乐目的，善用越轨性行为内容吸引受众注意力。虽然问卷结果显示，我国青少年群体，尤其是中学生，由于国家、学校及家庭管制的原因，所持性道德观较为良好。但我们依然在两个版本的问卷中分别发现，网络亲密度高低会对被调查者的性忠诚观产生影响。与网络越亲密的学生，越对"第三者""婚外情"现象表述不在意。这说明网络媒介所呈现的性道德缺位现象，直接影响到与网络接触的青少年的性道德感，削弱其的性忠诚度。

网络亲密度同样在中学生的性责任观上具有显著性差异。问卷结果表明，与网络接触越多的中学生，越能接受以娱乐为目的的性行为发生。而对娱乐目的的性行为持有更宽容的态度，正是内容分析中媒介现实呈现的、开放、随意、不负责任的性价值观。可见，即使中学生整体的性道德感较强烈，但也会受到网络泛性化环境的影响，削弱其性的责任感。

但在吻合度探究中我们也发现，两个现实的两性形象吻合度很高，而性道德观方面吻合度却较低。同时，虽然中学生群体的网络亲密度要大于大学生，但中学生的性道德感却更强，而对两性形象的认知却更单一。这一点也许说明，虽然网络中的性内容对青少年的性价值观形成会产生一些恶劣的影响，带来负面后果，但我们也绝不能忽视其他方面的影响。

（三）思考

1. 单一性别认知的恶劣后果

我们在内容分析中发现了网络媒介对两性形象、两性关系建构的单一性现象，并在受众调查中也得到了相似的结论。女性的身体价值是不可脱离的话题焦点，而其重心也必然首先要落在家庭，事业成就似乎只能是余力所及。某女明星曾在访谈节目中说："我每次接受采访时，对方都会问我是如何平衡好家庭和事业的，而这个问题从来没有人想到去问我的老公，我跟他难道不是同一个家庭的吗？"在如此发达的当今社会，各种观念齐头并进让人眼花缭乱，但父权社会观念似乎一直深深植根于中国社会。

前一阵，网上出现了"女方在婚前向男方索要巨额彩礼"的事件引起了大家关注，对此某卫视评论人说道："支付彩礼的传统本身就是婚姻制度中男尊女卑的最直观反映……如今中国女生的家庭，索要彩礼的嗓门有多大，其实就说明了当下整个中国社会的性别主义氛围有多强烈……"[①]讽刺的是，中国的男女比例在不断失调，今后的中国将有数千万名的男性孤独终老，这一现象也正是性别歧视带来的严重后果，这一后果需要所有的男人、女人共同承担。评论员继而说道："在中国女性的遭遇面前，中国男性还有什么立场能够声言自己是受害者呢？"[②]

性教育其实是一个很早之前就被拿出来说的话题，于是有些学校也相应开展了生理健康课，教给青少年有关男女生殖器、避孕等性知识。但据专家介绍，其实孩子从5岁左右就应该逐渐地从家长那里获得性教育，这样的性教育不只包括狭义上的生理卫生、安全健康，更要开始逐渐地引导孩子对性别有一定的认知，正确看待同性，看待异性，拥有正确的性别认知。

2. 关注未成年人的隐形参与

我们在两次内容分析中都发现，未成年人在网络性内容中依然占据一定比例，虽然比例不高，但未成年人受到网络环境影响的后果不容忽视。我们可以轻易地在网络中搜索到很多未成年尤其是未成年少女的"性感"图片、新闻，甚至电影。在本研究的问卷调查中，我们的很多问卷也发向了未成年群体。从问卷结果中我们可以看到，未成年群体对网络的使用率要更高，与网络更为亲密，受到的影响自然也更大。这样的影响体现在了

---

① 陈迪：深圳卫视《正午30分》，2016年2月28日（http：//sh. wed114. cn/c2016022911433 721338. html）。

② 同上。

他们对传统父权秩序的认同上，也体现在对男女外在形象的注重上。未成年群体普遍要更加注重自己或他人的外表呈现，这一点便是一种虚荣心的体现。有虚荣心并不可怕，可怕的是不顾礼义廉耻，不顾未来发展，只一心想要满足一时物欲之快。根据新闻的相关记载，未成年少女进行援交的目的就是对金钱的渴求，她们将援交看作一种兼职，一种无成本、回报大、省时省力的兼职。归根结底，都是虚荣心在作祟。

很多同学在后期访谈中也都认为援交的出现，正是物欲的满足和性教育的不足。"我觉得她们主要是为了钱做这种事吧，这个时候经济不太独立，自己还没有钱，而且咱们这个社会信息比较丰富，大家看到很多，互相攀比。想花钱又没有，又不知道自己身体的宝贵，就只能采用这种方法。"

可见，网络环境内容繁复，充斥着很多"完美"形象，这对于心智已然成熟，懂得欣赏自己，接受缺陷的成年人来说，可能并不存在什么恶劣的影响。但对于懵懵懂懂的青少年，尤其是未成年人来说也许是把他们推向万丈深渊的一股力量。

3. 多种途径维护网络环境平衡态发展

网络媒介出于经济目的，传播色情淫秽信息这样的现象在全球也一直是广为关注的话题，这样的现象也一直屡禁不止，前几年刚刚过去的净网活动查获了大批黄色网站，但当我们打开网页搜索信息时，还是能轻而易举地看到各种涉性内容，随着技术的更新，这些涉性内容反而更加丰富，更加无孔不入。单纯地打击网络贩黄似乎并未取得可观的效果，也许当权者需要考虑拒绝一刀切式的粗暴方法。性内容永远有市场，那么供给也就一定存在，我们是否可以考虑采取两端化的管理模式，一端供给于有正常需求的成年人，一端严格控制青少年的接触，杜绝他们成为最大的受害者。

同时，我们也在受众调查中发现，网络环境中的泛性化状态确实对青少年的性价值观具有一定的影响，并且也基本都是不良影响。但性价值观的形成绝非朝夕，也绝非仅仅由网络环境造成。在我们将关注点放在网络上的同时，也绝不能忽视家庭家长、学校老师、同学朋友带来的影响。访谈中，许多学生都认为自己的性知识掌握得不多，大部分也都是从书里、电影里获得的，只有少部分人从家庭或学校获取性知识，认为自己对性知识比较了解。因此，我们要更大力度地发挥家庭和学校的作用，让青少年在上网看到良莠不齐的信息时，能够有分辨是非的常识和能力，拥有一个积极健全的性价值观。

（四）研究不足

由于个人能力水平有限，以及一些客观条件的限制，本研究不可避免地存在一些不足的地方，以下列出三点，若后续研究能有机会希望加以避免。

1. 性价值观三个维度的局限性。"性价值观"是一个很大的概念，十分庞杂，囊括了多个方面，本研究由于想要进行吻合度研究，因此只列举了其中的三个维度进行测量。这三个维度未必能够涵盖整个青少年的性价值观现状，在后续研究中，可以考虑改变这几个维度，另辟蹊径。

2. 性价值观的非单一影响。价值观是指导一个人言行、作为的准则观念，其形成并非一朝一夕，而是从出生之日起，便由各个方面共同决定。因此，本研究将青少年性价值观的现状和网络环境的泛性化内容联系在一起，即使吻合度一致，也不能断言便是全部由网络环境泛性化影响导致。但如何剔除其他因素的影响，只测量网络环境泛性化对青少年性价值观的影响，的确在实施起来存在很大的问题。

3. 问卷信度的提高。性价值观是一个极具敏感和涉及隐私的问题，被调查者在回答问题时，往往受限于普遍社会准则，而选择有悖于自己内心的选项。本研究为了最大限度地规避这一情况，得到最真实的想法，改变了传统的问卷题目问法。然而，由于多种情况限制，没能在问卷正式发放前，更为系统科学地对问卷信度、效度进行改进。因此，问卷对所测维度的说服力略为逊色，希望后续研究能继续改善这一问题，使问卷在测量这些敏感问题时，能更加科学、客观地提高信度和效度。

附录

表 3. 61 　　　　　　　　　　大学版问卷信度一致性

		平方和	df	均方	F	显著性
信息获取渠道	组间	0.017	1	0.017	0.027	0.869
	组内	804.306	1304	0.617		
	总数	804.322	1305			

续表

		平方和	df	均方	F	显著性
信息获取的及时性	组间	1.332	1	1.332	1.455	0.228
	组内	1194.687	1305	0.915		
	总数	1196.019	1306			
社交媒体信息获取的及时性	组间	2.643	1	2.643	3.819	0.051
	组内	583.433	843	0.692		
	总数	586.076	844			
网络接触习惯	组间	3.178	1	3.178	3.667	0.056
	组内	1127.542	1301	0.867		
	总数	1130.720	1302			
主动者性别	组间	0.422	1	0.422	1.724	0.189
	组内	317.307	1297	0.245		
	总数	317.729	1298			
对身材的态度	组间	0.003	1	0.003	0.013	0.908
	组内	261.135	1303	0.200		
	总数	261.138	1304			
对相貌的态度	组间	0.137	1	0.137	0.685	0.408
	组内	260.770	1300	0.201		
	总数	260.907	1301			
对外表的态度	组间	1.889	1	1.889	10.302	0.001
	组内	238.503	1301	0.183		
	总数	240.392	1302			
对第三者态度	组间	3.190	1	3.190	14.651	0.000
	组内	283.748	1303	0.218		
	总数	286.938	1304			
对婚外情态度	组间	0.869	1	0.869	4.090	0.043
	组内	276.148	1299	0.213		
	总数	277.017	1300			

		平方和	df	均方	F	显著性
男性强势行为认同	组间	0.580	1	0.580	2.325	0.128
	组内	324.401	1300	0.250		
	总数	324.981	1301			
情景是否真实发生过	组间	0.432	1	0.432	1.782	0.182
	组内	314.741	1299	0.242		
	总数	315.173	1300			
两性关系判断	组间	1.944	1	1.944	8.212	0.004
	组内	308.155	1302	0.237		
	总数	310.099	1303			
网络性内容对个体的影响	组间	10.378	1	10.378	2.817	0.094
	组内	4789.764	1300	3.684		
	总数	4800.142	1301			
新闻性化程度判断	组间	0.134	1	0.134	0.583	0.445
	组内	298.220	1300	0.229		
	总数	298.354	1301			
网络性内容在社会层面上的影响	组间	3.907	1	3.907	17.589	0.000
	组内	287.233	1293	0.222		
	总数	291.140	1294			
整体网络性化程度	组间	0.120	1	0.120	0.068	0.795
	组内	2294.994	1302	1.763		
	总数	2295.114	1303			
网络图片性化程度	组间	0.013	1	0.013	0.008	0.929
	组内	2058.099	1303	1.580		
	总数	2058.112	1304			
网络获取性知识习惯	组间	0.003	1	0.003	0.002	0.969
	组内	2170.076	1302	1.667		
	总数	2170.079	1303			

续表

		平方和	df	均方	F	显著性
视频中的性化程度	组间	12. 512	1	12. 512	8. 378	0. 004
	组内	1945. 821	1303	1. 493		
	总数	1958. 333	1304			
网络获取性知识的不准确性	组间	15. 535	1	15. 535	10. 486	0. 001
	组内	1930. 355	1303	1. 481		
	总数	1945. 890	1304			
女性性感年幼化	组间	2. 785	1	2. 785	1. 844	0. 175
	组内	1967. 863	1303	1. 510		
	总数	1970. 648	1304			
以娱乐戏谑为目的的性行为	组间	0. 215	1	0. 215	0. 137	0. 711
	组内	2039. 573	1302	1. 566		
	总数	2039. 788	1303			
女性对事业成就的追求	组间	6. 072	1	6. 072	3. 812	0. 051
	组内	2073. 761	1302	1. 593		
	总数	2079. 833	1303			
女性对外表成就的追求	组间	0. 847	1	0. 847	0. 491	0. 483
	组内	2245. 886	1303	1. 724		
	总数	2246. 733	1304			

表 3. 62　　　　　　　　　中学版问卷信度一致性

		平方和	df	均方	F	显著性
信息获取渠道	组间	11. 383	1	11. 383	14. 154	0. 000
	组内	784. 113	975	0. 804		
	总数	795. 496	976			

续表

		平方和	df	均方	F	显著性
信息获取时长	组间	1.265	1	1.265	1.140	0.286
	组内	1080.054	973	1.110		
	总数	1081.319	974			
网络信息获取时长	组间	0.203	1	0.203	0.280	0.597
	组内	448.609	619	0.725		
	总数	448.812	620			
网络接触习惯	组间	4.885	1	4.885	10.018	0.002
	组内	473.495	971	0.488		
	总数	478.380	972			
两性中的主导地位	组间	0.611	1	0.611	2.650	0.104
	组内	225.516	978	0.231		
	总数	226.127	979			
对自己的身材是否不满	组间	0.468	1	0.468	2.692	0.101
	组内	170.245	980	0.174		
	总数	170.713	981			
对自己的外貌是否不满	组间	2.121	1	2.121	10.278	0.001
	组内	202.237	980	0.206		
	总数	204.358	981			
对异性的外表态度	组间	0.315	1	0.315	1.432	0.232
	组内	216.315	982	0.220		
	总数	216.630	983			
对第三者的态度	组间	0.107	1	0.107	0.517	0.472
	组内	202.598	980	0.207		
	总数	202.705	981			
对婚外情的态度	组间	0.863	1	0.863	4.032	0.045
	组内	209.784	980	0.214		
	总数	210.647	981			

续表

		平方和	df	均方	F	显著性
男性强势行为判断	组间	0.548	1	0.548	2.193	0.139
	组内	244.958	981	0.250		
	总数	245.506	982			
情景是否真实发生过	组间	1.141	1	1.141	4.765	0.029
	组内	234.419	979	0.239		
	总数	235.560	980			
两性关系判断	组间	0.026	1	0.026	0.117	0.732
	组内	214.786	978	0.220		
	总数	214.812	979			
网络性内容对个体的影响	组间	0.056	1	0.056	0.225	0.635
	组内	245.691	981	0.250		
	总数	245.747	982			
信息性化程度判断	组间	0.730	1	0.730	4.169	0.041
	组内	171.681	981	0.175		
	总数	172.411	982			
网络性内容在社会层面上的影响	组间	1.751	1	1.751	10.070	0.002
	组内	168.352	968	0.174		
	总数	170.103	969			
整体网络性化程度	组间	20.461	1	20.461	11.627	0.001
	组内	1710.485	972	1.760		
	总数	1730.946	973			
网络图片性化程度	组间	47.629	1	47.629	27.832	0.000
	组内	1663.382	972	1.711		
	总数	1711.011	973			
性知识网络获取习惯	组间	0.540	1	0.540	0.311	0.577
	组内	1686.395	971	1.737		
	总数	1686.935	972			

续表

		平方和	df	均方	F	显著性
视频中的性化程度	组间	7.517	1	7.517	4.713	0.030
	组内	1547.224	970	1.595		
	总数	1554.741	971			
网络获取性知识的不准确性	组间	0.252	1	0.252	0.160	0.689
	组内	1527.087	972	1.571		
	总数	1527.339	973			
女性性感年幼化	组间	0.575	1	0.575	0.349	0.555
	组内	1600.480	972	1.647		
	总数	1601.055	973			
以娱乐戏谑为目的的性行为	组间	2.005	1	2.005	1.275	0.259
	组内	1522.532	968	1.573		
	总数	1524.537	969			
女性对事业成就的追求	组间	35.608	1	35.608	18.993	0.000
	组内	1818.494	970	1.875		
	总数	1854.102	971			
女性对外表成就的追求	组间	77.332	1	77.332	38.823	0.000
	组内	1936.103	972	1.992		
	总数	2013.435	973			

大学版问卷

问卷编号_____

（大学版）网络环境泛性化对青少年性价值观的影响研究

亲爱的同学：

您好！我们是中央团校的研究生，这是一个为了进行科学研究而进行的调查，是教育部社科基金课题之一，我们无须知道您的姓名等个人信息，只希望您能提供最真实的想法，您的回答将对我们的学术研究有至关重要的作用，本调查所得数据将只用做学术研究，不会用于任何商业目的，也绝不会以任何方式泄露您的个人隐私，请放心作答。所有问题均为单选，请您在所给选项中选择最接近您真实想法的一个，感谢您的支持！

中央团校

2015 年 11 月

若您对本调查的内容、结果感兴趣或有独到的见解，欢迎您留下联系方式，或者联系我们，以进行更深入的讨论和探讨，我们十分欢迎您的参与。

您的联系方式：（移动电话/QQ 号）

1．基本资料：

1.1　你所在的城市是＿＿＿＿＿＿＿。

1.2　你的年龄是＿＿＿＿＿＿＿。

1.3　你的性别是＿＿＿＿＿＿＿。

1．男　　2．女

1.4　你现在所读是＿＿＿＿＿＿＿。

A．大一　　　　B．大二　　　　C．大三　　　　D．大四

1.5　你的家乡所在地是＿＿＿＿＿＿＿。

A．农村/乡镇　B．县级市/县城　C．地级市城区　D．省会城市

1.6　你所读的专业是＿＿＿＿＿＿＿。

A．艺术类　　B．文史类　　C．理工类

2．青少年上网情况：

2.1　请阅读以下简讯回答 1—2 小题

今年 10 月 8 日，黄晓明和 Angelababy 在上海展览中心举办婚礼，多位明星齐聚现场，现场规模堪比颁奖典礼。有关这场世纪婚礼：

2.1.1 请问您是通过何种方式知道的？

A．手机或电脑　B．电视或报纸　C．听别人说　D．现在做问卷才知道

2.1.2 请问您大概是什么时候知道的？

259

A. 婚礼发生前几天　B. 婚礼发生当天　C. 婚礼发生后几天　D. 现在才知道

2.2　若你熟悉的朋友在微信朋友圈发一条信息，你一般多久能看到？

A. 立即看到　B. 几分钟后看到　C. 几个小时后看到　D. 几天后看到　E. 不确定

2.3　以下三件事，您在上网的时候最经常做什么？

A. 看新闻　　　B. 找图片　　　C. 看电影或看电视剧

3. 青少年性价值观状况

3.1　图片题：请观看下图回答 1—4 小题

3.1.1 你认为图片中的男女是谁先主动牵对方的手？

A. 男　　　B. 女

3.1.2 有人因为自己的身材不如类似图中男女那样而感到烦恼，你觉得这种想法很常见吗？

A. 常见　　　B. 不常见

3.1.3 有人在发朋友圈或微博时，使用的都是"美过"或"修过"的照片，对这种行为你是否赞同？

A. 赞同　　　B. 不赞同

3.1.4 有人认为选择男/女朋友时，颜值及身材的好坏是第一位的，对这种说法你是否赞同？

A. 赞同　　　B. 不赞同

3.2　图片题：请观看下图回答 1—2 小题

3.2.1 如果你是图中最左边女性的好友，她对你说她和图中男性是真心相爱，希望得到你的支持，你是否会支持她？

A．会　　B．不会

3.2.2 对于以上图片所呈现的情况

甲认为：只要右侧男女没有婚姻关系，这种行为就可以被谅解。

乙认为：无论右侧男女有没有结婚，左侧女性和右侧男性的行为都不可被原谅。对甲乙的观点你更支持哪个？

A．甲　　B．乙

3.3　场景题：请阅读以下文字回答 1—2 小题

他大概已经能猜得出她接下去所要表达的意思。于是当机立断地做出了刚才就想进行的举动。与其废话过多，倒不如来点实际的！他用唇重重地压着她，借着这一吻尽情表达着一份迟来的真心，只为了赢得她的谅解和重新接受。天，他居然……难道他真的如他所说的那样喜欢我吗？她睁大了眼睛看着他的脸庞紧贴着自己，短暂的惊愕过后，她开始喘息着，挣扎着，用手推他、眼里噙着泪拼命捶打反抗他霸道的侵犯，努力地只想挣开他的怀抱，但这一切都只是徒劳，他根本不为所动，只是紧紧搂住她，继续吻着她。"不要……"不顾她的软语哀求，他硬是吻她的唇，吞没了她微弱的抗议。紧紧箍住她仍然不断反抗的身躯……

对于以上情节：

甲认为：现在的偶像剧里或小说里经常出现以上片段，所以不管是男女也都喜欢或效仿像上面这种男生有点强势、霸道地表达爱意的方式。

乙认为：上述情节中的男主人公行为，就算是出自对女主人公的喜爱，但也是违背女主人公意愿的行为，不应推崇。

3.3.1 对甲乙两种观点，你更支持哪一种？

A. 甲　　　B. 乙

3.3.2 以上所描述的类似故事场景，你认为是否真实发生过？

A. 是　　　B. 不是

3.3.3 你认为上述场景中的男女主人公是什么关系？

A. 男女朋友　　B. 普通朋友

3.4　请阅读下则新闻，回答 1—3 小题

进贤某中学初二年级男生朱某在一个多月时间内两次强奸幼女。昨日记者获悉，15 岁的朱某终于为自己的恶行付出沉重代价，法院一审判处其有期徒刑四年六个月……朱某在网吧门口遇到 13 岁的娜娜与其表妹清清。朱某拦住她们，以殴打相逼，迫使两人跟着他到附近的一个楼道里。之后，朱某叫娜娜脱裤子，娜娜不从，结果遭到朱某殴打，之后将其强奸。在朱某对娜娜强奸过程中，清清一直在旁边哭……

对以上新闻：

甲认为：目前中学生沉迷网络，朱某的行为受到了黄色网站的影响，所以才会引发上述犯罪行为。

乙认为：朱某的行为是由于自身正处于青少年的性成熟期，再加上没有良好的管教才造成这样的后果。

3.4.1 对于甲乙两方的观点，你更支持哪个？

A 甲　　　B 乙

3.4.2 你是否认为上述新闻对犯案过程的性行为描述过于详细？

A 是　　　B 不是

3.4.3 丙认为类似上述新闻可能会对性知识的普及有一定作用

丁却认为有的青少年在看过这样的新闻之后反而会产生性冲动。对于丙、丁的看法，你更支持哪个？

A 丙　　　B 丁

3.5　请分别对以下这些情景的熟悉度进行 5 点量表评分：

熟悉度：指你感觉这个情景在真实生活中的发生频率，发生频率越高，评分越接近 5，反之，评分越接近 1。

不常见　　　常见　　　非常常见

1　　2　　　3　　　4　　　5

场景描述	熟悉度
1. 你在浏览网页时，不小心点到哪里，结果跳出了一个黄色网站	
2. 你打开网页想搜点资料，搜索过程中看到衣着暴露的性感美女图	
3. 当面临与性有关的，难以当面向别人请教的东西时，可以在网上得到帮助	
4. 电视剧或电影中有时出现一些"少儿不宜"的场景或对话，你并不是十分理解	
5. 当遇到让你觉得困惑的涉及性的事情时，你试图在网上搜索答案，但最终还是一知半解	
6. 有个8岁的小女孩打扮得很性感，这是女孩子自然美的体现	
7. 你听人说性行为的发生是一时兴起，情之所至	
8. 你身边的女性朋友十分羡慕某个女性领导人或企业家，期待自己日后能拥有自己的事业	
9. 你身边的女性朋友十分羡慕某个女明星，颜值高身材好	

访谈提纲

你平时喜欢上网吗？上网都做些什么？

你在上网的过程中有没有看到过一些黄色信息？一般是怎么看到的，能否举例？

从你上网开始到现在，觉得网络环境涉黄问题有什么改善吗？

最近这条新闻有没有看过："曝广州女大学生援交：3600元包夜要求住豪华酒店"？

能不能谈谈你对这条新闻的看法？对援交的看法呢？

你有没有谈过恋爱？

你希望自己以后的恋爱对象是什么样子的呢？

你这种对于恋爱对象的期待是怎么形成的呢？

你觉得自己对性了解么？是怎么看待性的？

网上有一些流行语"霸道总裁""壁咚"你有听过吗？你怎么看这种现象？

关于奶茶妹妹最近的新闻你有关注么？很多媒体在报道的时候都说她可谓是"人生赢家"，对此你怎么看？你觉得作为一个女生（或男生）来讲，怎样可以被称为是"人生赢家"？

访谈知情同意书

知情同意书

本研究者是中国青年政治学院的学生张潇予，目前正在进行以"网络环境泛性化对青少年性价值观的影响"为题的研究。这是一个为了进行科学研究而进行的调查，是教育部社科基金课题之一。研究的目的旨在了解青少年性价值观是否受到网络环境泛性化的影响，这种影响是如何发生的等。

希望通过您宝贵的经验分享，协助研究者对此主题有更深入的了解，相信您的参与和配合必能对本研究做出莫大的贡献。若您同意参与本研究，以下是有关您的权利与义务：

1. 我同意接受本次访谈。

2. 为避免资料遗漏或研究者误解语意，我同意研究者在访谈中以录音和笔记的方式记录访谈的内容，并同意将录音誊写成文字稿以进行分析研究，并配合后续必要的追访。

3. 我了解本研究所有私人资料将依据保密原则进行处理，研究者绝不会对外泄露，研究结束后所有资料由研究者进行销毁或者交给我本人自行保管。

4. 我已了解本研究的目的，并愿意积极分享个人相关经验，同时在访谈的过程中，我有权利决定分享内容的深度与广度，并有权对不想透露的部分予以保留。

5. 研究结束后，我有权知道完整的研究结果，同时对于研究有任何疑问，都能随时询问研究者并获得说明。我已经了解了我应有的权利和义务，我同意参与本项研究。

参与者签名：
研究者签名：
日期：

第四章　单向度视野下媒介娱乐化与青少年

第一节　"媒介娱乐化"背后的"娱乐"

目前我国传媒的问题不在于其娱乐化，而在于大众传媒对"娱乐"概念的强制性、误导性建构；并且受这样的影响，国内学者的研究在探讨"媒介娱乐化"这一概念时，也存在对"娱乐"本质的误用。

一　研究背景

在对媒介娱乐化的社会影响的讨论中，多数人强调其负面影响，认为娱乐化价值取向造成媒介的同质化竞争，使一些媒体为求得生存和发展，放弃了新闻业应恪守的真实、公正原则，使媒体应有的公信力受到损害。更多人认为当前的媒介娱乐化风潮是大众传媒功能的走偏，媒介娱乐化暗含的消费主义、享乐主义特性会使人们远离崇高的理性追求，麻醉人的神经，使之处于虚幻的满足状态，弱智化的娱乐使人成为物欲膨胀的精神侏儒。① 甚至有人借用尼尔·波兹曼的一句话惊呼告诫国人："我们的政治、宗教、新闻、体育和商业都心甘情愿地成为娱乐的附庸，毫无怨言，甚至无声无息，其结果使我们成了一个娱乐至死的物种。"② 这种说法影响甚为广大，以至于整个社会都在担忧这种趋势会对我们的下一代，对青少年带来巨大的负面影响，有人担心处于这一时代的青少年将来会以游戏、娱乐来对待人生。

---

① 梅琼林：《大众传媒的娱乐化现象》，《新东方》2005 年 4 月；曹丽虹、布仁：《对媒体泛娱乐倾向及其负面效应的思考》，《伊犁师范学院学报》2003 年 6 月。

② ［美］尼尔·波兹曼：《娱乐至死》，章艳译，广西师范大学出版社 2004 年版，转引自丁国强《泛娱乐化时代——读〈娱乐至死〉》，《博览群书》2005 年第 1 期。

　　然而也有人认为目前对于媒介娱乐化的抨击过于笼统和偏激，认为应当将承担娱乐功能的传播内容区别出来讨论；并且认为出于催化受众认知的目的，在严肃内容中添加娱乐性因素是合理的而且应当予以鼓励的，① 甚至有人针锋相对地反问："娱乐至死又何妨？"②

　　上述关于媒介娱乐化的研究，其涵盖面已较广，但其中甚少对"娱乐"概念的深入探讨。究竟什么是娱乐？我们对娱乐概念的理解是否受到了大众传媒的误导？

二　"媒介娱乐化"实践和认识中的两种误区

　　放眼如今的大众传媒，"娱乐频道""娱乐专栏""娱乐在线"随处可拾来。抛开诸多论证，我们必须面对一个问题：究竟什么是娱乐？该怎么描述和解释娱乐？回答这个问题比我们在日常生活各方面听到的关于娱乐的争论要复杂得多。不难发现，我们的媒体积极地定义着"娱乐"——各种媒介调查往往只热衷于找出受众作为媒介消费者对特定形式的兴趣而不考察娱乐的基本要素；各种以娱乐冠名的节目从他们自己对娱乐的臆想和对市场的觊觎出发，用大量满足受众低层次精神需求的内容，把一个"成型"的娱乐呈现在受众面前，建构他们所谓的"娱乐"框架。大众传媒使娱乐实践标准化、统一化，因而成为对个人娱乐选择的一种干涉，大众传媒组织将为每个人事先设想的娱乐预先消化，然后进行传媒内容生产。这与每个人的自由选择矛盾，也与娱乐的个性化精神相违背。因此，关于娱乐概念的一些有误导性的成见也广泛地渗入我们的社会——在普通大众的日常生活中如此，在学者对市场、媒介、受众的诸多分析研究中也如此。Peter Vorderer 在其著述中直接指出：很不幸的是——甚至在媒介观察家和研究者自身关于媒介的诸多论述中，也至少有两种对娱乐概念的误解。③

---

　　① 肖云：《新闻娱乐化的辩证批判》，《西南民族大学学报》（人文社科版）2005 年第 5 期；沈维梅：《新闻娱乐化根源探析》，《江苏广播电视大学学报》2004 年第 4 期；文宇、冯纪元：《娱乐——电视娱乐新闻的本质属性》，《天府新论》2005 年第 6 期。

　　② 宋丽丽：《娱乐至死又何妨》，传媒学术网（http://academic. mediachina. net/academic_ xsjd_ view. jsp? id = 2091）。

　　③ Peter Vorderer, "It's all Entertainment—Sure. But What Exactly is Entertainment?", *Poetics*, 2001 (29), pp. 247 – 261.

第一种误解是把娱乐视为媒介提供的内容本身的特性。依据这种观点，一些媒介内容具有娱乐性，而另一些则不具备。比如电视肥皂剧、言情小说、娱乐综艺节目等属于最常见的娱乐性内容，而新闻、纪录片、教育节目等则属于较少具有甚至一点儿娱乐性也没有的传播内容。这种看似有理的观点认为：当媒体受众接受具有"娱乐"特点的媒介信息时，他们能感受到被娱乐的快感，而当他们接收到的信息不具备足够的"娱乐"性的时候，他们较少感觉到愉悦。

第二种误解把娱乐与信息直接对立，从这种视角出发，一个节目提供的信息越多，就越不具备娱乐性。也就是说，受众觉得媒介提供的娱乐享受越多，他从中学到的知识也越少。这也是许多学者担心受众对娱乐的追逐可能导致他们被媒介提供的娱乐引向浅薄、远离崇高，乃至变成沙发土豆片的依据之一。

然而现今心理学研究认为，媒介使用者能够有意识地计划并采取行动，而不仅仅是对大众传媒被动地做出反应。他们能够积极地建构，而不是消极地模仿他们接触到的东西。基于这种观念，媒介使用者被视为主动的行为人，他们可以依据自己的喜好自由地选择接触什么样的媒介及其传播内容。虽然大多数时候受众会更专心、更严肃地对待一个新闻节目而不会觉得怎么搞笑；而当他们收看诸如"快乐大本营"这样的节目时也不指望从中学到多少知识。过去的对多种媒体的受众的经验性研究也表明：在接受诸如肥皂剧广播、科幻电影、言情小说等的内容时，受众可以从中获取实用的、严肃的信息；同时，即便是阅听严肃新闻节目的观众有时也会产生被逗乐或愉悦的感受（比如他们觉得某个人物的境遇或某个镜头很有趣）。

换句话说，受众作为媒介使用者，他们自己决定是否要从新闻中获得娱乐的快感或者从明星主持搞笑逗乐中获得严肃知识。这又反映了一个并不新鲜的观点：受众并不总是按照传者的意愿去解读信息，因而娱乐也不能被简单地按照传播者通过传播媒介传递的信息的特征来界定，即便多数人在接受这些信息的时候认为自己享受了娱乐。

丹尼斯·麦奎尔在其著作中提到，"Entertainment"意指媒介产品及其消费的一个主要分支，包括一系列的具体内容构成形式，这些内容的共性主要有诱惑、逗乐、趣味性、使人获得轻松感等。① 如果仅限于此，那麦奎尔也"不幸地"陷入了 Peter Vorderer 所归纳的解释娱乐概念的第一种误区。好在他同时也指出，"娱乐"的概念也包括获取娱乐消遣（diversion）的过程本身，并且在这个意义上它还与新闻、广告或教育等有关（尽管这些通常不被看作娱乐的类别）。② Jennings Bryant 则延伸 16 世纪哲学家蒙田、20 世纪哲学家 Sigmund Freud 对现代娱乐观念进行的解释（他们把娱乐看成消除紧张、烦躁或伤感的消遣工具。前者认为娱乐是非常积极、正面的，给不幸的生命提供了宽慰。而在后者看来，个人对快乐刺激的体验被压制，娱乐却给了人们一种体验这些快乐和解除痛苦的间接方式），对娱乐下了这样的一个定义："一种消除日常生活中的不满和紧张情绪的手段，可以采取多种实现形式。"③ 对媒介娱乐进行了大量研究的 Zullmann 等认为，较之信息本身呈现的特点而言，娱乐应看作受众接触媒介信息时的一种体验。④

在我国，从目前关于媒介娱乐化的文章的梳理可见，多数学者在谈到"娱乐"时都不自觉地在"两种误区"限定的范围内打转。然而终归还有一点新鲜的声音出现：我国学者周雪梅、张晶在其论述中通过考察《辞源》《史记》，得出娱乐的原始含义是一种审美的游戏，是在游戏中获得审美快感，"是使原本紧张的身心得以缓释与松弛，是在人的生存之中对强制性的劳动的一种调剂和补充，是保持人的身心平衡，成全人之所以为人的必要途径。娱乐是没有外在功利目的的，它所满足的是人的内在需要，是身心放松、精神愉悦的需要"⑤，强调娱乐的审美性，并指出娱乐具有调和功能和非功利性的特点。张小争则肯定娱乐就是享受生活，同时媒介作为人类传播的载体本身即具有娱乐的天性；并且引证黄匡宇关于娱乐实现的两种基本方式的观点指出："大多数娱乐

---

① Denis McQuail, *McQuail's Mass Communication Theory*, London, Sage Publications, 2000, p. 495.

② Ibid. .

③ ［美］Jennings Bryant, Susan Thompson：《传媒效果概论》，陆剑南等译，中国传媒大学出版社 2006 年版，第 294 页。

④ Dolf Zullmann, Peter Vorderer, *Media Entertainment：The Psychology of Its Appeal*, Mahwah, NJ：Lawrence Erlbaum Associates, 2000, preface.

⑤ 周雪梅、张晶：《在审美与娱乐之间——当代中国电视的价值取向》，传媒学术网（http：//academic. mediachina. net/academic_ xsjd_ view. jsp? id =3423）。

本身就是传播活动，通过媒介则更是传播活动。这正是传播的娱乐性。"① 把娱乐归为一种实实在在的活动，包括直接体验和通过媒介视听行为来间接体验。

三 对"媒介娱乐化"背后"娱乐"本质的辨析

实际上，娱乐本身几乎与人类一样古老，但来自大众传媒的娱乐是最近发展起来的。通常被视为"信息时代"开端的是 20 世纪 80 年代晚期，信息的增生、压缩、传递、展示等技术发展使媒介的形式和内容极大丰富，给人们以无法想象的海量信息以供娱乐选择。在这样的历史环境下，再加上受众对娱乐供应的需求明显增长，称我们将要迎来的时代为"娱乐时代"并不为过。主要因为传播媒介的作用，人类历史上从未有过如此多的可供享用的信息。较早致力于传播研究的传播学家 H. 拉斯韦尔曾在其《传播在社会中的结构与功能》论文中提出大众传播的三大功能的理论，即环境监测、社会协调和社会遗产传承。后来社会学家 C. R. 赖特在《大众传播：功能的探讨》中提出"四功能说"，对拉斯韦尔的三大功能进行了补充，又增加了一项功能——提供娱乐。在大众媒介发展的过程中，这种娱乐功能是时弱时强的。但进入消费社会以来，传媒就逐渐步入了一个其娱乐功能中心化的时代。在繁荣的信息社会，受众对快乐的追求似乎尤其要求媒体要足够"娱乐"。

我们认为，就受众的媒介接触而言，娱乐首先是个人的一种心理态度。受众接收任何媒介信息，只要是根据个人的愿望、爱好以及所处情境的需求自由选择，并为个人在进行这一信息接收的过程中能谋得某种心理愉悦感的都属于娱乐的范围。由此，以这个定义为标准，任何由大众传媒发布的信息都可以当作一种娱乐来接受，因为一切都取决于人在进行媒介视听时的精神状态。根据这种观点，甚至被多数人认为枯燥、乏味、毫无"乐趣"可言的期刊文章、电视电影节目都能够带有一定的娱乐性。

娱乐以这样或那样的形式触及整个社会，娱乐时间是生气勃勃的时间，人们竭力从中获取最大的利益。有人认为流行音乐能使自己放松心

---

① 张小争：《娱乐：中国传媒业改革与发展的突破》，新浪传媒（http://www.sina.com.cn，2003 年 8 月 28 日）。

情，有人却更享受格调高雅的音乐会；有人喜欢悬念迭出的侦探电影，有人却乐意收看被其他人视为简单、幼稚的动画片；有人沉迷于超级女声的热闹喧嚣，有人却只喜欢《人与自然》的宁静休闲；有人着迷于《晚间》（湖南卫视晚上播出的一档新式新闻栏目）或《第七日》，却也有人仍然每天在北京时间晚7点守着中央电视台《新闻联播》的旋律响起……有学者说受众通过大众传媒寻求娱乐的行为可以简单地解释为：一种想要过得愉快的渴望，即 have a good time。① 由于个人心理需求总是有差异的（哪怕只有一点点），有人觉得这样愉快，有人觉得那样愉快……甚至被多数人视为郁闷的一些信息却能让另一些人感到"have a good time"。

Bosshart 视娱乐为一种三重功能复合体：补偿（逃避现实）、满足（使用与满足，娱乐导向的受众）、自我实现（较少被研究），并将媒介使用者寻求娱乐体验归结为六个要素：心理放松——休闲、轻松的，转移情绪；逃避和休闲——提供多样性的娱乐选择；刺激——互动、刺激，令人兴奋；找乐——愉悦、逗乐、有趣；一种气氛——美妙的、令人舒适愉快的气氛；Joy——快乐、欢愉。扫视我国大众传媒的收视现状，的确，现在大量流行的被认定为"娱乐性"的信息能够让多数受众认同其"娱乐性"，因为这一部分受众在阅听的过程中获得了补偿、满足、自我实现或者其他别的需求，总之，是拥有了某种心理愉悦感。但是应该正视的是，也有一部分受众（即使是很少的数量）对目前所谓的流行的娱乐节目并不感兴趣，甚至排斥、厌恶。他们也许会打开电视频繁地从一个频道换到另一个频道，最后却不得不关掉电视——无聊、没劲、低俗或者枯燥、乏味——总之，他们不能从中得到愉悦感。试想若媒介真的"娱乐化"了，为何还会有这样一种抱怨得不到娱乐的声音存在？

Vorderer 认为，受众通过媒介使用寻求娱乐应被视为可依据个人兴趣以及其他情境因素选择的。也有研究表明"人们大部分时间关于娱乐所作的决策都是一时的冲动，这些一时冲动的选择依靠许多因素，诸如

---

① Peter Vorderer. "It's all Entertainment—Sure. But What Exactly is Entertainment?", *Poetics*, 2001（29），pp. 247 – 261.

人的情绪和潜在动机"①。无论这种选择是必然的还是偶然的,无论各种社会决定论是怎样相对地影响着个人的选择,娱乐本身毕竟是一种个人心理体验,以帮助媒介使用者调和他们的日常生活。对于一些人来说,娱乐是在烦躁的情绪中获得愉悦或在压力下获得放松;对另一些人来说,娱乐意味着在某些需要得不到满足的情况下的一种补偿,或者是求得自我提升或自我实现的满足。

四 结语

娱乐是现代人紧张生活的解毒剂。它也是大众传媒的一项重要的功能,娱乐显然提供了媒体主要的内容,并且在可预见的未来也是如此。然而,当媒介娱乐以自己构建的娱乐氛围来覆盖我们的传媒内容并将之传播给我们的受众时,媒介娱乐不可避免地被质疑。我们担心我们的受众臣服于娱乐暴力,追逐低级趣味,逃离现实,转而进入一个虚拟想象的空间。但媒介娱乐不能代表更不能替代娱乐的真实含义。我们应当了解,娱乐根本上是个人的一种心理感受,媒介使用者有自主选择从什么样的信息中获取娱乐的自由。真正的娱乐不会像很多人担心的那样必然导致低俗化、同质化。受众可以并且能够遵从自己的需要、口味和倾向,挑选真正娱乐自己的信息,因而受众在被媒介娱乐操控的同时也操控媒介娱乐,② 甚至可能会在可以预见的将来促使我们的大众传媒重新认识娱乐。正因为如此,我们在讨论媒介娱乐、娱乐化之类的问题时,也应该对娱乐的概念有一个更清醒的认识,而不要被媒介娱乐的大肆渲染所蒙蔽。当我们剥离媒介提示的"娱乐"的伪装后,真正值得我们恐慌的也就不是娱乐或者娱乐化了。因为娱乐首先是个人的一种心理态度,传媒的意图是不能给它划定疆界的,可怕的是媒介为我们的娱乐制定框架,错误地引导娱乐,违背公众和社会利益。

---

① [美] Jennings Bryant, Susan Thompson:《传媒效果概论》,陆剑南等译,中国传媒大学出版社 2006 年版,第 292 页。

② Dolf Zillmann, "The Coming of Media Entertainment", in Dolf Zullmann, Peter Vorderer, *Media Entertainment: The Psychology of Its Appeal*, Mahwah, NJ: Lawrence Erlbaum Associates, 2000.

第二节　媒介娱乐化与大众文化

一　研究背景

"周瑜帅不帅，孔明会唱卡拉 OK，关羽是爱神。"易中天用如此"嬉皮"的现代语言来论三国英雄，其鲜明的个性再加上大众传媒的特性，在短时间内就在中国的大地上掀起了一股"易中天热"。其中重要的原因在于媒介的娱乐化功能与大众文化相互融合、共同创新。

麦克唐纳曾说过："大众文化的花招很简单——就是尽一切办法让大伙儿高兴。"对大众文化的生产者来说，逗乐是一个基本目标。而对普通大众来说，找乐则是文化消费行为的基本模式。

在大众媒介发展的过程中，这种娱乐功能是时弱时强的。但进入消费社会以来，传媒就逐渐步入了一个其娱乐功能中心化的时代。这种娱乐功能被中心化与消费社会的背景息息相关：在消费社会，大众不仅消费物质产品，而且也消费文化产品，大众对于文化消费的欲望有时甚至超过了物质消费的欲望，这种文化消费在整体上呈现出一种以个体性的欲望为内在基础，以吃喝玩、健康、旅游为外在表现形态的娱乐化倾向。在这种文化消费的潮流中，娱乐文化应运而生，而大众传播的娱乐功能之所以能被中心化，也是适用了消费社会里人们对于娱乐消费的需要。于是，20 世纪 90 年代我国传媒开始出现了一种娱乐化浪潮。伴随着这股浪潮，媒介娱乐化功能越来越凸现出来，媒介娱乐化与大众文化的关系也越来越密切。媒介对娱乐化的追求就是为了满足受众的需求，而代表着大众文化的那些学者由于大众传媒因此也成为明星，成为人们追求的目标。有人也许要问 20 世纪 80 年代在电视上进行英语教学的胡文仲为什么没有成为电视明星呢，为什么没有那么多的人追捧呢，其中的原因在于当年胡文仲教授的是舶来文化，是一种工具性的东西，而现在易中天教授的则是本土文化，是受众耳闻目睹的东西，是受众可以作为聊资的材料，所以大众传媒并不是在什么情况下都可以造就明星的。要认识"易中天热"现象背后的原因首先就得对媒介娱乐化有一个清晰的认识。

二　媒介娱乐化的含义

学者李良荣指出，传媒的娱乐化"指报纸、电台、电视台娱乐性内容所占的比重越来越大，新闻节目（版面）受到挤压，而且新闻节目本身的娱乐性新闻越来越多，连严肃新闻也竭力用娱乐性来包装"。林晖认为，在消费逻辑引导下的媒介娱乐化倾向表现为："最初是纯娱乐消闲的娱乐性节目和内容的大幅上升，最终则发展到把距离娱乐性最远的那部分媒介内容——新闻，向娱乐强行拉近，使新闻与娱乐之间的界限变得日益模糊。"易中天热现象是把严肃古典的历史通过大众传媒运用大众喜闻乐见的方式创造的一种大众文化，为大众提供了另外一种娱乐的途径。

实际上，娱乐本身几乎与人类一样古老，但来自大众传媒的娱乐是最近发展起来的。人类早期的娱乐活动多数为仪式、信仰服务。原始社会生产力的渐进，为人类取得单纯的娱乐提供了闲暇。在第二个千年的后半期，文娱获得了极大的自由和支持，并繁荣以至成熟。起初，阅读为个体提供了娱乐；而戏剧、音乐会等由于传播限制，还仅为部分人享用。当声音和图像记录传送技术发明之后，人们可以足不出户观看戏剧，吟听音乐会参加运动会……受众现在可以享受到过去只有少数贵族才能享有的权利：坐在最好的位置上看一流的艺人演出。

因为传播媒介的作用，人类历史上从未有过如此多的可供享用的娱乐信息。赖特早已指出传播在社会中的第四种功能即提供娱乐、消遣以及放松的途径，消除社会紧张感。在繁荣的工业社会，受众对快乐的追求似乎尤其要求媒体要足够"娱乐"，如沃德所言："文化、民主、技术，都将我们推向一个目的：在每一种经验上榨取哪怕最后一滴 fun。"这种呼声似乎在全世界都可以听到，传媒内容的制作者由此面临严峻的挑战。市场分析师和媒介研究学者都倾向于认同"娱乐时代"已经降临，并且，"是娱乐，迅速地成为推动新时期经济发展的车轮"。但传媒娱乐的商业动机也引起了娱乐的某种标准化。我们常说大众文化、大众娱乐，它们一旦形成便强制一种行为模式，几乎不给个人表态留有余地。不难发现，我们的媒体积极地定义着"娱乐"——各种媒介调查往往只热衷于找出受众作为媒介消费者对特定形式的兴趣而不考察娱乐的基本要素；各种以娱乐冠名的节目从它们自己对娱乐的臆想和对市场的觊觎出发，用大量满足受众低层次精神需求的内容，把一个个"成型"的娱乐呈现在受众面前，建构他们所谓的"娱乐"框架。在受众心理、市场竞争、官方政策和道德标准的综合影响下，一段时间以后一些参与竞争的框架被淘汰，直到剩下一个主导框架。尽管它会一直受到挑战和修改，然而主导框架一旦确定，一段时间以内，必然会作为后续传媒提供的娱乐信息的一个价值评估的结构标准。

大众传媒使娱乐实践标准化、统一化，因而成为对个人娱乐选择的一种干涉，大众传媒组织将为每个人事先设想的娱乐预先消化，然后进行传媒内容生产。这与每个人的自由选择的表示有矛盾，也与娱乐的个性化精神相违背。

可以说，大众传媒存在一种操控、管理娱乐的倾向。这也许是我国多数学者对"媒介娱乐化"深感忧虑的根本原因——他们担心的不是我们的媒介真的"娱乐"化了，而是害怕当娱乐与文化工业相结合、文化生产与经济利润相一致的时候，传媒娱乐很可能在市场机制的操纵下成为一种新的霸权——娱乐霸权。就像易中天在讲坛上一品三国，便品出粉丝无数，也让《品三国》的版权在拍卖声中卖出 140 万元的高价。它将平均化的文化趣味作为主流的甚至是唯一的文化趣味，迎合的是受众"最低层次的心理需求"，排斥包括精英文化、边缘文化等所有其他非平均化的文化理想和文化需求，以娱乐名义施行一种一元化专制，其结果是我们可能"娱乐至死"。

三 媒介娱乐化与大众文化关系的传播学分析

媒介娱乐化对大众文化的重构作用主要是通过直接影响大众文化的执行者——大众而间接达到的。大众文化作为一种娱乐性、消费性文化，本身具有大众媒介性等特性，为了获得进一步发展，必然要汲取对自身有利的娱乐性、消费性等元素。身处媒介娱乐化所带来的娱乐元素的包围，作为大众文化的执行者的大众，为使大众文化获得更进一步发展，势必汲取"媒介娱乐化"过程中的"精华"之处。

1. 媒介娱乐化对大众文化的"注射"

20 世纪初至 30 年代末是传播效果研究的初级阶段，也是大众报刊、电影、广播等媒介迅速普及和发展的阶段，是人们对它们的社会作用和影响力既寄予高度期待又感到深深担忧的时期。这一时期的核心观点是"子弹论"。施拉姆曾经对它做过如下概述：传播被视为魔弹，它可以毫无阻拦地传递观念、情感、知识和欲望。……传播似乎可以把某些东西注入人的头脑，就像电流使电灯发出亮光一样直截了当。虽然"子弹论"有着本身的不合理性——是一种唯意志论观点，绕开此种观点不谈，媒介对受众的巨大影响力还是不可小觑的。现代社会中，媒介在社会中的影响越来越大，扮演着日益重要的"信息代理者"角色。虽然随着新闻媒体越来越多地为公众写作提供空间（比如报纸的言论版），特别是海量的网络评论的出现，言论资源原有的稀缺性、传媒的垄断地位的确在一定程度上被打破了。但是，由于人们"注意力资源"的根本性的稀缺，即使一个通过长期的个人写作而成名的作者，他的发表机会与影响力仍然是稀缺性的资源。大众传媒仍然左右着信息资源。大众文化的执行者大众，生活在信息社会的包围中，必然潜移默化地会受到媒介娱乐化的影响。在大众文化的形成和发展中，不断地被注入媒介娱乐化因素，就像易中天教授那样竭力从严肃的政治历史事件中挖掘其娱乐价值。在表现形式上，强调故事性、情节性，适度加入了人情味因素，加强了贴近性，追求趣味性和吸引力，强化事件的戏剧悬念或煽情、刺激的方面，走故事化、文学化道路。

2. 大众文化对媒介娱乐化的"使用与满足"

"使用与满足"理论把受众成员看作有着特定"需要"的个人，把他们的媒介接触活动看作基于特定的需求动机来"使用"媒介，从而使这些需求得到"满足"的过程。人们接触媒介都是基于一些基本需求进行的，包括信息需求、娱乐需求、社会关系需求以及精神和心理需求等。现实中的各种媒介或内容形式都具有满足这些基本需求的效用，只不过满足的侧重点和程度各有差异罢了。

大众作为大众文化的执行者，根据自己对大众文化娱乐性、消费性等的框定，结合大众传播媒介所传播的娱乐信息，"使用"其中认为有用的信息，以"满足"大众自身需求。此时，大众传播媒介所担当的角色则是：生产电影、电视、网络文化、流行音乐、通俗文学、图像文化、广告文化、时尚文化和青春亚文化等大众文化所需要的众多形态作为商品，供大众去选取、"使用"并得到满足。易中天教授以一种雅俗共赏的方式解读中国历史，他满足了大众对自己民族古老历史的认知和鉴赏的需要。

3. 通过"两极信息传播"模式对大众文化的间接影响

随着生活节奏的不断加快，尤其是对身处大都市的人们而言，每时每刻都去关注信息俨然是不可能的事情。大众传播媒介生产的信息很难直接"流"向一般受众。每个人的时间、精力都是有限的，关注的新闻类别、时间都是很有限的。于是，在这样的环境下，不知不觉中就产生了这样一类人：他们"德高望重"，无论对报纸、杂志还是广播的接触频度和接触量都远远高于和大于一般人，成为某类群体的舆论领袖。他们借助传播媒介对某类信息的大量关注，获得"一手"信息材料，然后综合自己的观点进行加工，对自己所领导的小群体施加个人"影响"。所以易中天热并不只是热了易中天一个人，也捧红了很多易中天的粉丝，他们在百度专门设立了易中天贴吧，截至 2006 年 10 月共发表帖子数近 22 万条，这里面诞生了很多所谓的"舆论领袖"，像易中天会主持央视的中秋节晚会一类的消息通过舆论领袖的散布在网上流传开来，引来了很多人对这一晚会的关注。

媒介所传递的媒介娱乐化趋势，同样借助"舆论领袖"这一中间环节，对大众文化产生间接影响。媒介所承载的媒介娱乐化，直接影响大众文化生产者所拥戴的"舆论领袖"，让"舆论领袖"帮助媒介传播媒介娱乐化思维，进而达到间接影响大众文化的目的。

4. 媒介娱乐化对大众文化的"培养"

"培养"理论认为，现代社会，大众传播提示的"象征性现实"对人们认识和理解现实世界发挥着巨大的影响，由于大众传媒的某些倾向性本能，使人们在脑海中描绘的"主观现实"与实际存在的客观现实之间正在出现很大的偏离。同时，这种影响不是短期，而是一个长期的、潜移默化的"培养"过程，它在不知不觉中制约人们的现实观，也在不知不觉地影响着大众的文化观、娱乐观，进而影响着大众文化。

通过长期的、经常性的浏览传媒上提供的特定观点，人们主观上可能认为媒介提供的观点是一种普通观点，大众的观点都如此。然而现实或许是媒介提供的只是作为"把关人"的记者或编辑选取的某些个别新闻观点，但是正是由于传媒的倾向性的存在，使媒介在人们心中描绘的"主观现实"与实际存在的客观现实之间出现偏差。于是，我们被围于传媒设置的"象征性现实"中。同时，在媒介的长期培养下，伴随趋同心理，人们的观点会越来越趋同于媒介提供的观点。在媒介娱乐化的培养下，大众文化会越来越趋同于媒介娱乐化形式。易中天如果是在 20 年前这样来解读三国，不但不会受到大众追捧，而且还会招来骂声一片，而现在之所以得到追捧，其中很大原因是因为 20 多年来大众传媒中的戏说历史已经为这一时刻的到来培养了受众。因为大众传播媒介通过自身占有的传播优势、资源优势，将媒介娱乐化的形态传递给受众，"培养"了大众的文化观，并在不知不觉地影响受众的同时无形中重构着"大众传媒式的大众文化"，所以易中天只不过是一个个案而已。

四　媒介娱乐化对大众文化的再构建

今日的大众传媒在大众文化的熏陶下，早已淋漓尽致地表现出文化的消费主义倾向，大众文化固有的娱乐消费性，已全面渗透到大众传播之中。大众文化成为媒介内容娱乐化现象的重要构建者，媒介娱乐化凭借大众传媒载体的强大后盾，反作用于大众文化，对大众文化进行再构建。

第一，媒介娱乐化容易使大众文化趋于浅薄、庸俗。

大众文化的发展动力是以欲望推动欲望。这种以欲望推动而发展起来的文化，如果没有把握住"度"，很容易走向浅薄，走向庸俗，走向一种无聊的狂欢。

大众文化所关注的是"适时"，它不是"合适"，只能是最新、最快、最刺激、最时髦、最有意思、最引人注目、最令人捧腹、最令人难忘、最令人震撼、最令人羡慕、最令人伤感、最令人沮丧的……。

媒介，为了最大限度地吸引受众，必然极力地去迎合受众趣味。而受众是"大写"的一大群人，是包含大众文化生产者的人。所谓众口难调，但为了取得利益的最大化，媒体必将舍弃精英类人士，转而极力迎合文化层次不高、趣味低级的大多数。在市场化运作的情况下，媒介只负责宣传、报道，只负责受众的接受程度，至于是否会对受众的心理、思想产生什么样影响的"深入"问题，就远离了媒介考虑范围。当大众文化的生产者不够清醒，不够理智的时候。媒介所提供的虚拟的娱乐化现象，就将渗入大众文化中，使媒体所报道的某种"虚拟""前卫""所谓真实"的追求甚至某些浅薄、庸俗的东西混迹于大众文化，并在不断的潜移默化中影响大众文化，使大众文化走向庸俗、浅薄。

第二，媒介娱乐化助长了大众文化生产者的疯狂与自我。

大众文化追求的是虚拟的满足。通过大众传媒制造的大众文化，从表面上看是面对"生活真实"，但由于实际上只是被组织起来的话语，因此事实上只是人类虚幻世界的体现，满足的也只是虚幻的需要。

思想从对话中退出、历史从家史中退出、友谊从公关中退出、旅行从旅游中退出、我思从我在中退出、生活从图像中退出、美从艺术中退出、创作从写作中退出、故事从情节中退出、知识从常识中退出，以及空间取代时间、欲望取代激情、表演取代体验、策划取代构思、展示价值取代审美价值、感官经验取代审美经验，形而上的殷殷爱心化作形而下的自娱与快感，人的生存价值被压缩成"活着"，作者陶醉于"过把瘾就死"，读者满足于"过把瘾就吐"，作品定位于"过把瘾就扔"……更是我们在大众文化中所屡见不鲜的。

媒介娱乐化借助大众传媒的巨大臂膀，对现实进行娱乐化处理。不断制造"娱乐狂欢"，使大众文化生产者沉浸在"娱乐"的盛宴中，疯狂而难以自拔。同时，媒介的娱乐化为了更好地迎合受众，不断地附和着大众文化生产者的疯狂。大众文化的生产者在大众文化及媒介娱乐化制造的"狂欢盛宴"中陶醉着自我，放逐着自我，使自己的欲望得到最大限度的释放。

五 讨论

大众文化作为一种娱乐性、消费性文化，本身具有大众媒介性等特性，为了获得进一步发展，必然要汲取对自身有利的娱乐性、消费性等元素。身处媒介娱乐化所带来的娱乐元素的包围，作为大众文化的执行者的大众，为使大众文化获得更进一步发展，势必汲取"媒介娱乐化"过程中的"精华"之处。

Peter Vorderer 认为："媒介娱乐化是一种游戏，它是应对生活的一种形式。它又是一种活动，最经常的表现为娱乐的不同形式，但是在某些特定的情形下，它也表现为非娱乐的形式。"既然是一种面对生活的方式；那就应该是多种多样的，既有娱乐的方式也有严肃的方式，世界本来就是多样性的，一个时期也许严肃多一点，换个时期娱乐就多一点，任何一个极端都是与丰富多彩的社会不相匹配的，所以易中天热有它存在的道理，但是任何事情都有个度，如果超出了就会走向反面，就会出现有人担心的那样——我们会娱乐至死。只要在合理的度的范围之内，大众传媒对文化内容与形式的转换、传输、处理、存储、检索、提取和推广，不但可以使文化遗存得以延续，还可以使文化得以发展。

参考文献

［1］郑春晔：《媒介素养教育：青少年素质教育的重要课题》，《前沿观点》2004 年第 7 期。

［2］李海燕：《信息素养教育概念的评析》，《上海教育科研》2003 年第 2 期。

［3］藏海群：《媒介素养：青少年教育的重中之重》，《中国青年政治学院学报》2003 年 11 月。

［4］姚峻席：《西部贫困地区电视文化发展调查》，《新闻界》2005 年第 1 期。

［5］顾斌：《媒介素养教育的多维视野》，《当代传播》2006 年第 3 期。

［6］钟剑茜：《媒介素养教育意识和方法》，《当代传播》2006 年第 3 期。

［7］郑春晔：《媒介素养教育：青少年素质教育的重要课题》，《前沿观点》2004 年第 7 期。

［8］David Buckingham, Sarah Bragg, *Young People, Sex and the Media the Facts of Life*? Palgrave Macmillan, 2004.

［9］David Buckingham, *Growing up in the Age of Electronic Media*, Polty Press, 2000.

［10］Sonia livingstone, *Young People and the Electronic Media*, Routledge, 1998.

［11］林文刚编：《媒介环境学：思维沿革与多维视野》，北京大学出版社 2007 年版。

［12］［美］赫伯特·马尔库塞：《单向度的人》，刘继译，上海译文出版社 2006 年版。

［13］［英］戴维·冈特利特：《网络研究：数字化时代媒介研究的重新定向》，新华出版社 2003 年版。

[14] 王勇：《媒介新技术、新媒介环境与青少年社会化》，《湘潭大学学报》（哲学社会科学版）2010 年 1 月。

[15] 袁军：《大众传播时代"媒介环境"的负面功能》，《新闻记者》2010 年第 5 期。

[16] 王玲：《当代大学生与新媒介环境的相处探析》，《东南传播》2009 年第 11 期。

[17] 郭镇之：《乔治·格伯纳及其"电视教养"理论和"文化指标"研究》，《国际新闻界》2006 年第 1 期。

[18] ［美］布莱恩特主编：《媒介效果：理论与研究前沿》，石义彬译，华夏出版社 2009 年版。

[19] ［美］德福勒·洛基奇：《大众传播学诸论》，新华出版社 1990 年版。

[20] 孟昭兰：《人类情绪》，人民出版社 1989 年版。

[21] 孟昭兰主编：《情绪心理学》，北京大学出版社 2005 年版。

[22] ［新西兰］K. T. Strongman：《情绪心理学》，王力译，中国轻工业出版社 1988 年版。

[23] ［美］沃纳·赛佛林：《传播理论起源、方法与应用》，郭镇之等译，华夏出版社 2000 年版。

[24] 刘晓红、卜卫：《大众传播心理研究》，中国广播电视出版社 2001 年版。

[25] ［美］莫里斯·罗森堡、拉尔夫·H. 特纳主编：《社会学观点的社会心理学手册》，孙非译，南开大学出版社 1989 年版。

[26] ［美］奥格尔斯等：《大众传播学：影响研究范式》，关世杰等译，中国社会科学出版社 2000 年版。

[27] 李永健：《传媒对公共情绪倡导抚慰功能的研究设计》，《中国青年政治学院学报》2006 年第 1 期。

[28] 黄顺铭：《大学生如何收看〈超级女声〉——来自广州和成都的调查报告》，《当代传播》2006 年第 1 期。

[29] 王锡芩、李惠民：《互联网在西北农村的应用研究：以"黄羊川模式"为个案》，《新闻大学》2006 年第 1 期。

[30] 梅琼林：《谈大众传媒的娱乐化现象》，《新东方》2005 年第 2 期。

[31] 曹丽虹、布仁：《对媒体泛娱乐倾向及其负面效应的思考》，《伊

犁师范学院学报》2003 年第 2 期。

［32］［美］尼尔·波兹曼：《娱乐至死》，章艳译，广西师范大学出版社 2004 年版。

［33］肖云：《新闻娱乐化的辩证批判》，《西南民族大学学报》（人文社会科学版）2005 年第 5 期。

［34］沈维梅：《新闻娱乐化根源探析》，《江苏广播电视大学学报》2004 年第 4 期。

［35］文宇、冯纪元：《娱乐——电视娱乐新闻的本质属性》，《天府新论》2005 年第 2 期。

［36］宋丽丽：《娱乐至死又何妨》，传媒学术网（http：//academic. mediachina. net/academic_ xsjd_ view. jsp? id = 2091）。

［37］ Denis McQuail, *McQuail's Mass Communication Theory*, London： Sage Publications, 2000.

［38］［美］Jennings Bryant, Susan Thompson：《传媒效果概论》，陆剑南等译，中国传媒大学出版社 2006 年版。

［39］Dolf Zullmann, Peter Vorderer, *Media Entertainment：The Psychology of its Appeal.* Mahwah, NJ：Lawrence Erlbaum Associates, 2000.

［40］周雪梅、张晶：《在审美与娱乐之间——当代中国电视的价值取向》，传媒学术网（http：//academic. mediachina. net/academic_ xsjd_ view. jsp? id = 3423）。

［41］Peter Vorderer. "It's all Entertainment—Sure. But What Exactly is Entertainment?", Poetics, 2001.

［42］Dolf Zillmann. "*The Coming of Media Entertainment*", in Dolf Zill-mann, Peter Vorderer, *Media Entertainment：The Psychology of Its Appeal*, Mahwah, NJ：Lawrence Erlbaum Associates, 2000.